문법으로 배우는
명/심/보/감
明　　心　　寶　　鑑

누구나 쉽게
누구나 이해하고
누구나 의미를 自得하는

문법으로 배우는

명/심/보/감
明　心　寶　鑑

박원익 편저

도서출판 채읁재

머리말

　明心寶鑑의 유래나 내용은 이미 여러 책을 통하여 해설되어 있어 많은 사람들이 어느 정도는 이해하고 있을 것으로 생각한다. 따라서 이 책은 글의 의미를 해석하는 기존의 책들과는 달리 한문문법을 통하여 명심보감을 설명하고자 한다. 본문을 해석함과 동시에 문장 구조를 분석하여 한문을 현대문법에 알맞게 설명함으로써 중 고등학교를 졸업한 사람이면 누구나 쉽게 문장구조를 이해하고 의미를 自得할 수 있도록 하였다.
　원래 한문의 문장 구조는 한글이나 영어의 문법처럼 분명하게 설명되지는 않는다. 하지만 한문에도 문장구조의 규칙이나 어법이 없는 것은 아니므로 현대문법의 범주 안에서 품사를 논하고 문장성분과 형태를 논한다면 한문의 뜻을 쉽게 이해하는데 충분히 도움이 될 것이다. 세계 모든 언어는 단어에 품사가 있고 문장에 주어, 목적어, 서술어, 보어와 같은 문장 성분이 있다. 또 품사에는 실사가 있고 허사가 있다. 다만 우리들이 배우지 않아 용법을 잘 모를 뿐이다.
　그런데 우리 한글의 문장 구조는 한문과 영어의 문장 구조와는 서로 다르므로 한문을 처음 대하는 사람은 문장을 이해하는데 어려움을 느끼게 된다. 다행스러운 것은 한문과 영어의 문장구조가 비슷하므로 영어를 공부한 사람은 한문을 이해하는 속도가 빠르다. 중국인이 우리보다 영어를 잘하는 이유는 두 언어의 문장구조가 비슷하다는 이점 때문이다.

이런 점을 감안해 본 해설서는 영어를 공부한 사람이면 누구나 이해하기 쉽도록 영문법을 기준으로 하여 해설하였다. 그리고 어휘구성에서도 수식관계인지 주술관계인지 단어마다 설명을 하였다. 무엇보다 이 해설서는 문장구조를 앎으로써 문장의 의미파악을 쉽게 하도록 하는데 목적을 두었다. 아무쪼록 젊은이들이 우리의 고전명문을 편하게 읽고 이해 할 수 있기를 바라는 마음이다.

　그리고 이 책에 사용한 용어나 표현의 부적절한 부분에 대하여는 아낌없는 질정을 바라면서 끝으로 이 해설서는 전통문화연구회의 명심보감을 원본삼아 참고하였음을 밝히고 아울러 출판을 도와주신 도서출판 채운재에 감사드린다.

2017년 12월 하순

觀玄堂에서 平軒 朴源益

차례

머리말 ··· 4
사용 용어와 유사 예문 ····························· 8

[1] 繼善篇(착함을 이어가는 글) ················ 9
[2] 天命篇(하늘이 명령하는 글) ·············· 19
[3] 順命篇(운명에 따르는 글) ·················· 25
[4] 孝行篇(효도를 행하는 글) ·················· 31
[5] 正己篇(몸을 바르게 하는 글) ············· 37
[6] 安分篇(분수를 편안히 하는 글) ········· 59
[7] 存心篇(마음을 보존하는 글) ·············· 65
[8] 戒性篇(성품을 경계하는 글) ·············· 81
[9] 勤學篇(배움을 부지런히 하는 글) ····· 91
[10] 訓子篇(자식을 가르치는 글) ············· 99
[11] 省心篇(마음을 살피는 글) 上 ········· 105
[12] 省心篇(마음을 살피는 글) 下 ········· 141
[13] 立敎篇(가르침을 세우는 글) ··········· 167
[14] 治政篇(정사를 다스리는 글) ··········· 183
[15] 治家篇(집안을 다스리는 글) ··········· 191
[16] 安義篇(의리를 편히 하는 글) ········· 197
[17] 遵禮篇(예를 따르는 글) ··················· 201
[18] 言語篇(말을 조심하는 글) ··············· 207
[19] 交友篇(벗에 대한 글) ······················· 213

[20] 婦行篇(부인의 행실에 대한 글) ·················· 219
[21] 增補篇(더하여 보충하는 글) ·················· 225
[22] 八反歌(팔 편의 노래로 효도를 권하는 글) ····· 227
[23] 孝行篇(續)(효행에 대한 글(속편)) ············ 237
[24] 廉義篇(청렴과 의리에 대한 글) ················ 243
[25] 勸學篇(배움을 권하는 글) ···················· 251

명문 감상 ·················· 24, 29, 35, 63, 98, 212, 249
명심보감 보충자료 ················ 30, 36, 58, 64, 80, 90
                                196, 200, 206, 236, 250

부록

[1] 주요 허사

(1)可…255   (2)其…256   (3)能…257   (4)得…258
(5)莫…259   (6)無…260   (7)所…261   (8)是…262
(9)若…263   (10)如…265 (11)於…266 (12)與…268
(13)由…270 (14)爲…271 (15)以…273 (16)而…276
(17)因…278 (18)者…279 (19)自…280 (20)將…281
(21)足…282 (22)則…283 (23)卽…284 (24)之…285
(25)且…287

[2] 두 번 새기는 글자 (再譯語)

(1)當…289   (2)應…289   (3)宜…289   (4)須…289
(5)要…290   (6)將[且]…290 (7)盡…290   (8)未…291
(9)猶…291   (10)恐…291   (11)蓋…291   (12)庶幾…292
(13)幾…292   (14)或…292   (15)使[令, 敎]…292

사용 용어와 그에 따른 유사 예문

1. 주술(주어+술어)구조
   花+開(꽃이 피다)
   流水+不返(흐르는 물은 돌아오지 않는다)

2. 주술보(주어+술어+보어)구조
   學生+登+校(학생이 학교에 가다)
   春水+滿+四澤(봄물이 네 못에 가득하다)

3. 주술목(주어+술어+목적어)구조
   我+讀+書(나는 책을 읽는다)
   志士+憂+國(지사는 나라를 걱정한다)

4. 수식(형용사+명사)구조
   靑+山(푸른 산)
   廣大+平野(넓고 큰 평야)

5. 수식(부사+술어)구조
   徐+行(천천히 가다)
   必+勝(반드시 이기다)

6. 주어+수여동사+간목+직목 구조
   王+賜+孫順+家一區(왕이 손순에게 집 한 채를 주었다)
   師+敎+學生+英語(선생이 학생에게 영어를 가르친다)

7. 주+술+목+보어 구조
   王+命+臣+修+高麗史(왕이 신하에게 고려사를 수찬하라고 명했다)
   [주어]+勿使+悲歡+極(슬픔과 기쁨을 지극하게 하지 말라)

본서에 사용된 부호
   < > 어휘. 문법해설 표시. * 고유명사 해설 표시.
   [ ] 예문의 출처 표시. ( ) 생략어 표시와 앞글의 보충설명

★★★ 문법으로 배우는 명심보감

繼善篇(착함을 이어가는 글)

繼善이라는 용어는 易經 繫辭傳에 '一陰一陽之謂道 繼之者善也 成之者性也(한 번은 음이고 한 번은 양이 되는 것을 道라 하고 道를 계속 이어가는 것을 善이라 하며 道를 완성하는 것을 性이라 한다)'라는 말에서 나온 것이다.

> (1)子曰 爲善者는 天報之以福하고 爲不善者는 天報之以禍라.
> 공자가 말하였다. 착한 일을 하는 사람에게는 하늘이 복으로써 그에게 보답하고, 착하지 않은 일을 하는 사람에게는 하늘이 그에게 재앙으로써 보답한다.

【어 휘】

爲할, 될 위 爲計, 爲人, 行爲
天하늘 천 天倫, 天心, 天地
福복 복 福祉, 福德房, 幸福

善착할 선 善行, 善隣, 善惡
報갚을 보 報答, 報告, 報償
禍재앙 화 禍根, 禍福, 災禍

*子曰: 子는 스승을 말한다. 경전에서 孔子, 孟子, 老子 등으로 쓰이는데 보통 子曰의 子는 孔子를 지칭한다. 孔子(B.C.552~479)는 노나라의 대학자로 유교의 元祖이다. 이름은 丘이고 자는 仲尼이다.

● 문법해설

(1)爲善者는 爲가 술어(=作)이고 善이 목적어인 '述目'구조로 뒤의 者를 수식한다. 者자는 보통 형용사, 동사 또는 '술목'구의 뒤에 와서 '~하는 사람, ~ㄴ 것'이란 뜻으로 쓰인다. 예: 仁者(어진 사람, 어진 것), 愛國者(나라를 사랑하는 자). 이 者자는 '수식어+者'의 형태를 취해야만 명사역할을

할 수 있으므로 불완전명사 혹은 의존명사라 한다. (2)天報之는 天이 주어, 報는 동사, 之를 목적어로 하는 '主述目'구조이다. 之는 앞에 나온 爲善者를 받는 代(名)詞이다. 원래 이 문장은 '天+報+爲善者+以福'의 구조이지만 목적어 '爲善者'가 길어서 혹은 목적어의 뜻을 강조하기위해 문장 앞에 제시하고 그 자리에 代詞 之를 놓은 것이다. 예: 身體髮膚 受之父母(신체발부 그것을 부모로부터 받았다). 博愛 謂之仁(박애 그것을 인이라 이른다). (3)以는 도구, 수단, 방법 등을 나타내는 전치사로 '~으로써, ~을 가지고서'로 해석한다. (4)다음 문장도 앞의 문장과 문법적 구조가 같다. 善이 不善이 되었고, 福이 禍로 바뀌었을 뿐이다. (5)善과 不善, 福과 禍를 대구로 만들어 善行을 하도록 권유한 글이다.

> (2)漢昭烈이 將終에 勅後主曰 勿以善小而不爲하고 勿以惡小 而爲之하라.
>
> 한나라 소열황제가 임종하려 할 때 후주에게 조칙을 내려 말하기를 선은 작다고 해서 안 하지 말며, 악은 작다고 해서 하지를 말라.

【어 휘】

昭밝을 소 昭明, 昭詳
將장차, 장수 장 將次, 將軍
勅조서 칙 詔書, 勅書

烈매울 **열** 烈士, 烈火, 猛烈
終마칠 **종** 終末, 始終, 臨終
惡알할 **악** 惡談, 惡心, 凶惡

*漢: 한나라는 秦나라 이후 劉邦이 세운 西漢(前漢)과 光武帝가 세운 東漢(後漢)이 있는데 이후 패권다툼으로 분열되어 여기 한은 劉備의 蜀漢을 말한다.
*昭烈(B.C. 223~160): 촉한의 시조로 성은 劉, 이름은 備, 자는 玄德, 昭烈은 시호이다.

● 문법해설

(1)將終의 將은 미래사로 '~하려 하다'이고, 終은 '생을 마치다'는 뜻이

다. 勅後主는 '술(勅)목(後主)'관계로 '후주에게 조칙을 내리다'는 뜻이다. 勅은 황제가 내리는 명령이나 말을 勅書라 하고 여기서는 '타이르다'는 뜻이다. 後主는 군주의 뒤를 잇는다는 말로 유비의 아들 劉禪을 말한다. (2) 勿 뒤에는 동사가 오므로 '勿不爲(안 하지 말라)'와 '勿爲之(그것[악]을 하지 말라)'로 연결하여 해석해야 한다. 不爲의 목적어는 善小이고 爲之의 之는 惡小이다. (3)以 뒤에 명사가 오면 원인이나 이유를 나타냄으로 '~하다고 해서'로 풀이한다. 따라서 '勿以善小而不爲'는 '선이 작다고 해서 안 하지 말라'로 해석된다. (4)而의 용법은 대체로 두 가지인데 順接으로 '그래서, ~해서, ~하여'이고, 逆接으로 '그러나, ~해도'의 뜻으로 문장전후관계에 따라 용법이 결정된다. 부정사나 금지사 뒤에 以자가 오면 다음에 오는 而자는 순접이고, 또 而자 앞뒤 양쪽에 부정사나 금지사가 있으면 순접이고 한쪽만 있으면 역접이다.

> **(3)莊子曰　一日不念善**이면 **諸惡**이 **皆自起**니라.
> 장자가 말하였다. 하루라도 선한 것을 생각하지 않으면 모든 악한 것이 다 저절로 일어나느니라.

【 어 휘 】

莊장엄할 **장** 莊嚴, 別莊　　　　　　念생각할 **념** 念慮, 紀念, 斷念
諸모든 **제** 諸君, 諸侯, 諸般　　　　起일으날 **기** 起床, 起草, 起用

*莊子(B.C. 365~290): 전국시대 송나라 사람으로 성은 莊, 이름은 周이다. 저서로 莊子 52편이 있었다한다.

• 문법해설

　(1) 一日은 양보(하루라도)이고, 不念善(선을 생각하지 않으면)은 念이 善을 목적어로 하는 '술목'구조로 가정의 조건문이다. (2) 諸惡이 주어이고,

皆와 自는 부사로 술어동사 起를 수식하는 결과문이다.

> (4)太公曰 見善如渴하고 聞惡如聾하라. 又曰 善事는 須貪하고 惡事는 莫樂하라.
> 태공이 말하였다. 선한 일을 보거든 목마른 것처럼 하고, 악한 일을 듣거든 귀먹은 것처럼 하라. 또 말하였다. 선한 일은 모름지기 탐하고, 악한 일은 즐겨하지 말라.

【어휘】

渴목마를 갈 渴望, 渴症, 枯渴
聾귀먹을 롱 聾啞, 耳聾
貪탐할 탐 貪慾, 貪官, 貪虐

聞들을 문 聞見, 新聞, 風聞
須모름지기 수 須髮, 須臾, 必須
樂즐거울 락 樂天, 樂園, 極樂

*太公: 주나라 초의 현자로 성은 姜, 이름은 尙이다. 산동성 태생으로 위수에서 낚시질하다 사냥을 나갔던 문왕에게 기용되었다. 저서로 六韜와 三略이 있고, 태공망, 강태공으로 알려져 있다.

● 문법해설

(1)이 글은 '술목'구조인 見善과 聞惡, '수식'관계인 善事와 惡事, '부사+술어'인 須貪과 莫樂으로 구성된 문장구조가 같은 대구문이다. 의미상으로는 善事는 須貪의, 惡事는 莫樂의 목적어이다. (2)見은 善을, 聞은 惡을 목적어로 하는 '술목'구조로 조건제시(~하면, 하거든)하고, 渴과 聾은 如와 함께 단순비교를 나타내는 보어로 '~처럼 하라'는 권유의 글이다. (4)須는 必과 비슷한 뜻의 부사로 貪을, 莫은 부정부사인 금지사(~하지 말라)로 樂을 수식한다. 부사의 위치는 술어 앞에 오는 것이 정 위치다.

> (5)馬援曰 終身行善이라도 善猶不足이고 一日行惡이면 惡自有 餘니라.
> 몸을 마칠 때 까지 선한 일을 하여도 선은 오히려 부족하고, 하루라도 악한 일을

행하면 악은 저절로 남음이 있느니라.

【어 휘】

援구원할 **원** 援助, 救援, 支援　　　　　猶오히려(같을) **유** 猶不足, 猶豫
餘남을 **여** 餘生, 餘念, 殘餘

*馬援(B.C. 14~ A.D. 49): 후한사람으로 자는 文淵이며 光武帝를 도와 흉노를 정벌하는 등 많은 무공을 세웠다. '窮當益堅 老當益壯'이라는 명언을 남겼다.

● 문법해설

(1)終은 身, 行은 善(惡)을 목적어로 하는 '술목'구조이고, 이 첫 글은 行善 앞에 雖가 생략된 것으로 보면 쉽다. (2)善猶不足에서 善이 주어이고 猶는 부사로 술어 不足을 수식한다. (3)行惡 뒤에 則이 생략되었다. 惡自有餘에서는 惡이 주어이고 自는 부사 有餘는 술어로 결과의 글이다. (3)行善과 行惡, 猶와 自, 不足과 有餘는 모두 대구로 되어 있다.

---

(6)司馬溫公曰 積金以遺子孫이라도 未必子孫이 能盡守요 積書以遺子孫이라도 未必子孫이 能盡讀이니 不如積陰德 於冥冥之中하여 以爲子孫之計也니라.

사마온공이 말하였다. 돈을 모아서 자손에게 남겨 주어도 자손이 반드시 다 지키지는 못하고, 책을 모아서 자손에게 남겨 주어도 자손이 반드시 다 읽지는 못하니, 남모르는 가운데 음덕을 쌓음으로써 자손을 위한 계책을 하느니만 같지 못하니라.

【어 휘】

司맡을 **사** 司法, 司會, 上司　　　　　溫따뜻할 **온** 溫度, 溫泉, 溫和
積쌓을 **적** 積極, 積善, 治積　　　　　遺남길 **유** 遺言, 遺物, 遺産
盡다할 **진** 盡心, 盡力, 賣盡　　　　　守지킬 **수** 守備, 守成, 守勢

陰그늘 음 陰陽, 陰德, 綠陰　　　冥어두울 명 冥想, 冥福
計꾀할 계 計劃, 計算, 生計

*司馬溫公(1017~1086): 북송의 정치가이며 학자이다. 이름은 光, 자는 君實, 호는 迂夫 또는 迂叟, 시호는 文正公이며 溫國公에 봉해졌으므로 溫公이라 칭하였다.

● 문법해설

(1)積은 金(書, 陰德)을 직접목적어로 하고, 遺는 子孫을 간접목적어로 하는 '술목'구조이다. (2)積金(書)以에서 以는 수단, 방법이나 도구를 나타내는 전치사로 명사 앞에 오지만, 여기서는 목적어(積金)를 강조 하기위해 앞으로 내어 도치시킨 것으로 볼 수도 있고, 혹은 而와 같은 접속사로 보고 順接으로 해석 할 수도 있다. (3)未必이 주어인 子孫보다 앞에 있는 것은 未必이 가지고 있는 부정의 뜻을 강조한 것으로 보인다. 能은 助述詞로 '할 수 있다', 盡은 부사로 '다, 모두'의 뜻으로 본 동사 守에 연결된다. 未必의 어순이 '부정사+부사'(未必)이면 '반드시 다 지키는 것은 아니다'는 부분부정의 뜻이므로 간혹 다 지키는 자도 있다는 뜻이 된다. 반면에 어순이 '부사+부정사'(必未)이면 '반드시 다 지키지 못 한다'는 완전부정을 나타내어 지키는 자가 한 사람도 없다는 뜻이 된다. (4)於冥冥之中에서 於는 장소 앞에 위치하여 '~에(서), ~로 부터'라는 뜻으로 쓰이나 특히 시에서는 생략되는 경우가 많다. 예: [서화담시]採(於)山釣(於)水堪充腹(산에서 나물 캐고 물에서 고기 낚아 배를 채우며 견딘다). (5)爲子孫之計에서 爲(위하다)가 子孫을 목적어로 한 '술목'구조로 之와 함께 관형사로 計를 수식하는 명사구가 되어 不如와 연결된다. (6)以(之)爲의 以는 후치사로 '~으로써'의 뜻으로 앞의 積陰德於冥冥之中을 목적어(之)로 하여 해석하여도 되지만 而로 보고 순접으로 해도 된다. 여기 以爲는 '以A爲B'(A를 B로 여기다)에서 以를 도치한 'A以爲B'의 以爲와 혼돈하지 않도록 주의를 요한다. 예: [논어]仁以爲己任 不亦重乎(인을 자기 임무로 생각하니 또한 중하지 않은

가). (7)이 문장은 'A不如B'(A는 B만 못하다, B가 A보다 낫다)의 구조로, '積金이나 積書로 遺子孫해보아도(A) 積陰德함으로써 爲子孫之計(B)하는 것만 못하다'는 결론이다. 이유는 자손이 부모가 물려주는 것을 다 활용하지 못하기 때문이다. 예: [명심보감]遠親不如近隣(먼데 있는 친척은 가까이 있는 이웃만 못하다). 也는 단정종결사이다.

> (7)景行綠曰 恩義를 廣施하라 人生何處不相逢이랴 讐怨을 莫結하라 路逢狹處면 難回避니라.
> 경행록에 말하였다. 은혜와 의리를 널리 베풀라. 사람이 어느 곳에서 산들 서로 만나지 않으랴? 원수와 원한을 맺지 말라. 길이 좁은 곳(을)에서 만나 면 회피하기 어려우니라.

【 어 휘 】

景볕 경 景觀, 景致, 景福
恩은혜 은 恩惠, 恩德, 背恩
廣넓을 광 廣告, 廣野, 廣域市
逢만날 봉 逢變, 逢着, 相逢
怨원망 원 怨望, 怨讐, 怨恨
路길 로 路線, 行路, 道路
處곳 처 處女, 處世, 傷處
避피할 피 避身, 避難, 回避

錄기록할 록 錄音, 記錄, 目錄
義옳을 의 義理, 義務, 正義
施베풀 시 施主, 施行, 施術
讐원수 수 讐仇, 怨讐, 復讐
結맺을 결 結末, 結論, 結婚
狹좁을 협 狹小, 狹義
難어려울 난 難易, 難處, 困難

*景行綠: 송나라 때 만든 책이라고 하나 현재 전하지 않는다.

● 문법해설

(1)恩義는 廣施의, 讐怨은 莫結의 목적어로 권유문이다. (2)人生何處와 路逢狹處에서 何處(어는 곳에서)와 狹處(좁은 곳에서)를 生과 逢의 보어로 하여 '주술보'구조로 본다. 何處不相逢은 긍정의 뜻을 강조하거나 동의를 얻

기 위하여 의문문 형식을 취한 반어문이다. (3)恩義(은혜와 의리)와 讐怨(원수와 원망)은 각각 대등관계의 대구이고, 人生(사람이 살다)과 路逢(길이 만나다)은 주술관계의 대구로, 수식관계의 대구인 何處(어느 곳)와 狹處(좁은 곳)와 함께 조건문이 되고, 술어인 不相逢과 難回避는 부정대구로 결과의 글이다. (4)人生何處不相逢과 路逢狹處難回避는 교훈적인 7언 대구이다.

> (8)莊子曰 於我善者는 我亦善之하고 於我惡者도 我亦善之 니라. 我旣於人에 無惡이면 人能於我에 無惡哉인저.
>
> 장자가 말하였다. 나에게 선하게 하는 자에게 내 또한 선하게 하고, 나에게 악하게 하는 자에게도 내 또한 선하게 할 것이다. 내가 이미 남에게 악하게 함이 없었다면 남도 나에게 악하게 함이 없을 것인 져!

【어 휘】
旣이미 기 旣得, 旣成, 旣往　　　　　　　　於어조사 어
哉어조사 재. 감탄과 의문, 반문의 종결 사.

● 문법해설

(1)於我善者는 善我者(나에게 선하게 하는 자), 於我惡者는 惡我者(나에게 악하게 하는 자)와 같은 뜻이다. (2)我善之는 '주술목'관계로 之는 善我者요 惡我者이다. (3)첫 구의 善이 둘째 구에서는 惡자로 바뀌었을 뿐 구조는 같다.

(4)旣(이미)는 嘗, 已, 曾 등과 같은 뜻으로 과거동사와 함께 쓰인다.

(5)善과 惡, 人과 我를 교대로 한 구문이다. 哉는 감탄이나 탄식을 나타내는 종결사이다.

(9)東嶽聖帝垂訓曰 一日行善이면 福雖未至나 禍自遠矣요 一日行惡이면 禍雖未至나 福自遠矣니 行善之人은 如春園之草하여 不見其長이라도 日有所增하고 行惡之人은 如磨刀之石하여 不見其損이라도 日有所虧니라.

동악성제 수훈에 말하였다. 하루 선한 일을 행하면 복은 비록 이르지 아니하나 화는 저절로 멀어지고, 하루 악한 일을 행하면 화는 비록 이르지 아니하나 복은 저절로 멀어진다. 선한 일을 행하는 사람은 봄 동산의 풀과 같아서 그 자라는 것을 보지 못하나 날로 더해지는 바가 있고, 악한 일을 행하는 사람은 칼을 가는 숫돌과 같아서 그 닳아 없어지는 것을 보지 못하나 날로 이지러지는 바가 있느니라.

【어 휘】

嶽큰산 악 嶽母, 山嶽
垂드리울 수 垂訓, 垂直
雖비록 수 雖然
遠멀 원 遠近, 遠山, 遠征
草풀 초 草根木皮, 草木, 民草
磨갈 마 磨(摩)擦, 磨滅, 硏磨
損덜 손 損失, 損害, 破損

聖성인 성 聖君, 聖人, 聖賢
訓가르칠 훈 訓育, 訓練, 敎訓
至이를지 至誠, 至極, 夏至
園동산 원 樂園, 園藝, 公園
增불을 증 增大, 增産, 增强
刀칼 도 刀劍, 單刀直入
虧이지러질 휴 虧損, 虧月

*東嶽聖帝: 도교에서 東嶽의 직책을 맡은 사람인데 자세하지 않다. 五嶽에서 東嶽은 泰山, 西嶽은 華山, 南嶽은 衡山, 北嶽은 恒山, 中嶽은 嵩山이다.

● 문법해설

(1)垂訓은 '술목'관계로 '후손에게 교훈을 내리다'는 뜻이다. (2)一日行善(惡)은 가정의 조건문이고, 福(禍)雖未至 禍(福)自遠矣는 결과문이다. 이 글은 철저하게 善과 惡, 禍와 福을 대를 하여 만든 문장이다. 福과 禍는 주어이고, 雖는 양보의 뜻이고, 未至와 遠이 술어이다. (3)行善之人은 '述+目

+之+人'형태로 '~을 ~하는 사람', 즉 '行善者'의 뜻으로 주어가 되고, 如는 '~와 같다'는 비교의 술어로 보어(春園之草)가 따른다. (4)其長(損)이 不見의 목적어로 양보구문이고, 日有所增(虧)이 술어이다. (5)'명사(春園)+之'는 '~의'로, '술목(磨刀)+之'는 '~하는'으로 해석한다. (6)所增의 所는 뒤에 술어를 가지는 불완전명사로 뜻은 '~하는 바(것)'이다. 예:[초사]尺有所短 寸有所長(한 자도 짧을 때가있고 한 치도 길 때가 있다[장단점이 있다는 뜻]). (7)문장구조는 行善이 行惡으로, 福이 禍로, 春園之草가 磨刀之石으로, 其長이 其損으로, 所增이 所虧로 바뀌었고 뜻은 서로 반대를 나타낸다.

> (10)子曰 見善如不及하고 見不善如探湯하라.
> 공자가 말하였다. 선한 일을 보거든 미치지 못할 것처럼 여기고, 선하지 않은 일을 보거든 끓는 물을 만지는 것처럼 여겨라.

【어 휘】

及미칠 급 及第, 言及, 普及   探찾을 탐 探訪, 探索, 探知
湯끓을 탕 湯藥, 湯池, 再湯

● 문법해설

(1)見善은 見이 善을 목적어로 하는 가정 문이고, 술어인 如不及은 권유하는 글이다. (2)다음 글도 善을 不善으로, 不及을 探湯으로 바뀌었을 뿐 문장구조는 같다. (3)探湯은 '술목'구조로 不及과 함께 如의 보어이다. 'A如B'는 'A를 ~(하면) B처럼 하라'로 해석된다. (이 문장은 바로 앞 (4)절과 같은 구조의 문장이다).

★★★ 문법으로 배우는 명심보감

天命篇(하늘이 명령하는 글)

天命이란 용어는 中庸에 "天命之謂性(하늘의 명령을 성이라 한다)"이라 한데서 나온 말이다.

> **(1)孟子曰 順天者는 存하고 逆天者는 亡이니라.**
> 맹자가 말하였다. 하늘에 순종하는 자는 생존하고, 하늘에 거역하는 자는 망하느니라.

【어 휘】
順순할(따를) 순 順理, 順序, 順從
逆거스를 역 逆境, 逆賊, 拒逆
存있을 존 存在, 存立, 生存
亡망할 망 亡身, 存亡, 滅亡

*孟子(B.C. 372~ 389): 전국시대의 사상가로 이름은 軻, 자는 子輿이며 공자의 학문과 사상을 계승한 유가의 대표인물로 그가 저술한 孟子는 사서의 하나로 유학의 주요 경전이 되었다.

• 문법해설

(1)順天者와 逆天者는 주어이고 存과 亡은 술어로 '주술'구조이다. (2)뜻이 정반대인 順과 逆은 天을 목적어로 하는 '술목'구조로 뒤의 者를 수식한다. 存과 亡 역시 상대되는 말이다. (3)'술+목+者'의 뜻은 '~을 ~하는 者'로 順(逆)天者는 '하늘의 뜻을 따르는(거스르는) 자'로 해석된다.

> **(2)康節邵先生曰 天聽이 寂無音이니 蒼蒼何處尋고 非高亦非遠이라 都只在人心이니라.**
> 강절소선생이 말하였다. 하늘의 들으심이 고요하여 소리가 없으니 푸르고 푸른 하늘 어느 곳에서 찾을까. 높지도 않고 또한 멀지도 않고 모두가 다만 사람의 마음속

에 있느니라.

【 어 휘 】

康편안할 **강** 康寧, 健康, 小康
聽들을 **청** 聽力, 傾聽, 難聽
蒼푸를 **창** 蒼空, 蒼山, 蒼蒼
都도읍(모두) **도** 都城, 都市, 都合, 都是모두~이다.

邵땅이름 **소**
寂고요할 **적** 寂寞, 寂滅, 寂寂
非아닐 **비** 非難, 非理, 是非

*康節邵先生(1011~1077): 북송의 학자로 이름은 雍, 자는 堯夫, 호는 安樂先生, 康節은 그의 시호이다.

● 문법해설

(1)天聽이 주어이고 寂無音이 술어로 '주술'구조이다. 天聽은 사람의 良心이므로 조용하여 소리가 없다는 뜻이다. 何處尋의 목적어는 天聽이다. (2)非高(遠)의 非는 부정을 나타내는 연계동사(~아니다)로 주어는 장소(何處)이다. (3)부사 都와 只는 '모두, 다만'이란 뜻으로 동사 在를 수식하고, 在는 人心을 보어로 가진다. 在人心은 在於人心에서 於가 빠진 것으로 보면 된다. 天聽은 '모두 非高非遠한 사람마음 즉 양심에 있다'는 말이다. 5언 절구로 운자는 音, 尋, 心이다. (4)康節邵先生의 이 시는 '天聽吟'이고, 이와 비슷한 5언 절구로 유명한 '淸夜吟'을 싣는다.

月到天心處　달은 하늘 가운데 이르고
風來水面時　물위로 바람이 불어오는 때
一般淸意味　보통의 이 상쾌한 맛을
料得少人知　헤아려 아는 사람은 적으리라.

(3) 玄帝垂訓曰 人間私語라도 天聽이 若雷하고 暗室欺心이라도 神目이 如電이니라.

현제수훈에 말하였다. 사람사이에서 말을 사사로이 하더라도 하늘이 듣는 것은 우레와 같고, 어두운 방에서 마음을 속이더라도 귀신이 보는 것은 번개와 같으니라.

【어 휘】

帝 임금 제 帝國, 帝王, 天帝
若 같을 약 若此, 如와 같다.
欺 속일 기 欺瞞, 欺弄, 詐欺

垂 드리울 수 垂範, 垂直, 垂成
雷 우레 뢰 雷聲, 附和雷同
電 번개 전 電氣, 電子, 電話

*玄帝: 도가의 인물로 추정되는데 자세한 것은 전하지 않는다.

● 문법해설

(1) 垂訓은 윗사람이 아랫사람에게 가르침을 내려주는 것이다. 人間私語와 暗室欺心은 양보문이고, 欺心은 '술목'구조이다. (2) 天聽若雷와 神目如電는 '주술'구조인데 주어를 어느 것으로 하느냐에 따라 표현이 조금 다르다. 天과 神을 주어로 하면 聽(듣다)과 目(보다)이 동사술어가 되고, 若雷(우레처럼)와 如電(번개처럼)은 보어가 된다. 그리고 天聽(하늘의 들음)과 神目(귀신의 눈)을 주어로 하면 若雷(우레와 같다)와 如電(번개와 같다)이 술어가 된다. (3) 이 글은 4언 4구로 人間과 暗室, 私語와 欺心, 天과 神, 聽과 目, 若과 如, 雷와 電 등이 대구를 이룬다.

(4) 益智書云 惡鑵이 若滿이면 天必誅之니라.

익지서에 말하였다. 악한 그릇(나쁜 마음)이 만일 가득차면 하늘이 반드시 베느니라.

【어 휘】
益더할 익 益鳥, 損益, 增益
罐두레박 관 汽罐
滿찰 만 滿期, 滿員, 滿足

智슬기 지 智略, 智慧
若만일 약 若此, 若何, 萬若
誅벨 주 誅求, 誅殺, 誅戮

*益智書: 송나라 때 만들어진 교양에 관한 책으로 알려져 있다.

● 문법해설

(1)惡罐이 주어, 若滿을 滿則으로 바꾸어도 된다. 若은 如, 苟 등과 '만약'이란 뜻으로 가정문을 만든다. (2)天必誅之에서 天이 주어, 誅之는 '술목'구조이고 之는 앞에 나온 악이 가득한 사람(惡罐)을 지칭하는 代詞이다. (3)惡罐은 惡이 罐을 수식하는 '수식'관계어로 善罐과 대비된다. 두레박에 악이 가득하면 재앙이 내리고 선이 가득하면 축복이 내린다는 뜻이다. 두레박을 사람의 마음에 비유한 것이다.

> (5)莊子曰若人作不善하여 得顯名者는 人雖不害나 天必戮라.
> 장자가 말하였다. 만일 사람이 선하지 않은 일을 해서 이름을 들어냄을 얻는 자는 사람이 비록 해치지 않더라도 하늘이 반드시 죽이느니라.

【어 휘】
得얻을 득 得男, 得點, 利得
害해칠 해 害毒, 害惡, 被害

顯나타날 현 顯考, 顯達, 顯著
戮죽일 륙 殺戮, 誅戮

● 문법해설

(1)人이 주어, 作이 不善을 목적어로 가지는 '주술목'구조이다. (2)顯名이 得의 목적어인 '술목'구조로서 뒤의 者를 수식한다. (3)人雖不害에서 人이 주어, 雖는 양보 접속사, 不害의 목적어는 得顯名者이다. (4)天이 주어, 戮이 동사, 之는 得顯名者를 받은 대명사로 목적어이다. (5)不善으로 顯名한

사람은 사람 대신 하늘이 반드시 해친다는 뜻이다.

> **(6)種瓜得瓜요 種豆得豆니 天網이 恢恢하여 疎而不漏니라.**
> 오이를 심으면 오이를 얻고 콩을 심으면 콩을 얻으니, 하늘의 그물이 넓고 넓어서 성글되 새지 않느니라.

【 어 휘 】

種종자 종 種子, 種類, 播種　　　　瓜외 과 瓜年, 瓜滿, 瓜田
網그물 망 網羅, 網紗, 投網　　　　恢넓을 회 恢恢, 恢復, 恢遠
疎성길 소 疎隔, 疎遠, 疎外　　　　漏샐 루 漏水, 漏落, 漏泄, 漏出

● 문법해설

(1) 種瓜(豆)와 得瓜(豆)는 '술목'구조이다. 種瓜(豆)와 得瓜(豆) 사이에 則자가 빠진 것으로 보면 된다. (2) 天網이 주어, 恢恢이하가 술어. 疎而不漏는 '술어+而+不술어'의 구조로 而의 앞이나 뒤에 부정어가 있으면 역접으로 '그러나, 하지만'이 된다. 그러나 而자 앞에 명사가 오면 부정어와 관계없이 순접이 되어 '~하여서'가 된다. 예: 述而不作(진술은 하였으나 창작은 하지 않았다); 君而不君(임금으로서 임금노릇을 하지 못했다).

> **(7)子曰 獲罪於天이면 無所禱也니라.**
> 공자가 말씀하였다. 하늘에게 죄를 얻으면 빌 곳이 없느니라.

【 어 휘 】

獲얻을 획 獲得, 拿獲　　　　　　罪허물 죄 罪過, 罪人, 犯罪
禱빌 도 禱祠, 祈禱, 黙禱

• 문법해설

  (1)獲은 罪를 목적어로 한 '술목'구조이나 주어가 생략되었지만 逆天者를 암시하고 있는 가정의 조건문이다. (2)於는 출발, 기점(天)을 나타내는 전치사로 '~에서, ~로 부터'로 해석된다. 예: [적벽부]月出於東山之上(달이 동산 위에서 오르다). (3) 所禱는 '기도하는 바(할 곳)'이란 뜻으로 의미상 無의 주어이다. 所는 '所+술어'의 형태를 취해야만 명사역할을 할 수 있는 불완전명사이다.

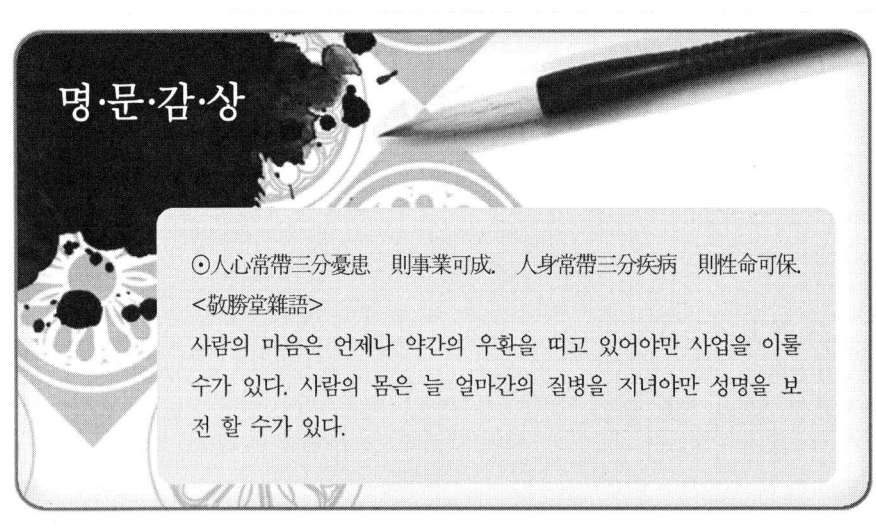

⊙人心常帶三分憂患 則事業可成. 人身常帶三分疾病 則性命可保.
<敬勝堂雜語>
사람의 마음은 언제나 약간의 우환을 띠고 있어야만 사업을 이룰 수가 있다. 사람의 몸은 늘 얼마간의 질병을 지녀야만 성명을 보전 할 수가 있다.

★★★ 문법으로 배우는 명심보감

 順命篇(운명에 따르는 글)

順命이란 天命을 따르는 것으로 자연의 攝理에 순응함을 말한다.

> (1)子曰 死生은 有命이요 富貴는 在天이라.
> 공자가 말씀하였다. 죽고 사는 것은 명에 있고, 부하고 귀한 것은 하늘에 달려있느니라.

【어 휘】

命목숨 명 壽命, 運命　　　　　　　　富넉넉할 부 富强, 富益富
貴귀할 귀 貴族, 富貴, 貴重

● 문법해설

(1)이 문장은 '장소(A)+有+주어(B)'(A에 B가 있다)와 '주어(A)+在+장소(B)' (A가 B에 있다)는 형식을 취한다. 따라서 해석상 有는 주어가 뒤에 있고, 在는 주어가 앞에 온다. (2)死生에는 命이 있다(有)이고, 富貴는 天에 있다(在)로 직역이 된다. 在(於)天에서 於가 생략된 것으로 보면 알기 쉽다. (3)따라서 '있다'는 뜻인 有와 在의 주어의 위치를 잘 알아야 한다. 예: 宅邊有五柳 五柳在宅邊(집 가에 오류가 있다. 오류가 집 가에 있다).

> (2)萬事分已定이어늘 浮生空自忙이니라.
> 모든 일은 분수가 이미 정해져 있는데, 뜬 구름 같은 인생들이 부질없이 스스로 바쁘니라.

【어 휘】

分분수, 나눌 분　　　　　　　　已이미 이

定정할 **정** 定期, 決定 　　　　浮뜰 **부** 浮雲, 浮力
空빌 **공** 空想, 空氣 　　　　忙바쁠 **망** 忙中閑, 奔忙

• 문법해설

(1)萬事分已定과 浮生空自忙 사이에 역접의 而자를 넣으면 알기 쉽다. 이글은 운명론을 示唆한 글이다. (2)分已定에서 대체로 分(分數)을 주어, 定을 술어로 본다. 그러나 分(분명히)을 부사로 보고 시간부사 已(이미)와 함께 동사(定)를 꾸미는 것으로 보면 '만사는 분명히 이미 결정 되어있다' 라고 해석할 수 도 있다. 그러면 五言對句가 성립된다. (3)萬事는 浮生과 함께 주어이고, 分已와 空自는 함께 부사 對句로 술어 定과 忙을 수식하는 것으로 봄이 좋을 듯하다. (4)이 절구의 出典은 南宋 때 작자 미상의 名賢集에 있는 5언 절구로 운자는 糧과 忙이다. 원문은 다음과 같다.

　　　　耕牛無宿草　밭가는 소는 묵은 풀이 없건만
　　　　倉鼠有餘糧　곳간에 있는 쥐는 남은 양식이 있네
　　　　萬事分已定　만사는 분수가 이미 정해져 있는데
　　　　浮生空自忙　부생이 공연히 스스로 바쁘구나.

(3)景行錄云 禍不可倖免이요 **福不可再求**니라.
경행록에 말하였다. 화는 요행으로 면할 수 없고, 복은 두 번 다시 구할 수 없다.

【 어 휘 】

倖요행 **행** 僥倖, 射倖 　　　　免면할 **면** 免稅, 免疫
再재차 **재** 再臨, 再次 　　　　求구할 **구** 求人, 求職

• 문법해설

(1)禍는 倖免의 목적어이고 福은 再求의 목적어로 도치되었다. '(不)可+他動詞'구조의 목적어는 문두에 있다. 예: 落葉不可掃(낙엽은 쓸면 안 된다). 身病可醫 心病難醫(몸의 병은 고칠 수 있으나 마음의 병은 고치기 어렵다). (2)倖과 再는 부사로 각각 뒤에 있는 동사 免과 求를 수식한다. (3)不可는 '할 수 없다, 해서는 안 된다, 옳지 않다'는 뜻으로 해석되는데 문의에 따라 적절히 활용해야한다. (4)禍는 선택할 수 있는 것이 아니지만 福은 자신이 선택할 수 있음을 시사하는 글이다.

> (4)時來風送滕王閣이요 運退雷轟薦福碑라.
> 때가 오면 바람이 등왕각으로 보내고, 운수가 물러가면 벼락이 천복비에 굉음을 울리느니라.

【 어 휘 】

送보낼 송 送達, 發送   閣누각, 집 각 閣下, 樓閣
運운반(전)할 운 運轉, 運命   退물러날 퇴 退任, 名退
轟울릴 굉 轟音   薦천거할 천 薦擧, 推薦
碑비석 비 碑石

• 문법해설

(1)時來와 運退은 '주술'구조로 가정의 조건문이다. 다음에 則자를 넣으면 해석이 쉽다. 時와 運은 時運을 의미하므로 같은 말로 볼 수 있다. (2)風과 雷가 각각 주어이고, 送과 轟이 술어이고, 滕王閣과 薦福碑가 보어이다. (3)時와 運, 來와 退, 風과 雷, 送과 轟, 滕王閣과 薦福碑 등 모든 어휘가 철저히 대를 이룬 七言 對句시이다. 다른 예: 運退黃金無艷色 時來頑鐵有光輝(운이 가면 황금도 고운 색이 없고, (좋은) 때가오면 몹쓸 쇠도 빛이 난다.)

*藤王閣: 양자강 유역 南昌에 있는 누각이름으로 당나라 때 고조의 아들 李元嬰이 세웠는데 그가 藤王으로 봉해졌으므로 등왕각이라 이름 하였다.

등왕각 낙성식을 하려던 당시 14세이던 王勃이 꿈에 빨리 남창으로 가서 글을 지어라는 신령의 말을 듣고 깨어보니 낙성식이 다음날이었다. 다행히 순풍을 타고 하룻밤 사이에 남창 칠백리를 가서 낙성식에 참석하여 '등왕각서문'을 지음으로써 문명을 천하에 떨쳤다. 이처럼 운이 있으면 순풍을 타고 먼 길을 하룻밤사이에 가서 명문을 지어 천하에 이름을 날릴 수 있다.

*薦福碑: 강서성 薦福寺에 있던 비석으로, 원나라 때 馬致遠이 세웠다고 하고 당나라 때 대 명필 歐陽詢이 비문을 썼다고 한다.

寇萊公의 門客 한 사람이 지극히 가난하였는데 명분 없이 도와줄 수가 없었다. (일설에는 이 고을을 다스리던 范仲淹에게 한 書生이 찾아와 가난을 하소연하였다. 당시 구양순의 글씨는 탁본도 한 장의 값이 천금이나 하던 때라 이에 범중엄이 비문탁본을 1천본을 떠서 팔아보라며 자본을 대주었다고한다). 이에 천복비의 비문을 탁본해 오면 후사하겠다고 하여 그 가난한 선비는 천신만고 끝에 수천리를 달려갔으나 하필이면 그 날 밤에 폭풍우가 몰아치더니 벼락이 천복비를 쳐서 깨뜨려 버렸다고 한다. 운이 없으면 아무리 잘 세워진 계획도 허사가 되고 만다는 이야기이다.

> (5) 列子曰 癡聾瘖啞도 家豪富요 智慧聰明도 却受貧이라. 年月日時 該載定하니 算來由命不由人이니라.
>
> 　열자가 말하였다. 어리석고 귀먹고 벙어리라도 집은 호화롭고 부자요, 지혜 있고 총명한 사람도 도리어 가난함을 받느니라. 운수(해와 달과 날과 시)는 모두 처음에 정해져 있으니, 계산해 보면 명에 말미암고 사람에 말미암지 않느니라.

【 어 휘 】

列벌릴 열 列強, 列擧
聾귀먹을 롱 聾兒
慧슬기로울 혜 知慧, 慧眼
却도리어 각 忘却, 却下
載비로소, 실을 재 連載, 記載

癡어리석을 치 癡呆
瘖벙어리 음 (啞벙어리 아)
聰귀밝을 총 聰明
該모두 해 該當

*列子: 전국시대 노나라의 사상가로 성은 列, 이름은 禦寇이며 그의 사상을 엮은 列子가 있다.

● 문법해설

 (1)癡聾瘖啞와 智慧聰明은 대구로 네 부류의 사람이며 앞에 양보(~라도)의 雖자를 넣으면 알기 쉽다. (2)家가 주어이고, 豪富가 술어. 貧이 受의 목적어고, 却은 '도리어'의 부사. (3)年月日時는 사주팔자의 뜻이고 載는 始의 뜻이다. (4)算來의 來는 助辭(예: 歸去來辭)이고 則을 더하면 가정의 조건임을 알기 쉽다. 由命과 不由人이 결과문이고, 由는 '말미암아, 때문에'라는 이유의 뜻이다. (5)貧과 人이 운자인 七言絶句의 글이다. 부귀와 빈천은 운명에 따라 정해져오는 것이지 사람이 어쩔 수 없다는 뜻이다.

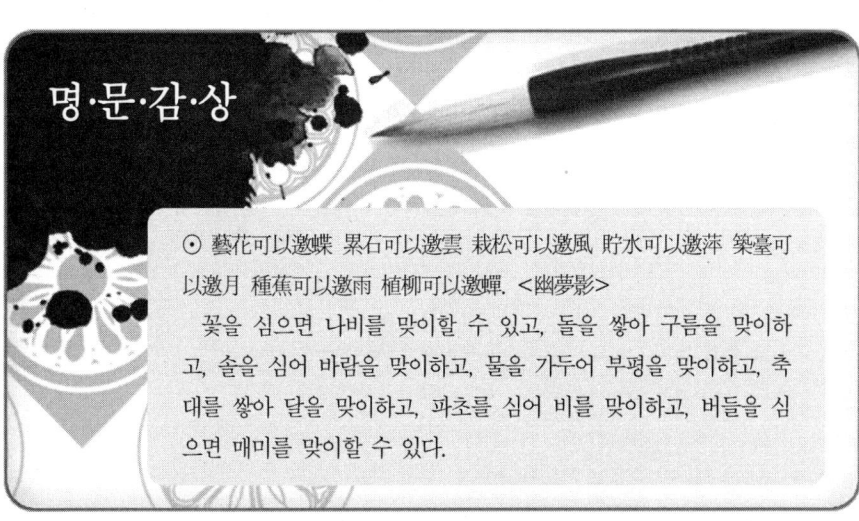

⊙ 藝花可以邀蝶 累石可以邀雲 栽松可以邀風 貯水可以邀萍 築臺可以邀月 種蕉可以邀雨 植柳可以邀蟬. <幽夢影>
 꽃을 심으면 나비를 맞이할 수 있고, 돌을 쌓아 구름을 맞이하고, 솔을 심어 바람을 맞이하고, 물을 가두어 부평을 맞이하고, 축대를 쌓아 달을 맞이하고, 파초를 심어 비를 맞이하고, 버들을 심으면 매미를 맞이할 수 있다.

명심보감 보충자료

*曾子가 曰 父母愛之어시든 喜而不忘하고 父母惡之어시든 懼而不怨하고 父母有過어시든 諫而不逆이니라. [而자 앞이나 뒤에 부정어가 있으면 而자는 역접으로 '~하나, 하되'로 해석한다.] (증자가 말하였다. "부모가 사랑하시거든 기뻐하되 잊지 말고, 부모가 미워하시거든 마음으로 두려워하되 원망하지 말고, 부모가 허물이 있으면 간하되 거스르지 말아야 한다.")
◀ 曾子: 중국 춘추시대 유학자. 공자의 제자로 이름은 參이며 효행의 실천가로 유명하다.

*羅仲素가 曰 天下에 無不是底父母라하니 養子라야 方知父母恩이니라. [底는 地와 함께 的의 뜻으로 '~의'로 관형격이다.] (나중소가 말하였다. "천하에 옳지 않은 부모가 없다 하였으니, 자식을 길러보아야 바야흐로 부모의 은덕을 알 것이다.")
◀ 羅仲素: 중국 남송 때의 성리학자.

*退溪先生이 曰 孝爲百行之源이니 一行이 有虧면 則孝不得純孝矣니라. [虧어그러질 휴. 純순수할 순]. (퇴계선생이 말하였다. "효도는 백 가지 행실의 근원이 되므로, 한 행실이 어그러지면 그 효도는 온전한 효도가 될 수 없다.")
◀ 退溪先生은 조선 중기 성리학을 심화 발전시킨 대유학자. 성은 李. 이름은 滉. 퇴계는 호이다.

★★★ 문법으로 배우는 명심보감

 孝行篇(효도를 행하는 글)

이 편은 시경 소아에 있는 蓼莪章과 孝經과 論語 등에서 효도에 관한 문장을 취합하여 효의 중요성을 제시하고 있다.

> (1)詩曰 父兮生我하시고 母兮鞠我하시니 哀哀父母여 生我劬勞셨다 欲報深恩인대 昊天罔極이로다.
> 시경에 말하였다. 아버지여! 나를 낳게 하시고, 어머니여! 나를 기르셨으니, 슬프고 슬프도다. 부모여! 나를 낳아 기르시느라 애쓰셨도다. 그 깊은 은혜를 갚고자 하는데 하늘과 같이 넓어 다함이 없도다.

【어 휘】
兮어조사 혜 강조, 감탄을 나타내는 어조사.
鞠기를 국 鞠育, 鞠躬   劬힘쓸 구 劬勞
昊하늘 호 昊天   罔없을 망 罔極, 罔測

*詩: 詩經으로 三經의 하나, 황하중류지방의 시로서 周初에서 春秋초까지의 것 305편을 공자가 뽑아 수록하였다.

● 문법해설

(1)父兮生我와 母兮鞠我는 '주술목'구조이다. 주어에 이은 兮는 영탄조의 어기사로서 '~이여' '~인가'로 해석. (2)哀哀父母가 주어, 生我는 '술목'구조이고, 生은 '生長시키다(기르다)'는 뜻이다. 劬와 勞는 같은 뜻으로 '힘들게, 고생스럽게'의 부사로 동사 生을 꾸민다. (3)欲은 '하려고 하다'는 뜻으로 뒤에 동사를 취한다. 欲雨는 '비가 오려고 한다'는 뜻이다. (4)深恩은 報의 목적어이고, 罔極은 無窮과 같다. 이글은 '深恩如昊天無窮(깊은 은혜가 넓은

하늘처럼 끝이 없다)'의 뜻으로 은혜를 갚고 싶은데 넓은 하늘처럼 끝이 없다는 뜻이다.

> (2)子曰 孝子之事親也에 居則致其敬하고 養則致其樂하고 病則致其憂하고 喪則致其哀하고 祭則致其嚴이니라.
> 공자가 말씀하였다. 효자가 어버이를 섬길 적에는 기거하면 그 공경을 다하고, 봉양할 때는 그 즐거움을 다하고, 병이 드시면 그 근심을 다하고, 초상(죽음)을 당하면 그 슬픔을 다하고, 제사 지내게 되면 그 엄숙함을 다하느니라.

【어 휘】

孝효도 효 孝心, 孝道　　　　　事섬길 사 事親, 事故, 慶事
致이룰 치 致富, 致賀　　　　　養기를 양 養育, 養子
憂근심 우 憂國, 憂慮　　　　　喪잃을 상 喪禮(失)
祭제사 제 祭祀　　　　　　　　嚴엄할 엄 嚴格, 嚴冬雪寒

● 문법해설

(1)孝子之事親也에서 之는 주격조사이고, 事親은 '술목'관계이고, 也는 '之~也'로 연결하여 명사구를 만들어 다음에 오는 동사의 주어절이 된다. 이 글은 '孝子事親'이란 '주술목'의 단문을 주어절로 만들기 위해 '之~也'를 사용하여 변형시킨 包有文이다. (2)동사(居, 養, 病, 喪, 祭) 다음에 則이 오면 가정형으로 '~하면'으로 해석한다. (3)致(다하다)는 다음의 명사(敬, 樂, 憂, 哀, 嚴)와 '술목'구조를 만든다. (4)其는 명사 앞에서 관형어로 '그, 그의'라는 뜻이다.

> (3)子曰 父母在어시든 不遠遊하며 遊必有方이니라.
> 공자가 말씀하였다. 부모가 살아계시거든 멀리 놀지(가지) 말며, 놀(갈) 때에는 반드시 일정한 곳이 있어야 하느니라.

【 어 휘 】
遠멀 월 遠路, 遠視
方모, 방위 **방** 方位, 四方
遊놀 유 遊戱, 遊說

- 문법해설

(1)父母在는 在世, 즉 세상에 살아 계신다는 가정의 조건문이다. (2)不遠遊에서 不은 금지사이고, 遠은 부사로 遊를 수식한다. 遊는 자기가 살던 고장을 떠날 때 쓴다. 예컨대 遊子(집을 떠난 자식), 遊學(객지에서 공부), 遊覽(돌아다니며 구경) 등. (3)遊必有方에서 遊는 조건(놀러 가면)이나 시간(놀러 갈 때)의 뜻으로 해석된다. 方은 곳, 처소의 뜻이다.

> (4)子曰 父命召어시든 唯而不諾하고 食在口則吐之니라.
> 공자가 말씀하였다. 부모께서 명하여 부르시거든 속히 대답하고 느리게 대답하지 말며, 음식이 입에 있거든 뱉어야 하느니라.

【 어 휘 】
召부를 소 召還, 召集
諾느리게 대답할 **낙**
唯빨리 대답할 유
吐토할 토 吐露, 實吐

- 문법해설

(1)父命召에서 父가 주어, 命召(명하여 부르다)가 술어로 가정의 조건문이다. (2)唯는 빨리 대답하는 것으로 恭對이고, 諾은 느리게 대답하는 것으로 平對이다. 不諾에서 不은 금지사. (3)食在口는 '주술보'의 형태이다. 口는 장소(~에)를 가리키므로 於口로 하면 알기 쉽다. (4)吐之는 '술목'구조로 之는 앞에 나온 밥을 받은 대명사이다.

> (5) 太公曰 孝於親이면 子亦孝之하나니 身旣不孝면 子何孝焉이리오.
>
> 태공이 말하였다. 내가 부모에게 효도하면 내 자식이 또한 나에게 효도하나니, 내가 이미 어버이에게 효도하지 않았다면 내 자식이 어찌 나에게 효도하겠는가?

【 어 휘 】

旣이미 기 旣望	何어찌 하 何事
焉어조사 언 終焉 의문이나 반어를 나타냄.

• 문법해설

(1) 孝於親에서 동사 孝의 주어 身(나)이 생략되었고, 於親이 보어인 가정문이다. (2) 子亦孝之는 '주술목'구조로 之는 身의 대사이다. (3) 身旣不孝(於親)은 가정형이다. 旣는 과거를 나타내는 시간부사로 동사는 과거를 뜻한다. (4) 子何孝焉은 의문문형식을 하고 있지만 뜻은 '효도를 안 한다'는 말을 강조하기위한 반어문. 焉은 於之를 의미하는 兼詞로 之는 身(나)를 나타낸다.

> (6) 孝順은 還生孝順子요 忤逆은 還生忤逆兒하나니 不信커든 但看簷頭水하라 點點滴滴不差移니라.
>
> 효도하는 순한 사람은 다시 효도하는 순한 자식을 낳고, 부모에게 거스르고 거역한 사람은 다시 거역하는 자식을 낳는다. 믿지 못하겠거든 저 처마 끝의 낙수를 보라. 한점한점 방울방울 떨어짐이 어긋남이 없느니라.

【 어 휘 】

還다시, 돌아올 환 還元, 還甲	忤거스를 오 忤耳
逆거스를 역 逆境, 逆流	簷처마 첨 簷雨, 簷水
點점 점 點呼, 點燈	滴물방울 적 滴水, 硯滴
差어긋날 차 差異, 差別	移옮길 이 移動, 移徙

● 문법해설

  (1)孝順과 忤逆은 뒤에 者나 之人이 생략된 대구로 주어이다 (2)還生孝順子와 還生忤逆兒는 대구를 이루어 반대개념을 표현한다. 子와 兒는 같은 뜻으로 之子와 之兒로 하면 알기 쉽다. 還은 '또, 다시'의 부사로 生을 수식하며 孝順子와 忤逆兒은 生의 목적어이다. (3)看은 簷頭水를 목적어로 하고, 點點과 滴滴은 첩어를 써서 강한 뜻을 표현한 주어이고, 不差移가 술어이다. (4)起句와 承句는 원인과 결과를 설명하고, 轉句와 結句는 앞 구절의 결과를 증명하는 교육적인 七言絶句로 운자는 兒와 移이다.

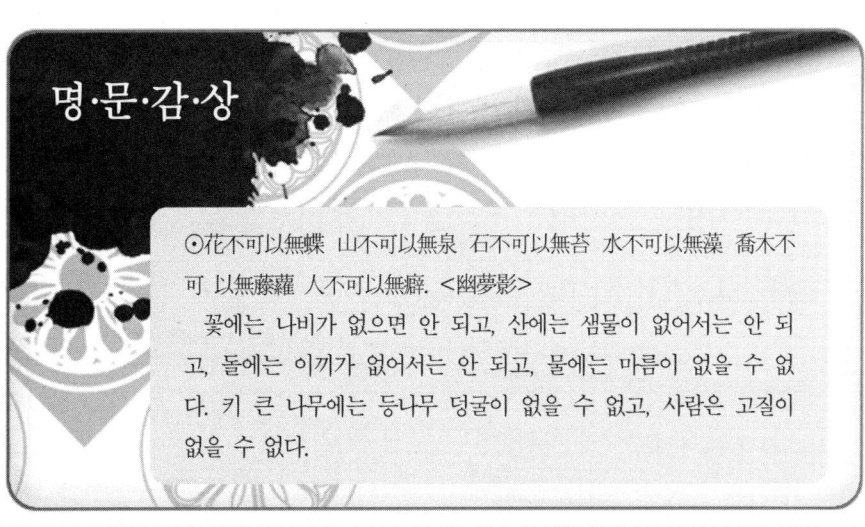

명·문·감·상

⊙花不可以無蝶 山不可以無泉 石不可以無苔 水不可以無藻 喬木不可以無藤蘿 人不可以無癖. <幽夢影>
  꽃에는 나비가 없으면 안 되고, 산에는 샘물이 없어서는 안 되고, 돌에는 이끼가 없어서는 안 되고, 물에는 마름이 없을 수 없다. 키 큰 나무에는 등나무 덩굴이 없을 수 없고, 사람은 고질이 없을 수 없다.

명심보감 보충자료

*知命之人은 見利不動하고 臨死不怨이니라. [利이로울 리. 臨임할 림. 怨원망할 원]. (명을 아는 사람은 이익을 보더라도 동요하지 않고, 죽음에 임해서도 원망하지 않는다.)

*臨財毋苟得하며 臨難毋苟免이니라. [財재물 재. 毋는 無와 같다. 苟구차할 구. 免면할 면.] (재물에 임해서 구차하게 얻으려 하지 말고, 어려움에 임해서 구차하게 면하려고 하지 말라.)

*宣祖大王이 曰 凡人之立於天地之間에 但當爲我之所當爲요 若夫橫逆之自外至者는 初非所慮니 吉凶禍福은 順受而已니라. [若같을 약. 橫逆은 橫厄의 뜻. 當爲는 '~함이 마땅하다'는 뜻. 順受는 '순순히 받아들이다'는 뜻]. (선조대왕이 말했다. "모든 사람은 하늘과 땅 사이에 서서 다만 내가 마땅히 해야 할 바를 해야 한다. 대저 외부로부터 오는 횡역 같은 것은 처음부터 생각할 바가 아니니, 나에게 부여된 길흉화복은 순순히 받을 뿐이니라.")

*李栗谷先生이 曰 爲善而近名도 亦利心也라. 君子視之에 深於穿窬은 況爲不善而征利乎아. [視볼 시. 穿뚫을 천. 窬구멍 유. 況하물며 황. 征칠 정] (이율곡선생이 말하였다. "선한 일을 하되 명예를 가까이하는 것도 또한 이익을 꾀하는 마음이다. 군자가 보기에 이것은 담 구멍을 뚫는 도둑보다 더 심한 일인데, 하물며 선하지 못한 일을 하면서 이익을 취하는 것이랴?")

◂李栗谷: 조선 명종, 선조 때의 성리학자. 이름은 이(珥). 율곡은 호.

★★★ 문법으로 배우는 명심보감

 正己篇(몸을 바르게 하는 글)

이 편은 남의 선악을 보고 평하기에 앞서 자신의 선악을 되돌아보는 것이 중요함을 권면하고 있다.

> (1)性理書云 見人之善이어든 而尋己之善하고 見人之惡이어든 而尋己之惡이니 如此라야 方是有益이니라.
> 성리서에 말하였다. 남의 선한 것을 보거든 나의 선한 것을 찾고, 남의 악한 것을 보거든 나의 악한 것을 찾을 것이니, 이와 같이 하여야 바야흐로 이익이 있는 것이니라.

【어 휘】
性성품 성 性格, 性品
尋찾을 심 尋訪

理이치, 다스릴 리 理致, 理事
益더할 익 利益, 增益

*性理學: 송나라 때 유학자들이 인간의 심성과 우주의 원리를 주제로 유학을 탐구한 것을 말한다. 이를 발전시킨 정자와 주자를 대표하여 정주학이라고도 한다.

• 문법해설

(1)見은 人之善(惡)을 목적어로 하고, 尋은 己之善(惡)을 목적어로 하는 '술목'구조이다. (2)而는 則과 같이 조건을 나타내는 접속사로 쓰인다. 예: [논어]夫仁者己欲立 而立人(무릇 인자가 자신이 서고자하면 남도 서게 한다). (3)方是는 '바야흐로 ~이다'는 뜻. 이와 유사어로 便是(바로 ~이다), 只是(단지 ~이다), 卽是(곧 ~이다) 등이 있다.

(2) 景行錄云 大丈夫當容人이언정 無爲人所容이니라.

경행록에 말하였다. 대장부는 마땅히 남을 용서할지언정 남에게 용서를 받는 자가 되지는 말지니라.

【 어 휘 】

當마땅할 당 當然
夫지아비, 사나이 부 夫婦

丈어른 장 丈人, 椿府丈
容얼굴, 용서할 용 容貌, 容恕

• 문법해설

(1) 大丈夫가 주어, 容人은 '술목'구조로 양보절이다. (2) 當은 宜, 應과 같이 '마땅히, 의당, 응당 ~해야 한다'는 뜻으로 술어 앞에서 당위의 조술사로 쓰인다. (3) 無는 不, 勿, 莫과 같이 '~하지 말라'는 금지사이다. '爲A+所B (A(명사)에게 B(동사)를 당하는 바가 되다'는 피동의 뜻을 나타내는 관용구이다. 예: 善泳者 爲水所溺(수영 잘 하는 자는 물에 빠져 죽는 바가 된다).

(3) 太公曰 勿以貴己而賤人하고 勿以自大而蔑小하고 勿以恃勇而輕敵이니라.

태공이 말하였다. 자기를 귀하게 여기고서 남을 천하게 여기지 말며, 자신을 크게 하고서 작은이를 업신여기지 말며, 용맹을 믿고서 적을 가볍게 여기지 말지니라.

【 어 휘 】

賤천할 천 賤民, 卑賤
恃믿을 시 恃賴
輕가벼울 경 輕率, 輕擧妄動

蔑업신여길 멸 蔑視
勇날랠 용 勇氣, 勇猛

• 문법해설

　(1)勿은 賤人, 蔑小, 輕敵을 하지 말라는 금지사이다. '以 ~ 而'는 '~하다 는 이유로'로 해석된다. (2)貴己, 賤人, 自大(大自의 변형), 蔑小, 恃勇, 輕敵은 모두 '술목'구조이다. (3)自는 부사이거나 대명사로 목적어이거나 언제나 동사 앞에 위치한다. 따라서 自大는 '술목'형의 大自(자신을 크게 여기다)의 변형이다. 大는 타동사로 '크게 하다, 자랑하다, 뽐내다'는 뜻이다. (4)이글은 1장 (2)절과 유사하다.

> **(4)馬援曰 聞人之過失**이어든 **如聞父母之名**하여 **耳可得聞**이언정 **口不可言也**니라.
> 　마원이 말하였다. 남의 과실을 듣거든 부모의 이름을 들은 것처럼 하여 귀로는 들을지언정 입으로는 말하지 말지니라.

【 어 휘 】

援구원할 원 援助　　　　　　　過허물 과 過失, 過誤
失잃을 실 失敗, 失手, 遺失物

• 문법해설

　(1)聞은 人之過失과 父母之名을 목적어로 한다. 之는 관형격조사로 '~의'로 해석된다. (2)如는 '~와 같다, ~처럼 하다'는 직유법으로 다음에 보어를 가진다. (3)耳可得聞은 양보문이고 口不可言은 금지문이다. 可得은 可能과 같은 조술사이다. 不可 역시 '할 수 없다, 안 된다'는 조술사이다. (4)耳와 口는 '귀가, 입이'처럼 주어로 하여도 되고, 혹은 '귀로, 입으로'처럼 부사적으로 해석해도 된다.

(5)康節邵先生曰 聞人之謗이라도 未嘗怒하며 聞人之譽라도 未嘗喜하며 聞人之惡이라도 未嘗和하며 聞人之善이면 則就而和之하고 又從而喜之니라. 其詩曰 樂見善人하며 樂聞善事하며 樂道善言하며 樂行善意하고 聞人之惡이어든 如負芒刺하며 聞人之善이어든 如佩蘭蕙니라.

소강절선생이 말하였다. 남의 비방을 들어도 성내지 말며, 남의 칭찬을 들어도 기뻐하지 말며, 남의 악행을 들어도 동조하지 말며, 남의 선행을 듣거든 나아가 어울리고 또 따라서 기뻐할지니라. 시에서 말하였다. 선한 사람 보기를 즐겨하며, 선한 일 듣기를 즐겨하며, 선한 말 이르기를 즐겨하며, 선한 뜻 행하기를 즐겨하고, 남의 악한 점을 듣거든 가시를 등에 진 것같이 여기며, 남의 선한 점을 듣거든 난초를 찬 것같이 여기라.

【 어 휘 】

節마디 절 節氣, 節槪
嘗일찍, 맛볼 상 未嘗不, 嘗味
就나아갈 취 就職, 就業
芒가시 망 茫然, 芒種
佩찰 패 佩用

謗비방할 방 誹謗
譽기릴 예 名譽, 榮譽
道말할 도 道破=說破
刺찌를 자 刺客, 刺戟
蕙난초 혜 蘭草, 蕙蘭

• 문법해설

(1)聞은 人之謗(譽, 惡, 善)을 목적어로 하는 '술목'구조로 양보절이다. (2)未嘗은 술어 怒, 喜, 和자와 함께 부정문을 만들고, 嘗은 '일찍이'라는 과거를 나타내는 시간부사 이나 여기서는 해석을 안 해도 된다. (3)就而和之와 從而喜之에서 而는 동사와 동사를 연결하는 순접접속사이고, 之는 바로 앞글의 善자를 받은 대사이다. (4)見은 善人, 聞은 善事, 道는 善言, 行은 善意를 목적어로 한 명사구를 만들어 다시 동사 樂의 목적어가 된 이중 '술목'구조이다. (5)聞人之惡(善)은 가정의 조건문이고, 如負芒刺와 如佩蘭蕙는 결과의 술어문이고, 如는 뒤에 보어를 동반하여 '~처럼 하라'는 권유

의 글을 만든다. (6)負는 芒刺, 佩는 蘭蕙를 목적어로 하는 '술목'구조로 如에 연결되어있다.

> (6)道吾善者는 是吾賊이요 道吾惡者는 是吾師니라.
> 나의 선을 말하는 자는 나의 적이고, 나의 악을 말하는 자는 나의 스승이다.

【어 휘】
道길, 말할 도 不道禮憲　　　　賊도둑 적 賊徒

• 문법해설

(1)道가 吾善(惡)을 목적어로 하는 '술목'구조로 뒤의 者를 수식한다. (2)是는 연계동사(~이다)이고 吾賊(師)이 보어이다. (3)善과 惡, 賊과 師가 정대를 한 七言對句이다.

> (7)太公曰 勤爲無價之寶요 愼是護身之符니라.
> 태공이 하였다. 부지런함은 값을 매길 수 없는 보배이고, 삼감은 몸을 보호하는 부적이다.

【어 휘】
勤부지런할 근 勤勉　　　　愼삼갈 신 愼重, 勤愼
護보호할 호 護身　　　　　符부신 부 符信, 符號

• 문법해설

(1)勤과 愼이 주어이고, 爲와 是는 연계동사(~이다)이고, 無價之寶와 護身之符는 보어이다. 無價는 '값이 없다'라는 뜻으로, 값을 매길 수 없을 만큼 귀중한 보배 등을 가리킬 때 사용한다. (2)之는 뒤에 오는 寶와 符를 수

식하는 관형격조사 (~하는, ~의)이다. (3)勤과 愼, 爲와 是, 無價와 護身, 寶와 符가 대를 이룬 六言 對句이다.

> (8)景行錄曰 保生者는 寡慾하고 保身者는 避名이니 無慾은 易나 無名은 難이니라.
> 경행록에서 말했다. 삶을 보전하려는 자는 욕심을 적게 하고, 몸을 보전하려는 자는 명예를 피해야하니 욕심을 없게 하기는 쉬우나 명예를 없게 하기는 어려우니라.

【 어 휘 】
保보호할 보 保護, 保存   寡적을 과 寡黙, 多寡
慾욕심 욕 慾心   易쉬울 이(바꿀 역) 難易

● 문법해설

(1)保生과 保身은 '술목'구조로 뒤의 者를 수식하는 주어이다. (2)寡慾과 避名은 '술목'구조로 술어이다. (3)無慾과 無名이 주어이고 易와 難이 술어이다. (4)易, 難, 多, 少 등은 뒤에 보어를 동반하는 특수형용사로 취급한다. 예: [주자의 '偶成]少年易老 學難成(소년은 늙기 쉽고 학문은 이루기 어렵다).

> (9)子曰 君子有三戒하니 少之時엔 血氣未定이라 戒之在色하고 及其壯也하여는 血氣方剛이라 戒之在鬪하고 及其老也하여는 血氣旣衰라 戒之在得이니라.
> 공자가 말하였다. 군자는 세 가지 경계할 것이 있으니, 소년일 때는 혈기가 정해지지 않은지라 경계할 것이 여색에 있고, 장성함에 이르러서는 혈기가 바야흐로 강성한지라 경계할 것이 싸움에 있고, 늙음에 이르러서는 혈기가 이미 쇠한지라 경계할 것이 탐하여 얻으려는 데 있느니라.

【어휘】

壯씩씩할 **장** 壯士, 健壯
鬪싸울 **투** 鬪爭, 鬪士
剛굳셀 **강** 剛健, 剛直
衰쇠할 **쇠** 衰弱, 老衰

● 문법해설

(1)少之時(젊음의 때)의 之는 생략하고 少時로 해도 된다. (2)戒之의 之는 주격조사로 '경계할 것은'으로 해석된다. (3)在色(鬪, 得)에서 在 다음에 於를 넣으면 알기 쉽다. (4)소시에는 血氣가 未定하고, 중년에는 方剛하고, 노년에는 旣衰함으로써 三戒로 경계심을 불러일으키는 글이다.

---

(10)孫眞人養生銘云 怒甚偏傷氣요 思多太損神이라 神疲心易役이요 氣弱病相因이라 勿使悲歡極하고 當令飮食均하며 再三防夜醉하고 第一戒晨嗔하라.

　손진인의 양생명에서 말하였다. 노함이 심하면 기를 한쪽으로 상하게 하고, 생각이 많으면 정신을 크게 손상시킨다. 정신이 피로하면 마음이 쉽게 사역을 당하고, 기운이 약하면 병이 서로 잇따르게 된다. 슬픔과 기쁨을 너무 지나치게 하지 말고, 마땅히 음식을 고르게 하며, 재삼 밤에 술 취하는 것을 예방하고, 새벽에 성내는 것을 제일 경계하라.

【어휘】

銘새길 **명** 銘心, 感銘
偏치우칠 **편** 偏見, 偏愛
疲지칠 **피** 疲勞, 疲弊
使하여금 **사** 使臣, 使喚
防막을 **방** 防備(禦), 防蟲網
嗔성낼 **진** 嗔言, 嗔責

怒성낼 **노** 喜怒哀樂
損덜 **손** 損害, 損傷
役부릴 **역** 役割, 役事
均고를 **균** 均等, 均配
晨새벽 **신** 晨省昏定
令하여금 **령** 令愛, 縣令, 命令

*孫眞人: 도가에 속하는 사람이나 자세하지 않다. 眞人은 도교나 불교의 깊은 진리를 깨달은

사람을 이른다.

● 문법해설

　(1)養生은 몸과 마음을 잘 수양하여 병에 걸리지 않도록 섭생하는 방법을 말하며 양생으로 건강과 장수를 꾀하는 글이 養生銘이다. (2)1,2,3,4구는 조건과 결과로 짜여있고, 5,6,7,8구는 양생법을 제시한 글이다. (3)怒甚과 思多, 神疲와 氣弱은 '주술'구조의 대구로 조건문이다. (4)偏과 太는 부사로 '술목'구조인 傷氣와 損神을 수식한다. (5)心과 病이 주어이고 易役과 相因이 술어이다. (6)使와 令은 사역동사로 '사역동사+목적어+술어'형태를 가지며 '목적어로 하여금 ~하게하다'로 해석된다. 悲歡과 飮食은 목적어이고 極과 均은 술어이다. (7)再三과 第一은 부사로 다음 동사를 수식하며, 夜醉와 晨嗔은 동사 防과 戒의 목적어로 '술목'구조이다. (8)'수련(1,2구), 함련(3,4구), 경련(5,6구), 미련(7,8구)'이 모두 字句對를 이루고 있는 양생에 관한 五言律詩이다. 운자는 神, 因, 均, 嗔이다. (9)참고로 東醫寶鑑 '先賢格言篇'에 있는 이 8구이외의 나머지 12구를 全載한다. 짝수 줄 맨 끝의 글자(脚韻)를 운자라 한다. 즉 津, 身, 辛, 純, 人, 眞이다.

　　　　亥寢鳴天鼓　　해시에 잠들 때 손으로 귀를 비벼 울려주고
　　　　寅興漱玉津　　인시에 일어나 침으로 양치질하고 삼켜라.
　　　　妖邪難犯己　　요사하고 사악한 기운이 몸을 범하기 어렵고
　　　　精氣自全身　　정령한 기운이 저절로 몸을 보전할 것이니라.
　　　　若要無諸病　　만약 모든 병이 없기를 요구한다면
　　　　常須節五辛　　언제나 오신채 절제가 필수이니라.
　　　　安神宜悅樂　　정신이 편안하면 마땅히 기쁘고 즐겁고
　　　　惜氣保和純　　기운을 아끼면 화기와 순수함을 보전하리라.

壽夭休論命 　장수와 요절이 명에 있다고 말하지 말게
修行本在人 　닦고 행하는 것은 본래 사람에게 달려 있느니라.
若能遵此理 　만약 이 이치를 좇을 수만 있다면
平地可朝眞 　평지에서도 眞宰를 朝謁할 수 있느니라.

> **(11) 景行錄曰 食淡精神爽**이요 **心淸夢寐安**이니라.
> 경행록에서 말하였다. 음식이 담박하면 정신이 상쾌하고, 마음이 맑으면 꿈과 잠이 편안하다.

【 어 휘 】

淡담박할 **담** 淡泊, 淡水
夢꿈 **몽** 夢想, 夢寐, 現夢
爽시원할 **상** 爽快, 爽氣
寐잠잘 **매** 夢寐, 夙興夜寐

● 문법해설

(1) 食淡과 心淸은 '주술'구조로 가정의 조건문이다. (2) 精神과 夢寐가 주어이고 爽과 安이 술어인 결과문이다. (3) 食淡과 心淸, 精神과 夢寐, 爽과 安은 대가 잘 이루어진 五言詩句이다.

> **(12) 定心應物**하면 **雖不讀書**라도 **可以爲有德君子**니라.
> 마음을 안정하고 사물을 대응하면 비록 책을 읽지 않았다고 하더라도 덕이 있는 군자가 될 수 있다.

【 어 휘 】

應응할 **응** 應答, 應用, 對應
雖비록 **수** 雖然

• 문법해설

(1)定心과 應物은 '술목' 병렬구조로 그 사이에 而를 넣으면 알기 쉽다. (2)雖는 양보문을 이끄는 접속사이고 讀書는 '술목'관계이다. (3)可以爲有德君子에서 可以의 以자는 '以+명사'형과 '以+동사'형 두 가지 형태로 쓰인다. '以+명사'인 경우는 '(명사)를 가지고, ~로써'라고 해석되고, '以+동사'인 경우는 '以+之+동사'에서 之가 생략된 형태로 '(之)함으로써'로 해석된다. 이 之는 앞에 있는 名詞類를 받는 대명사이다. 이 문장의 之는 '定心應物'을 받는다. 그리고 可爲는 술어로 '~될(할) 수 있다'로 해석된다. 예:[시경] 他山之石 可以攻玉(하찮은 남의 산의 돌로서(이라도) 내 옥을 갈 수 있다). (4)有德뒤에 之를 넣어 君子를 수식하는 것으로 보면 알기 쉽다. 즉 '述+目+之+君子'의 형태로 술목이 之와 함께 君子를 수식하는 것이다.

> (13)近思錄云 懲忿을 如救火하고 窒慾을 如防水하라.
> 근사록에 말하였다. 분을 누르기를 불을 끄는 것처럼 하고, 욕심 막기를 홍수를 막는 것처럼 하라.

【 어 휘 】
懲징계할 징 懲戒, 懲役   忿분할 분 忿怒, 激忿
窒막을 질 窒息, 窒塞

*近思錄: 송나라 때 朱熹와 呂祖謙이 함께 지은 책으로 인격수양에 필요한 명언 622조목을 추려 14부로 구성하였다.

• 문법해설

(1)懲忿과 窒慾, 救火와 防水는 모두 '술목'구조이다. (2)'A+如+B'형태는 동등비교의 문형으로 'A는 B와 같다, A를 B처럼 하다' 등으로 해석된다. (3)懲忿과 救火를 동등하게 비교하여 '懲忿을 救火와 동일시하라.' 혹은 如救火를

부사구로 하여 '분을 마치 불을 끄는 것처럼 누르라'라고 해석할 수도 있다.

> (14) 夷堅志云 避色을 如避讐하고 避風을 如避箭하며 莫喫空心茶하고 少食中夜飯하라.
> 이견지에서 말하였다. 여색을 피하기를 원수 피하듯이 하고, 풍을 피하기를 화살 피하듯이 하며, 빈속에 차를 마시지 말고, 밤중에 밥을 적게 먹어라.

【어휘】

夷 오랑캐 이 夷狄, 東夷　　　　堅 굳을 견 堅固, 堅忍不拔
讐 원수 수 怨讐　　　　　　　箭 화살 전 火箭
喫 마실 끽 喫煙

*夷堅志: 송나라 때 洪邁(1123~1202)가 민간의 기이한 일이나 이야기를 모아 엮은 설화집으로 420권 중 현재 약 절반만이 전한다.

● 문법해설

(1) 避色과 避風, 避讐와 避箭은 모두 '술목'구조이다. 여기 風은 '바람나는 것, 風潮, 中風'등 여러 가지로 해석된다. (2) 如의 용법은 앞(13절)을 참고. (3) 空心茶는 喫, 中夜飯은 食의 목적어이다. 空心은 空腹으로 '빈속에', 中夜는 '한밤중에' 이 둘은 때를 의미한다. (4) 莫喫은 '마시지 말라'는 금지문이고 少食은 '먹는 것을 적게 하라'는 권유문이다. (5) 起承구는 持身에 대해 비유법으로, 轉結구는 攝生에 대해 훈계하는 형식으로 된 五言絶句이다.

> (15) 荀子曰 無用之辯과 不急之察을 棄而勿治하라.
> 순자가 말하였다. 쓸데없는 변론과 급하지 않은 살핌을 버려두고 다스리지 말라.

【어 휘】
辯말잘할 변 辯護, 雄辯   察살필 찰 視察, 觀察, 警察
棄버릴 기 棄權, 抛棄   治다스릴 치 治安, 政治

*荀子(B.C.313~238): 전국시대 조나라 사람으로 이름은 況이고 자는 卿이다. 性惡說을 주장하였으며 저서로는 荀子가 있다.

● 문법해설

(1)無用之辯과 不急之察에서 之는 관형격조사로 뒤에 오는 명사 辯과 察을 수식한다. '술어+之'는 '~하는'으로, '명사+之'는 '~의'로 해석된다. (2) 棄와 治의 목적어는 無用之辯과 不急之察이다. 勿은 莫, 不 등과 함께 금지사로 쓰인다.

> (16)子曰 衆이 好之라도 必察焉하며 衆이 惡之라도 必察焉이니라.
> 공자가 말하였다. 여러 사람이 좋아하더라도 반드시 살펴보아야하며, 여러 사람이 싫어할지라도 반드시 살펴보아야 하느니라.

【어 휘】
衆무리 중 衆生, 大衆   惡싫어(미워)할 오 惡寒, 憎惡

● 문법해설

(1)衆은 大衆의 뜻으로 주어이고 好(惡)之는 '술목'구조로 양보절이다. 여기 之는 無定稱代詞로 聲調語氣詞로 봄이 좋을듯하다. 예: [맹자]戒之戒之 出乎爾者 反乎爾者也(경계하고 경계하라 너에게서 나온 것은 너에게로 돌아가느니라). (2)必은 부사로 동사 察을 수식하고 察의 목적어는 앞에 나온 之로 보면 되겠다.

(17) 酒中不語는 眞君子요 財上分明은 大丈夫니라.
술을 하는 중에 말을 하지 않음은 참 군자요, 재물을 처리에서 분명함은 대장부이니라.

【 어 휘 】
眞참 진 眞理, 眞談, 眞僞   財재물 재 財産, 財物, 理財

• 문법해설

 (1)酒中와 財上은 '~에(서)'라는 장소나 상태를 나타내는 부사로 대구이고, 不語와 分明은 뒤에 者가 빠진 주어이고, 眞君子와 大丈夫가 명사 술어이다. (2)眞과 大는 뒤의 君子와 丈夫를 수식하는 형용사이며 僞君子와 小丈夫의 대구가 된다. 앞 문장을 '酒中不語者(之人) 是眞君子'로 하면 알기 쉽다. (3)七言對句의 교훈적인 詩다.

(18) 萬事從寬이면 其福自厚니라.
만사가 너그러움을 좇으면 그 복이 저절로 두터워지니라.

【 어 휘 】
寬너그러울 관 寬容, 寬大   厚두터울 후 厚德, 厚薄

• 문법해설

 (1)萬事가 주어이고 從寬이 술어이다. 寬은 명사로 從의 목적어이며 가정의 조건문을 만든다. (2)其福은 주어이고 自厚는 술어로 결과문이다.

(19) 太公曰 欲量他人인댄 先須自量하라. 傷人之語는 還是自傷이니 含血噴人이면 先汚其口니라.

태공이 말하였다. 다른 사람을 헤아리고자 하거든 먼저 모름지기 자신을 헤아려보라. 사람을 해치는 말은 도리어 스스로를 상하게 하는 것이니 피를 머금고 남에게 뿜으면 먼저 자기의 입을 더럽히느니라.

【어휘】

量헤아릴 량 雅量, 測量
噴뿜을 분 噴出, 噴水, 噴火
含머금을 함 含蓄, 含量, 包含
汚더러울 오 汚物, 汚水, 汚染

• 문법해설

(1) 欲量과 他人은 '술목'구조이다. 欲은 '~하려고 하다'는 뜻으로 동사 量의 보조사이고 가정의 조건문을 만든다. (2) 先須自量에서 先須는 부사로 동사 量을 수식하는데 須는 必의 약한 뜻이다. 自는 동사(量)의 목적어이나 동사 뒤에 오지 않고 언제나 동사 앞에 위치한다. (3) 傷人之語에서 人은 傷의 목적어이고 之는 관형격조사로 뒤에 있는 語를 수식하는 주어이다. (4) 還是自傷에서 還은 '도리어, 다시'라는 부사이고, 是는 '이다'라는 연계동사이고, 自傷은 '술목'구조의 변형이다. (5) 含血과 噴人은 '술목'의 並列구조로 조건을 제시하고, 汚其口는 '술목'구조이다. 其는 含血噴人하는 사람을 가리키는 지시대명사이고 결과문이다.

(20) 凡戲는 無益이요 惟勤이 有功이니라.

무릇 유희는 유익함이 없고, 오직 근면만이 공이 있느니라.

【어휘】

戲희롱 할 희 戲弄, 遊戲
勤부지런할 근 勤勉, 勤務

功공로 공 功勞, 功績, 成功

● 문법해설

(1)凡戱와 惟勤이 대구로 주어이고, 無益과 有功이 대구로 술어이다. (2)凡은 발어사로 '무릇, 대개'의 뜻으로 문두에 쓰인다. 惟는 '오직, 만'의 뜻으로 唯와 같다. (3)無와 有는 뒤에 의미상주어가 있고 없음을 나타내는 존재동사이다.

> **(21)太公曰 瓜田**에 **不納履**요 **李下**에 **不整冠**이니라.
> 태공이 말하였다. 외밭에서는 신을 고쳐 신지 말고, 오얏나무 아래서는 갓을 바르게 하지 말라.

【 어 휘 】

納드릴 납 納付, 納稅, 容納
李오얏, 자두나무 리 桃李
冠갓 관 冠禮, 衣冠, 冠婚喪祭

履신 리 履歷, 履行, 木履
整가지런히 할 정 整理, 端整

● 문법해설

(1)瓜田과 李下는 '~에서(는)'의 뜻으로 위치를 나타내는 장소어이다. (2)不은 勿, 莫과 같은 금지사이고, 納履와 整冠은 '술목'구조이다. (3)의심받을 일은 하지 말라는 뜻의 五言對句이다. (4)이 절구의 出典인 '藝文類聚'것을 싣는다.

君子防未然 군자는 미연에 방비하여
不處嫌疑間 혐의가 있는 곳에 처하면 안 된다
瓜田不納履 외밭에서는 신을 고쳐 신지 말고
李下不正冠 오얏나무 아래서는 갓을 바르게 하지 말라.

(22) 景行錄曰 心可逸이언정 形不可不勞요 道可樂이언정 身不可不憂니 形不勞則怠惰易弊하고 身不憂則荒淫不定이라 故로 逸生於勞而常休하고 樂生於憂而無厭하나니 逸樂者는 憂勞를 其可忘乎아.

경행록에서 말하였다. 마음이 편안할지언정 형체는 수고롭지 않을 수 없고, 도는 즐거울지언정 몸은 근심하지 않을 수 없으니, 형체(육신)가 수고롭지 않으면 게을러서 허물어지기 쉽고, 몸이 근심하지 않으면 주색에 빠져서 안정하지 못한다. 그러므로 편안함은 수고로움에서 생겼지만 항상 기쁘고, 즐거움은 근심에서 생겼지만 싫음이 없으니 편안하고 즐거운 자가 근심과 수고로움을 잊을 수 있겠는가?

【어휘】

逸편안할 일 逸話, 逸品, 安逸
弊해질(폐단) 폐 弊家, 疲弊, 民弊
休쉴, 아름다울 휴 休息, 休運

怠게으를 태 怠慢, 怠業, 倦怠
荒거칠 황 荒弊, 荒蕪地
淫음란할 음 淫亂, 淫談悖說

● 문법해설

(1) '명사+可+동사' 구조인 心可逸과 道可樂에서 心과 道가 주어이면 逸(편안하다)과 樂(즐겁다)이 자동사이고, 心과 道가 목적어이면 逸(편안하게 하다)과 樂(즐겁게 하다)이 타동사이다. (2) 形과 身이 주어이고 不可不勞(憂)가 술어이다. 不可不은 '~하지 않을 수 없다, ~않으면 안 된다'라는 뜻으로 '不得不'과 뜻이 같다. 예: [채근담] 士君子 不可不抱身心之憂(사군자는 심신의 걱정을 안고 있지 않을 수 없다). (3) 怠惰와 荒淫이 易弊와 不定의 원인이다. (4) 逸과 樂이 주어이다. 逸은 心逸이요, 道는 樂道이다. 生於는 '~에서 오다'는 뜻. 而는 '이지만, 데도'로 해석된다. (5) 憂勞가 可忘의 목적어이다. 其可忘乎에서 其가 의문종결사 乎와 함께 추측의 의미로 '아마 ~일 것인가'의 뜻으로 쓰인다. 예: [중용] 無憂者 其惟文王乎(근심 없는 자는 아마 문왕일 것이야).

(23)耳不聞人之非하고 目不視人之短하고 口不言人之過라야 庶
幾君子니라.

귀는 남의 나쁜 말을 듣지 않고, 눈은 남의 단점을 보지 않고, 입은 남의 허물을
말하지 않아야 거의 군자이니라.

【어 휘】

非비리, 아닐 비 非難, 非理
庶여러, 거의 서 庶民, 庶子
視볼 시 視野, 視覺, 視聽
幾기미, 거의 기 幾何, 幾日

● 문법해설

(1)'주어(耳, 目, 口)+술어(不聞, 視, 言)+목적어(人之非, 短, 過)'의 '주
술목'의 형태이다. 非는 비행, 短은 단점, 過는 허물이다. (2)庶幾는 '거의,
바라건대'라는 두 가지 뜻으로 쓰인다. (3)君子라는 지위에 도달하려면 3가
지 조건을 갖추어야 한다고 귀납적으로 설명하였다.

(24)蔡伯喈曰 喜怒는 在心하고 言出於口하나니 不可不愼이니라.

채백개가 말하였다. 기뻐하고 성내는 것은 마음속에 있고, 말은 입에서 나오니 삼
가지 않으면 안 된다.

【어 휘】

伯맏 백 伯父, 方伯, 畵伯
喈새소리 개 喈喈(새의 울음소리)

*蔡伯喈: 후한 때의 학자로 이름은 邕이며 伯喈는 그의 자이다. 시문집 蔡中郞集이 있다.

● 문법해설

(1)喜怒가 주어, 在가 술어, (於)心이 보어로 '주술보'구조이다. (2)言이

주어, 出이 술어, 於口가 보어로 앞글과 구조가 같다. 於는 출처를 뜻하니 出於는 '~에서 나오다'는 뜻이다. (3)不可不은 不得不과 뜻이 같고 '~하지 않을 수 없다, ~않으면 안 된다'는 이중부정으로 愼과 함께 술어가 된다. (본장 (22)절 참조).

---

(25)宰予晝寢이어늘 **子曰 朽木**은 **不可彫也**요 **糞土之墻**은 **不可圬也**니라.
재여가 낮에 잠을 자는데, 공자가 말했다. 썩은 나무는 조각을 할 수 없고, 썩은 흙으로 만든 담은 흙손질하지 못한다.

【 어 휘 】

宰재상 재 宰相, 宰殺, 主宰   晝낮 주 晝夜, 晝耕夜讀, 白晝
朽썩을 후 不朽, 朽木, 老朽   彫새길 조 彫刻, 彫琢, 彫像
糞똥, 더러울 분 糞尿, 糞土   墻담 장 墻內, 墻角, 墻內
圬흙손 오 圬人(미장이)

*宰予: 춘추시대 노나라 사람. 孔門十哲의 한 사람으로 자는 子我.

● 문법해설

(1)宰予가 주어이고, 晝는 시간부사로 '낮에'이고, 寢이 술어이다. (2)朽木과 糞土之墻은 주어이면서 동시에 의미상으로 不可彫와 不可圬의 목적어가 된다. 예: '落葉不可掃'에서 落葉이 주어자리에 있지만 사실은 掃의 목적어인 것이다. 掃의 주어는 사람이다.

---

(26)紫虛元君誠諭心文曰 福生於淸儉하고 **德生於卑退**하고 **道生 於安靜**하고 **命生於和暢**하고 **患生於多慾**하고 **禍生於多貪**하고 **過 生於輕慢**하고 **罪生於不仁**이니라. **戒眼**하여 **莫看他非**하고 **戒口**하여 **莫談他短**하고

戒心하여 莫自貪嗔하고 戒身하여 莫隨惡伴하며 無益之言을 莫妄說하고 不干己事를 莫妄爲하며 尊君王 孝父母하고 敬尊長 奉有德하고 別賢愚 恕無識하며 物順來而勿拒하고 物旣去而勿追하며 身未遇而勿望하고 事已過而勿思하라. 聰明도 多暗昧요 算計도 失便宜니라. 損人終自失이요 依勢禍相隨라 戒之在心하고 守之在氣라 爲不節而亡家하고 因不廉而失位니라. 勸君自警於平生하노니 可歎 可驚而可畏니라. 上臨之以天鑑하고 下察之以地祇라 明有王法相繼하고 暗有鬼神相隨라 惟正可守요 心不可欺니 戒之戒之하라.

자허원군의 성유심문에 말하였다. 복은 청렴하고 검소한데서 생기고, 덕은 낮추고 겸손한데서 생기고, 도는 편안하고 고요한데서 생기고, 명은 화평하고 명랑한데서 생기고, 근심은 욕심이 많은데서 생기고, 재앙은 탐욕이 많은데서 생기고, 허물은 경솔하고 교만한데서 생기고, 죄는 어질지 못한데서 생기느니라. 눈을 경계하여 남의 그릇됨을 보지 말고, 입을 조심하여 남의 단점을 말하지 말고, 마음을 조심하여 스스로 탐내거나 성내지 말고, 몸을 조심하여 나쁜 친구를 따르지 말라. 무익한 말을 함부로 말하지 말고, 자기에게 관계없는 일을 함부로 하지 말며, 군왕을 높이고 부모에게 효도하며, 존장을 존경하고 덕이 있는 이를 받들며, 어진 이와 어리석은 이를 분별하고, 무식한 자를 용서하라. 물건이 순리로 오거든 막지 말고, 물건이 이미 지나갔거든 쫓지 말며, 자신이 대우를 못 받거든 바라지 말고, 일이 이미 지나갔거든 생각하지 말라. 총명한 사람도 어두운 때가 많고, 주산으로 계산 잘 하는 사람도 편의를 잃는 수가 있느니라. 남을 손상하면 마침내 자기를 손상하게 되고, 세력에 의존하면 재앙이 서로 따르느니라. 경계하는 것은 마음에 있고, 지키는 것은 기운에 있다. 절약하지 않기 때문에 집을 망치고, 청렴하지 않음으로 인하여 지위를 잃느니라. 그대에게 스스로 평생 경계할 것을 권하노니, 탄식할 만하고 놀랄 만하고 두려워할 만하니라. 위에는 하늘의 거울이 굽어보고, 아래에는 땅의 신령이 살피고 있느니라. 밝은 곳에는 왕법이 서로 이어져있고, 어두운 곳에는 귀신이 서로 따르고 있느니라. 오직 바른 것을 지킬 것이요, 마음을 속이지 말 것이니, 경계하고 경계하라!

【어 휘】

紫자주빛 **자** 紫霞, 紫煙
諭깨우칠 **유** 諭示, 告諭
卑낮을 **비** 卑賤, 野卑, 尊卑屬
伴짝 **반** 伴侶, 伴奏, 伴友
奉받들 **봉** 奉仕, 奉養, 奉祀
遇만날 **우** 遇害, 待遇, 不遇
昧어두울 **매** 蒙昧, 愚昧, 三昧
勢기세 **세** 勢力, 時勢, 去勢
警경계할 **경** 警察, 警備, 警鐘
驚놀랄 **경** 驚異, 驚天動地
祇귀신 **기** 地祇
鑑거울 **감** 鑑賞, 鑑定, 鏡鑑

虛빌 **허** 虛空, 虛無, 虛心
儉검소할 **검** 儉素, 儉約, 勤儉
暢화창할 **창** 暢達, 流暢, 和暢
妄망녕될 **망** 妄動, 妄想, 妄發
干방패 **간**, 간여할 **간** 干戈, 干涉
聰귀 밝을 **총** 聰明, 聰氣
便편할 **편** 便利, 便紙, 便宜
廉청렴할 **렴** 廉價, 廉恥, 淸廉
歎탄식할 **탄** 歎息, 感歎, 恨歎
畏두려워할 **외** 畏敬, 畏怖
繼이을 **계** 繼續, 繼承, 繼母
欺속일 **기** 欺瞞, 詐欺

*紫虛元君: 도가에 속하는 인물이나 자세하지 않다. 誠諭心文은 진심으로 깨우쳐주는 진심을 담은 글이란 뜻으로 그가 저술한 문장의 명칭이다.

● 문법해설

(1)'주술보'구조인 'A+生+於B(A는 B에서 생기다)'의 형식이 8번 반복되고 있다. 福은 淸儉, 德은 卑退, 道는 安靜, 命은 和暢, 患은 多慾, 禍는 多貪, 過는 輕慢, 罪는 不仁에서 온다는 뜻이다. 於(~에서)는 출처, 처소를 의미하는 전치사로 문장성분은 보어가 된다. (2)戒眼(口, 心, 身)은 '술목'구조로 '~을 경계하다'라는 뜻이다. (3)莫看他非와 莫談他短은 부정'술목'구조로 莫은 금지사이고, 看은 他非(남의 비행), 談은 他短(남의 단점)을 목적어로 한다. (4)莫自貪嗔은 단순한 부정 '술어'형식으로 自는 '스스로'의 부사. 貪嗔은 貪而嗔으로 '탐내고 성내다'는 뜻이다. 혹은 自자를 貪嗔의 목적어로 하여 '자신을 탐내게 하고 성내게 하지 말라'라고 볼 수도 있다. (5)莫隨惡伴은 惡伴이 隨의 목적어인 부정 '술목'구조이다. 惡伴은 '나쁜 친구'라는 수식관계이다. (6)無益之言은 '술목+之+명'형식으로 之는 관형격 조사. 無益은 無用의 뜻으로 莫妄說(함부로 말하지 말라)의 목적어가 된다.

(7)不干己事는 不與己之事(자기에게 관여되지 않는 일)와 같은 뜻으로 莫妄爲의 목적어이고, 爲는 '실행하다'는 뜻이다. (8)尊君王 孝父母는 '술목'+而+'술목'구조에서 而가 빠진 구조이다. 동사 尊(孝, 敬, 奉, 別, 恕)이 君王(父母, 尊長, 有德, 賢愚, 無識)을 목적어로 하는 '술목'구조이다. 尊이 동사이면 '존중하다'는 뜻이고, 명사이면 지위가 높은 사람이고, 長은 나이가 많은 사람을 가리킨다. 有德은 덕이 있는 사람, 賢愚는 어진사람과 어리석은 사람, 無識은 무식한 사람을 가리킨다. (9)物順來而勿拒는 '주어(A)+술어(B)+而+勿(C)=(A가 B하면 C하지 말라)'와 같은 형태의 문장이 4번 반복되고 있다. 順來는 앞으로 순리대로 오다는 뜻. 而는 則의 뜻으로 '~하면'으로 해석. 勿拒는 거절하지 말라는 뜻이다. 과거시간부사 旣(이미)가 있는 문장의 동사(去)는 뜻이 과거이다. 身은 自身, 未遇는 '대우를 못 받다'는 뜻. 已는 旣와 같이 과거시간부사이다. (10)聰明은 '귀 밝고 눈 밝은 사람'이라는 양보절이고, 多暗昧는 술어이다. 算計는 '주산으로 계산하다' 또는 '계획을 셈하다'는 뜻. 이런 사람도 失便宜(편의를 잃는다)한다는 뜻이다. (11)損人은 '술목'구조이고 뒤에 則자를 넣으면 조건문이 된다. (12)依勢(권세에 의지하다)는 '술보'구조이고 뒤에 則을 넣으면 알기 쉽고, 禍가 주어, 相隨가 술어이다. (13)戒之(경계하는 것은)는 주격조사이고, 在心은 在於心으로 '마음에 달려있다'는 뜻이다. 守之在氣도 같은 구조로 '지키는 것은 심기에 달려있다'는 뜻이다. (14)爲不節과 因不廉의 爲와 因는 '~ 때문에, ~이유로 해서'의 뜻으로 亡家하고 失位하게 되는 원인을 나타낸다. 而는 순접으로 '~해서, 그래서'의 뜻이다. 亡家와 失位는 '술목'구조이다. (15)勸君은 '술목'구조로 '그대에게 自警於平生을 권한다'는 뜻이다. 可歎의 可는 '할 수 있다, 할만하다'는 뜻이다. (16)上과 下는 장소어(에서는). 之는 君을 받은 대사. 以天鑑은 '하늘의 거울로서', 以地祇은 '땅의 신령으로서'의 뜻이고, 以는 수단, 방법의 전치사이다. (17)明과 暗은 뒤에 處자를 넣으면 알기 쉽다. (18)正은 正道이고 心은 良心으로 守와 欺의 목적어이다. 戒之의 之는 앞에 나온 것들을 받는 代詞이다.

명심보감 보충자료

*良藥은 苦口나 利於病이요, 忠言은 逆耳나 利於行이니라. [逆거스를 역. 於는 '~에'의 뜻]. (좋은 약은 입에는 쓰지만 병에는 이롭고, 충성스러운 말은 귀에는 거슬리지만 행실에는 이롭다.)

*士小節에 曰 君子出入進退에 有信有漸이니 不可來如驟雨하고 去如飄風이니라. [漸차츰 점. 驟달릴 취. 飄휘날릴 표]. (사소절에 말하였다. "군자는 나가고 들어오고, 나아가고 물러남에 믿음과 점차가 있으니, 오기를 소나기처럼 하고 가기를 빠른 바람처럼 해서는 안 된다.")
◀士小節은 조선 英·正祖 때 실학자 李德懋의 저서.

*鄭寒岡先生이 曰 行貴於敦厚하고 志貴於勇往하고 學貴於醇正이니 當以忠信篤實로 爲主니라. [於가 동사 뒤에 놓여 그 동사를 피동으로 만든다. 예: 君子役物 小人役於物(군자는 사물을 부리고 소인은 사물에게 부림을 당한다). 醇순수할 순.] (정한강선생이 말하였다. "행실은 돈후함에서 귀하게 되고, 뜻은 용기있게 나아감에서 귀하게 되고, 배움은 순수하고 바른데서 귀하게 되니 마땅히 충신과 독실로써 주장을 삼아야한다").
◀鄭寒岡: 조선 광해군 때의 성리학자로 이름은 逑이다.

安分篇(분수를 편안히 하는 글)

安分은 타고난 분수를 지키고 만족한다는 安分守己와 安分知足과 같은 말로 道家的인 의미가 있다.

> **(1)景行錄曰 知足可樂**이요 **務貪則憂**니라.
> 경행록이 말하였다. 만족을 알면 즐길 수 있고, 탐냄을 힘쓰면 근심하느니라.

【어 휘】

足만족할, 발 족 滿足　　　　　務힘쓸 무 務農, 事務
貪탐 낼 **탐** 貪慾, 貪官

● 문법해설

(1)知足과 務貪은 '술목'구조이다. 足은 滿足이고 貪은 貪慾이다. (2)知足 다음에 則자가 생략되었는데 다음구와 리듬 상 글자 수(4+4)를 맞추기 위함이다.

> **(2)知足者**는 **貧賤亦樂**이요 **不知足者**는 **富貴亦憂**니라.
> 만족을 아는 자는 가난하고 천하여도 또한 즐겁고, 만족을 모르는 자는 부유하고 귀하여도 역시 근심하느니라.

【어 휘】

貧가난할 빈 貧困, 貧富, 貧寒　　　賤천할 천 賤民, 賤視, 卑賤

• 문법해설

　(1)知足者는 '술+목+者'구조로 '술목'이 뒤의 者를 수식한다. 이者를 '之人'으로 보면 알기 쉽다. 愛國者와 같은 형식이다. (2)貧賤과 富貴는 뜻이 대립관계의 대구이고 양보절이다. (3)亦은 '~하여도 역시'. 樂과 憂가 술어이다.

> (3)濫想은 徒傷神이요 妄動은 反致禍니라.
> 지나친 생각은 한갓 정신을 상하게 할 뿐이고, 망령된 행동(경거망동)은 도리어 화를 부르느니라.

【어휘】
濫넘칠 람 濫用, 濫觴, 氾濫　　　想생각 상 想像, 思想, 回想
徒헛되이, 무리 도 徒勞, 學徒　　反되돌릴, 도리어 반 反亂

• 문법해설

　(1)두 문장은 '주술목'구조이다. 濫想과 妄動은 주어이다. 徒(헛되이, 한갓 ~할뿐)와 反(도리어)은 부사로 뒤에 오는 傷神과 致禍를 수식하고, 傷神과 致禍는 '술목'이다. (2)濫想과 妄動, 徒와 反, 傷神과 致禍가 서로 대를 이루는 五言對句의 글이다.

> (4)知足常足이면 終身不辱하고 知止常止면 終身無恥니라.
> 만족을 알고 항상 만족하면 종신토록 욕되지 않고, 그침을 알고 항상 그치면 종신토록 부끄러움이 없느니라.

【어휘】
辱욕될 욕 辱說, 恥辱, 榮辱　　　止그칠지 止血, 禁止, 防止

恥부끄러울 치 恥辱, 廉恥, 羞恥

● 문법해설

(1)知足과 知止에서 足(만족)과 止(중지)는 명사로 知의 목적어인 '술목'구조이다. (2)常足과 常止에서 常은 부사로 동사인 足(만족하다)과 止(그치다)를 수식한다. 뒤에 則이 생략되었다. (3)終身은 '한평생'동안의 뜻. 不辱와 無恥는 대구로 술어이다.

> (5)書曰 滿招損하고 謙受益이니라.
> 서경에 말하였다. 가득차면 덞을 부르고, 겸손하면 더함을 받느니라.

【어 휘】
滿찰 만 滿水, 滿足, 滿員
損덜 손 損害, 損失, 損益
招부를 초 招請, 招待, 招來
謙겸손 겸 謙遜, 謙讓, 謙虛

*書經: 삼경의 하나로 요순 때부터 주나라 때까지 正史를 기록한 책이다. 공자가 수집편찬 하였으며 후에 송나라 蔡沈이 해설한 것을 書傳이라고 한다. 20권 58편으로 되어있다. 上古의 책으로 숭상해야 한다는 뜻에서 尙書라고도 한다.

● 문법해설

(1)滿과 謙뒤에 則을 넣어 가정의 조건문으로 해도 되고, 滿과 謙을 명사 주어로 하여 '주술목'구조로 하여도 된다. (2)損과 益은 招와 受의 목적어인 '술목'구조이다. (3)滿은 驕慢, 自滿의 뜻이고, 謙은 謙遜의 뜻으로 서로 대구가되고, 招損은 受益과 대구가된다.

> (6)安分吟曰 安分身無辱이요 知幾心自閑이라 雖居人世上이나 却是出人間이니라.

[6] 安分篇 분수를 편안히 하는 글 · 61

> 안분음에 말하였다. 분수에 편안하면 몸에 욕됨이 없고, 기미를 알면 마음이 저절로 한가하니라. 비록 인간 세상에 사나 도리어 인간 세상을 벗어나게 되느니라.

【어 휘】

吟읊을 음 吟味, 吟風弄月　　　　閑한가할 한 閑遊, 閑暇, 等閑
却도리어(물리칠) 각 却下, 棄却, 忘却

*安分吟: 송나라 때의 安分詩를 말하는데 저자는 미상이다.

• 문법해설

(1) 安分과 知幾는 '술목'구조의 가정으로 뒤에 則을 넣으면 알기 쉽다.
(2) 身과 心이 주어이고 無辱과 自閑은 술어이다. (3) 雖는 접속사 '비록 ~할지라도'의 뜻. 居의 주어는 생략되었는데 앞 문장에 나온 그런 사람이다.
(4) 却是는 '도리어 ~이다'는 뜻. 出은 '벗어나다, 탈출하다'는 뜻. 人間은 人世間에서 世자가 빠졌는데 人世上의 대구로 글자 수를 맞추기 위함이다.
(5) 居와 出뒤에 오는 장소어인 人世上과 人世間 앞에 於(에, 에서)가 생략되었다. 五言對句의 교훈시로 閑과 間이 운자이다.

> (7) 子曰 不在其位하여는 不謀其政이니라.
> 공자가 말하였다. 그 지위에 있지 않거든 그 정사를 도모하지 말지니라.

【어 휘】

謀꾀할 모 謀反, 謀略, 圖謀　　　　政정사 정 政治, 政黨, 政府

• 문법해설

(1) 주어가 생략되었고, 不在其位는 '술어(不在)+보어(於其位)'구조이다.

(2)謀는 '도모 하다'는 뜻으로 政을 목적어로 한다. 不은 勿, 莫과 같은 금지사이다.

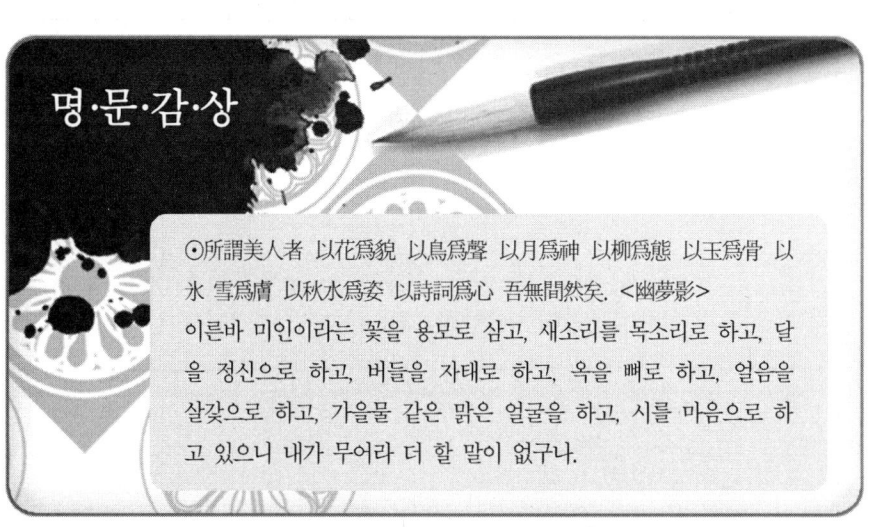

명·문·감·상

⊙所謂美人者 以花爲貌 以鳥爲聲 以月爲神 以柳爲態 以玉爲骨 以氷 雪爲膚 以秋水爲姿 以詩詞爲心 吾無間然矣. <幽夢影>
이른바 미인이라는 꽃을 용모로 삼고, 새소리를 목소리로 하고, 달을 정신으로 하고, 버들을 자태로 하고, 옥을 뼈로 하고, 얼음을 살갗으로 하고, 가을물 같은 맑은 얼굴을 하고, 시를 마음으로 하고 있으니 내가 무어라 더 할 말이 없구나.

명심보감 보충자료

*國語에 云 房室은 不在高大하고 不漏便好요 衣服은 不在綾羅하고 和煖便好요 飮食은 不在珍羞하고 飽腹便好요 娶妻는 不在顔色하고 賢淑便好요 親戚은 不在親舊하고 來往便好요 隣里는 不在高低하고 和睦便好요 朋友는 不在酒食하고 扶持便好니라. [漏샐 루. 便문득, 곧 변. 綾비단 릉. 羅비단 라. 羞음식 수. 飽배부를 포. 娶장가들 취.] (국어에서 말하였다. "집과 방은 高臺廣室이어야 되는 것이 아니라 비가 새지 않으면 좋고, 의복은 비단이어야만 되는 것이 아니라 따뜻하면 좋고, 음식은 진수성찬이어야만 되는 것이 아니라 배가 부르면 좋고, 아내는 미모이어야만 되는 것이 아니라 어질고 정숙하면 좋고, 친척은 가깝고 먼 것이 아니라 왕래하면 좋고, 이웃은 지위의 高下가 아니라 화목하면 좋고, 친구는 술이나 음식을 나누는 것이 아니라 도와주고 의지하면 좋다.")

◀ 國語: 周代에 左丘明이 춘추시대 8나라의 역사를 엮은 21권으로 된 역사책이다.

*趙滄江先生 曰 人須是安分이나 纔不安分則便失其身이니라. [須모름지기 수. 纔겨우 재. 失잃을 실.] (조창강선생이 말하였다. "사람은 모름지기 분수에 편안해야 할 것이니, 조금이라도 분수에 편안하지 않으면 그 몸을 잃게 될 것이다.")

◀ 趙滄江은 조선 인조 때의 성리학자이다.

★★★ 문법으로 배우는 명심보감

存心篇(마음을 보존하는 글)

存心은 마음속에 담아두고 있는 생각을 말한다. 이 말은 孟子의 離婁편에 '君子 所以異於人者 以其存心也(군자가 보통사람과 다른 이유는 마음에 담아두는 것이 있기 때문이다)'라고 한데서 나왔다.

> **(1)景行錄云 坐密室을 如通衢하고 馭寸心을 如六馬면 可免過 니라.**
> 경행록에서 말하였다. 은밀한 방에 앉아있기를 마치 탁 트인 네거리에 앉아 있는 것처럼 하고, 작은 마음 다스리기를 마치 여섯 마리 말을 부리듯 하면 허물을 면할 수 있느니라.

【어 휘】
密빽빽할 밀 密輸, 密約, 秘密
馭말 부릴 어 馭馬, 馭者
衢네거리 구 衢巷, 康衢煙月
免면할 면 免疫, 免除, 罷免

• 문법해설

　(1)坐密室은 坐於密室, 如通衢는 如坐於通衢와 같은 말이다. 密室과 通衢는 수식관계이고, 坐자 뒤에는 '~에'라는 장소어(密室)가 따른다. (2)寸心은 馭의 목적어. 如六馬는 如馭六馬와 같은 말이다. (3)如는 둘이 동등하다는 것을 나타내는 비교문에 쓰이는 술어이다. 여기서는 坐於密室을 坐於通衢와 동등하게 하고, 馭寸心을 馭六馬와 동등하게 하라는 뜻이다[5장 (13), (14)절 참조]. (4)可免過는 가정문의 결과이다. 可는 '할 수 있다'는 가능의 뜻이고, 過는 免의 목적어이다.

(2)擊壤詩云 富貴를 如將智力求인대 仲尼年少合封侯라 世人은 不解靑天意하고 空使身心半夜愁니라.

격양시에 말하였다. 부귀를 만일 지혜와 힘으로써 구할 수 있다면 중니 (공자)는 젊은 나이에 마땅히 제후에 봉해졌을 것이다. 세상사람들은 푸른 하늘의 뜻을 알지 못하고 부질없이 몸과 마음으로 하여금 한밤중에 근심하게 하느니라.

【어 휘】

擊칠 격 擊破, 攻擊, 目擊
智지혜로울지 智慧, 智力, 智能.
尼여승 니 尼僧, 比丘尼
侯제후 후 侯爵, 王侯, 諸侯

壤흙덩이 양 土壤, 天壤之差
仲버금 중 仲兄, 仲媒, 仲介
封봉할 봉 封建, 封鎖, 開封

*擊壤詩: 송나라 때 邵雍이 지은 伊川擊壤詩集으로 20권으로 되어있다.

● 문법해설

(1)富貴는 求의 목적어. 如는 '만약 ~한다면'으로 가정의 뜻이다. 將은 명사(智力)앞에서 以(~로써, ~을 가지고서)의 뜻이다. (2)仲尼는 공자. 年少는 少年(젊은 나이). 合은 當(마땅히). 封侯는 '제후에 봉하다'의 뜻. (3)靑天意가 不解의 목적어. (4)사역동사 使는 '使+목적어(身心)+술어(愁)' 형태를 취하여 '~(身心)으로 하여금 ~(愁)하게 하다'는 뜻. (5)七言絶句로 뒤의 두 구는 명구이다. 운자는 求, 侯, 愁이다.

(3)范忠宣公이 戒子弟曰 人雖至愚나 責人則明하고 雖有聰明이나 恕己則昏이니 爾曹는 但常以責人之心으로 責己하고 恕己之心으로 恕人하면 則不患不到聖賢地位也니라.

범충선공이 자제를 경계하여 말하였다. 사람이 비록 지극히 어리석으나 남을 꾸짖는 데는 밝고, 비록 총명함이 있으나 자기를 용서하는 데는 어두우니, 너희들은 다만 항상 남을 책하는 마음으로써 자기를 책하고, 자기를 용서하는 마음으로써 남을 용서한다면 성현의 경지에 이르지 못함을 근심하지 않을 것이다.

【 어 휘 】

愚어리석을 우 愚劣, 愚昧, 愚弄
責꾸짖을 책 責望, 責任, 引責
爾너 이 爾汝, 爾時
曹무리 조 汝曹, 法曹, 兵曹

*范忠宣: 북송의 때 재상으로 이름은 純仁, 忠宣은 시호이다.

● 문법해설

(1)人雖의 人은 일반사람. 雖는 '비록 ~하더라도'. 至愚의 至는 '지극히'라는 부사로 愚를 수식한다. (2)責人의 人은 남이라는 뜻으로 아래 恕己의 己(자기)의 상대어이고, 責人과 恕己는 '술목'구조의 대구로 쓰였다. 則明(昏)의 則은 '~하는 데는' 정도로 풀이한다. (3)爾曹의 曹는 '~들'이라는 복수접미사로 '等, 輩' '儕'와 같은 뜻이다. (4)責人之心과 恕己之心은 '술+목+之+名詞'구조이다. 之는 관형격조사로 명사(心)를 수식한다. 전치사 以는 '~으로써, ~을 가지고'의 뜻으로 목적어를 가진다. 恕己之心앞에 以가 빠졌다. (5)聖賢地位는 不到의 보어. 到, 居, 坐, 至, 登, 歸 등처럼 '(於)~에'를 필요로 하는 동사는 보어를 가진다. 不到聖賢地位는 不患의 목적어이다.

(4)子曰 聰明思睿라도 守之以愚하고, 功被天下라도 守之以讓하고, 勇力振世라도 守之以怯하고, 富有四海라도 守之以謙이니라.

공자가 말하였다. 총명하고 생각이 슬기롭더라도 어리석음으로써 지켜야하고, 공이 천하를 덮을지라도 사양으로써 지켜야하고, 용기와 힘이 세상에 떨칠지라도 겁냄으로써 지켜야하고, 부유함이 사해를 소유했다하더라도 겸손으로써 지켜야하느니라.

【어휘】

睿슬기로울 예 睿德, 睿(叡)智
讓사양할 양 讓渡, 讓步, 辭讓
怯겁낼 겁 卑怯, 怯夫, 怯心

被입을 피 被害, 被服, 被告
振떨칠 진 振動, 振興, 不振
謙겸손할 겸 謙遜, 謙讓, 謙虛

● 문법해설

(1)'(雖)+A+守之+以B', 즉 '(A가 ~을) 하더라도 B로써 之를 지켜야한다'는 형태가 4번 반복되고 있다. 맨 앞에 雖를 넣으면 문장이해가 쉽다. (2)聰明은 귀가 밝고 눈이 밝다는 뜻. 思睿은 '주술'구조이다. (3)守之以愚에서 守의 주어는 일반인으로 생략. 之는 앞에 나온 말을 받는 대(명)사이다. 以는 영어의 with와 같다. 예: 爲善者 天報之以福에서 之는 앞의 爲善者를 받는 대사이다. (4)(雖)功被天下는 功이 주어이고 被가 天下를 목적어로 하는 '주술목'구조이고, (雖)勇力振世는 勇力이 주어이고 振이 世를 목적어로 하는 '주술목'구조이고, (雖)富有四海는 富가 주어이고 有가 四海를 목적어로 하는 '주술목'구조이다. 有는 '~을 소유하다'는 타동사이다.

> (5)素書云 薄施厚望者는 不報하고 貴而忘賤者는 不久니라.
> 소서에 말하였다. 박하게 베풀고 후하게 바라는 자는 보답을 받지 못하고, 몸이 귀하게 되고서 천했던 때를 잊는 자는 그 지위가 오래가지 못하느니라.

【어휘】

薄엷을 박 薄待, 薄福, 野薄
厚두터울 후 厚待, 厚生, 濃厚

施베풀 시 施賞, 施行, 施主
望바랄 망 望鄕, 德望, 希望

*素書: 한나라 때 黃石公이 지은 책으로 그후 송나라의 張商英이 주를 달았다.

● 문법해설

(1)薄施와 厚望을 ①'술+목'구조로 보고 '베풂을 박하게 하고 바람을 후하게 하다'로 해석할 수도 있고, 혹은 ②부사+술어'구조로 보고 '박하게 베풀고 후하게 바라다'로 해석할 수도 있다. 한자의 품사는 문장안의 위치에 따라 변하고 또 다르게 볼 수도 있다. 하지만 '술목'구조인 忘賤과 대를 이루려면 厚望역시 '술목'구조인 ①번 해석이 적절하다. (2)薄施(而)厚望者와 忘賤者는 '술목+者'구조로 주어이고, 貴而忘賤者는 지위가 높게 되고서 지위가 낮았을 때를 잊은 자. 不報와 不久는 술어로서 不報는 수동의 의미로 '보답을 받지 못한다'이고, 不久는 '지위가 오래 못 간다'는 뜻이다.

> (6)施恩이어든 勿求報하고 與人이어든 勿追悔하라.
> 은혜를 베풀었거든 보답을 구하지 말고, 남에게 주었거든 뒤에 뉘우치지 말라.

【어휘】
與줄 여 與黨, 與否, 授與   悔뉘우칠 회 悔改, 後悔, 懺悔

● 문법해설

(1)施恩과 與人은 '술목'구조로 뒤에 則자가 생략된 가정문이다. (2)求는 報를 목적어로 하고 勿은 금지사이다. (3)與는 수여동사로 與人은 '남에게 ~을 주다'는 뜻이다. (4)追悔를 '술목'구조로 '뉘우침을 쫓다' 즉 '뉘우치다'로 해석된다. 五言으로 된 두 구절이 문장구조가 같다.

> (7)孫思邈曰 膽欲大而心欲小하고 智欲圓而行欲方이니라.
> 손사막이 말하였다. 담력은 크게 하되 마음은 작게 하고, 지혜는 둥글 게 하되 행

[7] 存心篇 마음을 보존하는 글 · 69

동은 방정하게 해야 하느니라.

【어휘】
邈멀 막 邈邈(漠漠), 邈然
欲하고자할 욕 欲求, 寡欲(慾)
膽쓸개 담 膽力, 落膽, 肝膽
方모 방 方法, 方位, 近方

*孫思邈: 당나라 때의 名醫로 千金方 93권을 저술하였다.

● 문법해설

(1)두 문장이 '주술'구조이다. 즉 膽과 心이 주어이고 欲大와 欲小가 술어. 智와 行이 주어이고 欲圓과 欲方이 술어이다. (2)접속사 而는 앞뒤 양쪽을 대등한 관계로 연결하여 병렬문을 만들고, 뜻은 역접으로 '~하되, ~하나' 등으로 해석된다. (3)欲은 '하고자한다, 하고 싶다'는 뜻으로 형용사 大, 小, 圓, 方 등은 보어이다.

(4)膽과 心, 大와 小, 智와 行, 圓과 方은 모두 상대가 되는 말이다.

(8)念念要如臨戰日하고 **心心常似過橋時**니라.
생각과 생각은 요컨대 싸움을 임한 날과 같이 해야 하고, 마음과 마음은 항상 (외나무)다리를 건널 때와 같이 해야 하느니라.

【어휘】
念생각할 념 念慮, 念佛, 記念
臨임할 림 臨時, 臨終, 君臨
橋다리 교 橋梁, 橋脚, 陸橋
要필요할 요 要求, 要請, 必要
戰싸움 전 戰爭, 戰慄, 戰亂

● 문법해설

　(1)念念과 心心은 첩어로 뜻을 강조하는 주어이고, 要如와 常似가 술어. 要는 '요컨대 ~ 해야 한다'는 뜻으로 해석된다. (2)臨戰은 '술보'구조, 過橋는 '술목'구조로 뒤의 日과 時를 수식한다. 橋는 외나무다리를 말한다. (3)如와 似는 비교문을 이끌어 술어가 된다. 七言對句의 시다. (4)이 글은 '西遊記'에 비슷한 내용이 있다. 出家人 時時常要方便 念念不離善心(출가인은 시시로 늘 方便(成佛에 도달함)을 바라고, 마음마음이 선심을 떠나지 않는다).

> **(9)懼法朝朝樂**이요 **欺公日日憂**니라.
> 법을 두려워하면 아침마다 즐겁고, 공적 일을 속이면 날마다 근심하느니라.

【 어 휘 】

　懼두려워할 구 懼然, 悚懼　　　　　朝아침 조 朝鮮, 朝會, 王朝

● 문법해설

　(1)懼法과 欺公은 '술목'구조이고, 뒤에 則이 생략되었다. 公은 私의 상대개념이니 국가로 봄이 타당하다. (2)대구인 첩어 朝朝와 日日은 시간부사로 '아침마다, 날마다'로 해석된다. (3)懼法과 欺公, 朝朝와 日日, 樂과 憂는 좋은 대를 한 五言絕句이다.

> **(10)朱文公曰 守口如瓶**하고 **防意如城**하라.
> 주문공이 말하였다. 입을 지키기를 병과 같이 하고, 뜻을 막기를 성과 같이 하라.

【 어 휘 】

　瓶병 **병** 瓶梅, 花瓶　　　　　　　防막을 **방** 防水, 防禦, 防止, 國防
　城성 **성** 城郭, 城樓, 不夜城

*朱文公: 남송 때의 대학자인 朱子를 일컫는다. 이름은 熹, 자는 元晦 또는 仲晦, 호는 晦庵, 文公은 시호이다. 性理學을 대성시켰으며 이를 朱子學이라 한다.

● 문법해설

(1)守口와 防意는 '술목'구조이고, 목적어처럼 해석한다. 意는 私意를 의미한다. (2)如瓶과 如城의 如는 동등비교를 나타내는 술어이며 瓶과 城을 보어로 한다. (3)이 글을 '입을 병처럼 지키고, 뜻을 성처럼 방비하라'로 해석해도 좋다. (7장 (1)절 참조)

(11)心不負人이면 **面無慙色**이니라.
마음이 남을 저버리지 않으면 얼굴에 부끄러운 빛이 없느니라.

【어휘】

負짐질(버릴, 패할) 부 負擔, 負債, 勝負　　面얼굴 면 面目, 面接, 顔面
慙부끄러울 참 慙悔, 慙愧, 無慙

● 문법해설

(1)心과 面이 주어이며 人이 不負의 목적어인 가정문이다. 負는 '저버리다' 이고, 人은 '남'을 말한다. (2)慙色은 '수식'관계로 無의 의미상 주어이다.

(12)人無百歲人이나 **枉作千年計**니라.
사람은 백 살 사는 사람이 없으나 부질없이 천년의 계획을 세운다.

【어휘】

枉굽을 왕 枉臨, 枉法, 枉死　　　　計계획할 계 計劃, 計算, 設計

• 문법해설

 (1)百歲과 千年, 人과 計는 대가되는 말로 居百歲之人과 居千年之計와 같다. (2)枉은 부사로 '헛되이, 부질없이'의 뜻으로 동사 作을 수식한다. (3)作은 爲와 같은 뜻으로 千年計를 목적어로 한다. (4)참고:[樂府古辭]人生不滿百 常懷千載憂(사람 사는 것이 백년을 못 채우는데, 항상 천년의 근심을 품는다).

> (13)寇萊公六悔銘云 官行私曲失時悔요 富不儉用貧時悔요 藝不少學過時悔요 見事不學用時悔요 醉後狂言醒時悔요 安不將息病時悔니라.
>
> 구래공 육회명에 말하였다. 관원은 사사롭고 부정한 일을 행하고는 벼슬을 잃을 때에 뉘우치고, 부자는 검소하게 쓰지 않고는 가난해졌을 때에 뉘우치고, 재주는 젊었을 때에 배우지 않고는 시기가 지났을 때에 뉘우치고, 일을 보고 배우지 않고는 쓸 때에 뉘우치고, 취한 뒤에 미친 말을 하고는 술이 깨었을 때에 뉘우치고, 몸이 편안할 때에 편안히 양생하지 않고는 병들었을 때에 뉘우치느니라.

【어 휘】

寇도둑 구 寇賊, 外寇　　　　　萊쑥 래 萊蕪, 萊妻
藝재주 예 藝術, 藝能, 文藝　　狂미칠 광 狂亂, 狂人, 狂風
醒깰 성 醒悟, 醒睡, 覺醒　　　息숨쉴, 쉴 식 消息, 子息, 歎息

*寇萊公: 북송 진종 때의 재상으로 성은 寇, 이름은 準, 자는 平仲이다. 萊國公에 봉해졌기 때문에 寇萊公이라 불리었다.

• 문법해설

 (1)이글은 4, 3의 7언구로 6가지 후회를 나타내고 경계를 다짐하는 좌우명이다. 앞의 4언은 뒤의 3언이 후회하는 원인을 나타내므로 인과의 문장이다. 4言과 3言 사이에 접속사 而를 넣어 문장과 문장을 잇는 순접으로

해석해도 된다. (2)官行私曲失時悔에서 官은 在於官으로 '관직에 있을 때'를 말하고, 行의 목적어인 私曲은 '사사로이 부정한 일'이란 뜻이다. 失時는 失官之時로 이때 후회한다는 말이다. 失時悔에서 失자 대신 貧, 過, 用, 醒, 病자가 뒤의 時를 수식하고 '~하고는 ~할 때 후회 한다'로 해석된다. (3)富不儉用에서 富는 居於富로 '부자로 살 때'의 뜻이고, 用(씀씀이)은 不儉의 목적어이다. (4)藝不少學過時悔에서 藝는 學의 목적어이나 강조하려 앞으로 도치. 少는 '어려서, 젊을 때'. 過時는 '젊은 시절이 지난 때'라는 뜻이다. (5)見事不學用時悔에서 事는 見의 목적어이면서 동시에 學의 목적어. 用時는 '그 일을 써먹으려고 할 때'의 뜻이다. (6)醉後狂言醒時悔에서 狂言은 '사리분별을 못하고 함부로 지껄이는 말'이다. 醒時는 '술에서 깨어 정신이 맑은 상태일 때'이다. 醒과 醉는 상대어이다. (7)安不將息病時悔에서 安은 身安之時이다. 將은 養의 뜻으로 將息은 養生, 攝生을 말한다.

> (14)益智書云 寧無事而家貧이언정 莫有事而家富요, 寧無事 而住茅屋이언정 不有事而住金屋이요, 寧無病而食麤飯이언정 不有病而服良藥이니라.
> 익지서에 말하였다. 차라리 일(나쁜 일)이 없이 집이 가난할지언정 일이 있으면서 집이 부유하지 말 것이요, 차라리 일이 없이 띠 집에 살지언정 일이 있으면서 좋은 집에 살지 말 것이요, 차라리 병이 없이 거친 밥을 먹을지언정 병이 있으면서 좋은 약을 먹지 말 것이니라.

【어 휘】

寧편할 녕 寧日, 寧親, 康寧.
茅띠 모 茅屋, 茅沙, 茅舍
麤거칠 추 麤布, 麤物, 麤米

住살 주 住居, 住宅, 住所
屋집 옥 屋上, 屋宇, 韓屋

• 문법해설

(1)'寧A+莫(不)B'는 '차라리 A할지언정 B하지 말라'는 뜻으로 해석되는

선택비교문형이 3번 이어진다. 不은 莫과 같은 금지사이다. (2)有事와 無事의 事는 '나쁜 일, 사고'를 가리키고, 而는 문장과 문장을 연결하는 순접사이다. (3)家貧과 家富는 '주술'구조이고, 家富는 莫에 연결된다. (4)住뒤에 於를 넣어 於茅屋과 於金屋으로 하면 '~에 산다'는 뜻이 분명해진다. (5)麤飯과 良藥은 食과 服의 목적어이고 食良藥은 不에 연결된다. (6)有와 無, 家貧과 家富, 茅屋과 金屋, 麤飯과 良藥 등은 모두 대가 되는 말이다. (7)이 문장을 'A+不如+B'로 하여 다음과 같이 바꿀 수 있다.

有事家富는 不如無事家貧이요,

有事住金屋은 不如無事住茅屋이요,

有病服良藥은 不如無病食麤飯이라.

(15)心安茅屋穩이요 **性定菜羹香**이니라.
마음이 편안하면 띳집도 편안하고, 성품이 안정되면 나물국도 향기로 우니라.

【 어 휘 】

穩 평온할 온 穩健, 穩當, 平穩   菜 나물 채 菜根, 菜食, 菜毒

羹 국 갱 羹粥, 羹牆, 肉羹

• 문법해설

(1)心安과 性定은 '주술'구조의 대구로 뒤에 則자가 생략된 가정문형이다. (2)茅屋과 菜羹은 대구주어로 양보의 뜻이 숨어있고, 穩과 香은 형용사 술어이다. 五言絶句의 좋은 對句詩로 香, 長이 운자이다. (3)이 절구는 明心寶鑑 淸州本에 全文이 있다.

心安茅屋穩　마음이 편안하면 띳집도 안온하고,
性定菜羹香　성품이 안정되면 나물국도 향기롭다.
世事靜方見　세상일은 고요하면 바야흐로 보이고,
人情淡始長　사람 마음은 담담하면 비로소 자란다.

---

(16) 景行錄云 責人者는 不全交요 自恕者는 不改過니라.

경행록에 말하였다. 남을 꾸짖는 자는 사귐을 온전히 하지 못하고, 자기를 용서하는 자는 허물을 고치지 못하느니라.

【어 휘】

交 사귈 교 交際, 交換, 交通　　　　改 고칠 개 改正, 改良, 改革

● 문법해설

(1) 責人은 '술목'구조로 뒤의 者를 수식. 全交는 '술목'관계로 交는 '사귐, 교제, 교유'의 뜻이고, 全은 '온전 하게하다'는 뜻이다. (2) 自는 恕의 목적어로 恕自(자신을 용서하다)로 되어야하지만 自는 목적어이거나 부사이거나 항상 동사 앞에 위치하므로 自恕로 도치되어있다. (3) 過가 改의 목적어인 '술목'구조이다.

---

(17) 夙興夜寐하여 所思忠孝者는 人不知나 天必知之요 飽食煖衣하여 怡然自衛者는 身雖安이나 其如子孫에 何오.

아침 일찍 일어나 밤에 잘 때까지 충성과 효도를 생각하는 자는 사람들은 알지 못하나 하늘은 반드시 알고, 배부르게 먹고 따뜻하게 입고서 편안하게 자기 몸만 보호하는 자는 몸은 비록 편안하나 그 자손은 어떻게 될까?

【 어 휘 】

夙일찍 숙 夙成, 夙夜, 夙興
飽배부를 포 飽食, 飽滿, 飽聞
怡기쁠(편할) 이 怡聲, 怡顔

興일 흥 興亡, 興趣, 逸興, 興味
煖따듯할 난 煖房, 煖爐
衛지킬 위 衛生, 衛戍, 防衛

● 문법해설

(1)夙興夜寐는 朝夙興夜晚寐의 줄임말로 '아침 일찍 일어나서 밤늦게 잘 때까지'의 뜻이다. (2)思忠孝는 '술목'구조이다. 所~ 者는 '~하는 바의 것(사람)'의 뜻으로 所자가 없어도 뜻은 같다. 이글은 뒤 문장 知의 의미상목적어이고, 知之의 之를 가리킨다. (3)飽食과 煖衣는 '부사+술어'구조로 '배부르게 먹고 따뜻하게 입다'는 뜻이다. 自는 衛의 목적어이다. (4)身이 주어이고 安이 술어. 其如子孫何는 其子孫如何의 변형이다.

(18)**以愛妻子之心**으로 **事親**이면 **則曲盡其孝**요 **以保富貴之心** 으로 **奉君**이면 **則無往不忠**이요 **以責人之心**으로 **責己**면 **則寡過**요 **以恕己之心**으로 **恕人**이면 **則全交**니라.
　아내와 자식을 사랑하는 마음으로써 어버이를 섬긴다면 그 효도를 극진히 할 것이요, 부귀를 보전하려는 마음으로써 임금을 받든다면 어느 곳에 가더라도 충성하지 않음이 없을 것이요, 남을 책하는 마음으로써 자기를 책한다면 허물이 적을 것이요, 자기를 용서하는 마음으로써 남을 용서한다면 사귐을 온전히 할 것이다.

【 어 휘 】

妻아내 처 妻家, 妻男, 賢妻
寡적을 과 寡黙, 寡婦, 寡人

● 문법해설

(1)'以+술목+之心'의 형태가 4번 반복되고 있다. 以는 名詞語 앞에서 '~으로써, ~을 가지고'의 뜻으로 수단과 방법을 나타낸다. (2)愛妻子之心은

'술+목+之+명사'구조로 '~을 ~하는 명사'로 해석된다. 이 명사가 맨 앞의 以의 목적어로써 事親하는 수단과 방법이고, 之는 관형사이다. 曲盡은 渴盡의 뜻으로 '마음과 힘을 다 한다'는 뜻으로 其孝를 목적어로 가진다. 其는 자신을 가리키는 지시대명사이다. (3)無往不忠은 無往而不忠과 같다. 이는 '無+A+(而)不+B'형태로 'A할지라도 B아님이 없다(A가 동사), B안하는 A는 없다(A가 명사)'는 뜻이다. 여기서 A가 장소이면 '어느 곳이라도'이고, 시간이면 '언제라도'라고 풀이한다. 예: 無時而不吟(언제라도 읊지 않음이 없다, 읊지 않는 때가 없다). 無處而不行(어디라도 가지 않은 곳이 없다, 안 가는 곳이 없다). 예: 憶君無日不霑衣(임 생각에 옷이 눈물에 젖지 않는 날이 없다). (4)責人과 責己는 '술목'구조이고, 寡過는 '술보'구조이다. 寡는 '적다'는 뜻으로 少, 鮮과 뜻이 같다. (5)恕己와 恕人는 '술목'구조이고, 全交도 같은 구조로 '교제를 온전히 하다'는 뜻이다. (6)'술목'구조인 事親, 奉君, 責己, 恕人 등이 則에 연결되어 가정의 조건문과 결과문이 따른다.

> **(19)爾謀不臧**이면 **悔之何及**이며 **爾見不長**이면 **敎之何益**이리오. **利心專則背道**요 **私意確則滅公**이니라.
> 네 꾀가 좋지 못하면 후회한들 얼마나 영향을 미치겠으며, 네 소견이 훌륭하지 못하면 가르친들 무슨 유익함이 있으리오. 이익을 생각하는 마음이 전일하면 도를 위배하게 되고, 사사로운 뜻이 확고하면 공을 멸하게 되느니라.

【어 휘】

臧착할 장 臧賂, 臧否
背등(질) 배 背信, 背景, 背叛
滅멸할 멸 滅亡, 滅共, 破滅

專오로지 전 專門, 專攻, 專念
確확실할 확 確實, 確信, 明確

• 문법해설

(1)爾謀와 爾見이 주어이고, 爾는 '너의'라는 소유격이고, 不臧과 不長은

술어로 뒤에 則이 생략된 가정문이다. (2)悔之와 敎之의 之는 不臧과 不長을 받는 대사로 보아진다. 何及과 何益은 반어문을 만든다. (3)利心은 利己心으로, 私意는 公義의 상대어로 주어이고, 專과 確은 술어로 則에 연결되는 가정의 조건문이다. 背道와 滅公은 '술목'구조로 결과문이다.

> **(20)生事事生**이요 **省事事省**이니라.
> 일을 만들면 일이 생기고, 일을 덜면 일이 덜어지느니라.

【어 휘】

生낳을 생 生命, 寄生, 苦生　　　　省덜 생 省略; 살필 성 省墓, 反省

• 문법해설

　(1)生事와 省事는 '술목'구조로 뒤에 則이 생략된 가정의 조건문이고, (2)事生과 事省은 '주술'구조로 결과문이다. 다음 글을 참고 하시기 바랍니다.

　　　生一事不如省一事
　　　興一利不如除一害
　　　일을 하나 만드는 것은 일 하나를 줄이는 것만 못하다.
　　　이로운 일 하나 일으키는 것보다 해로운 일 하나 없애는 것이 낫다.

명심보감 보충자료

*百巧百成이 不如一拙이니라. [巧공교할 교. 拙졸할 졸] (백번 기교로 백번 이루는 것은 한번 서투르게 하는 것만 못하다.)

*鄭守夢先生이 云 無一念之不實하고 無一言之不實하면 則表裏一於誠也니 此乾不息底工夫니라. [念생각할 념. 乾은 堅의 뜻이고, 底는 的의 뜻. 不息底가 관형격으로 工夫를 수식한다]. (정수몽선생이 말하였다. "한 가지 생각도 부실함이 없고, 한 마디 말도 부실함이 없다면 겉과 속이 성실함에 한결같은 것이니, 이것은 쉬지 않고 한 공부가 튼튼함이니라.)
◀鄭守夢은 조선 광해군 때 성리학자. 이이, 성혼, 송익필의 문인.

*李相國景奭이 常曰 士以正直忠厚로 爲本이니 正直不忠厚則刻하고 忠厚不正直則懦니라. [厚두터울 후. 刻은 각박할 각. 懦나약할 나. '以~爲'형은 흔한 표현으로 '~을 ~로 하다'는 뜻이다. 예: 國以民爲根 民以穀爲命. 貴以賤爲本 高以下爲基] (재상 이경석이 항상 말하였다. "선비는 정직과 충후로 근본을 삼으니 정직하나 충후하지 않으면 각박하고, 충후하나 정직하지 않으면 나약하니라.")
◀相國은 영의정, 좌의정, 우의정의 총칭으로 재상의 뜻.
◀李景奭은 조선 인조 때 성리학자.

戒性篇(성품을 경계하는 글)

여기 性은 本性이고 天性인 本然之性이 아니고 외부의 감응으로 인한 氣質之性을 말하는데 이러한 性品은 中道를 벗어나는 경우가 많으므로 방심하지 말고 조심하고 경계하라는 뜻이다.

> (1)景行錄云 人性이 如水하여 水一傾則不可復이요 性一縱則 不可反이니, 制水者는 必以堤防하고 制性者는 必以禮法이니라.
> 경행록에 말하였다. 사람의 성품은 물과 같아서 물이 한번 기울어지면 회복될 수 없고, 성품이 한 번 방종해지면 돌이킬 수 없으니, 물을 다스리는 자는 반드시 둑으로써 방지하고, 성품을 다스리는 자는 반드시 예로써 법을 삼느니라.

【어휘】

傾기울어질 경 傾斜, 傾聽, 傾向　　　　制억제할 제 制度, 制服, 抑制
縱가로(놓을) 종 縱橫, 縱書, 放縱　　　　堤제방 제 堤防, 防波堤
復회복할 복 復習, 復歸, 往復, 回復 ; 다시 부 復活, 復興

• 문법해설

(1)人性如水는 사람의 성질과 물의 성질이 동등하다는 것을 일컫는 비교문이다. (2)水一傾에서 水가 주어이고 一傾이 술어이고, 性一縱에서 性이 주어이고 一縱이 술어로서 則에 연결되어 가정형을 만든다. (3)不可는 '~할 수 없다'는 뜻으로 술어 復과 反을 부정하는 조술사이다. (4)制水者와 制性者는 '술+목+者(~을 ~하는 자)'구조이고, 以堤와 以禮는 수단방법이고, 必防과 必法은 술어이다. (5) 必以堤防은 必防(水)以堤로 쓰는 것이 정상어순이지만 부사 必과 以堤를 강조하여 앞으로 나간 것으로 보인다. 必以禮法도 같은 경우이다.

(2) 忍一時之忿이면 免百日之憂니라.
한때의 분노를 참으면 백날의 우환을 면하느니라.

【어 휘】
忍참을 인 忍耐, 忍從, 殘忍   忿분할(성낼) 분 忿怒, 激忿

• 문법해설

(1) 忍은 一時之忿을, 免은 百日之憂를 목적어로 하는 '술목'구문이다. (2) 之는 관형격조사로 '~의'로 해석되어 忿과 憂를 수식한다. 앞문장이 조건문이고 뒷문장이 결과문으로 된 五言因果文이다.

(3) 得忍且忍하고 得戒且戒하라. 不忍不戒면 小事成大니라.
참을 수 있으면 참고, 경계할 수 있으면 경계하라. 참지 않고 경계 하지 않으면 작은 일도 크게 되느니라.

【어 휘】
得얻을 득 得勢, 得失, 利得   且또 차 且置, 重且大

• 문법해설

(1) '得A+且+A'는 'A할 수 있으면 A하라'로 풀이된다. 得忍과 得戒의 得은 能이나 可와 같이 '할 수 있다'는 조술사이다. 且는 而와 則과 換用이 되므로 '~하면 ~하다'로 해석되어 가정문이 된다. (2) 不忍不戒 다음에 則이 생략된 조건문이고, 小事成大가 결과문이다. 小事가 주어이고 成大가 술어이다. 成은 作과 같고 作은 爲와 같다. 따라서 成大는 '크게 되다'는 뜻이다.

(4) 愚濁生嗔怒는 皆因理不通이라. 休添心上火하고 只作耳邊風하라.

> 長短은 家家有요 炎凉은 處處同이라. 是非無實相하여 究竟摠成空이니라.
> 어리석고 흐린 사람이 성을 내는 것은 다 이치가 통하지 않기 때문이다. 마음 위에 불을 더하지 말고 다만 귓전의 바람결로 여겨라. 장점과 단점은 집집마다 있고, 덥고 서늘함은 곳곳마다 같으니라. 옳고 그름은 실상이 없어서 마침내 모두 부질없는 것이 되느니라.

【어 휘】

因인할 인 因果, 因緣, 原因
炎더울 염 炎凉, 炎天, 老炎
究궁구할 구 硏究, 探究, 究極

邊가 변 邊境, 身邊, 江邊
凉서늘할 량 凉風, 凄凉, 荒凉
竟다할 경 竟夜, 畢竟

● 문법해설

　(1) '愚濁+生+嗔怒'는 '주+술+목'구조이다. 生은 發의 뜻. (2) 因은 '인하여, 때문에'의 뜻. 理가 주어이고 不通은 不解의 뜻으로 술어. 다시 말하면 '愚濁者不解事理 故發嗔怒'한다는 말이다. (3) 休는 勿, 莫, 不 등과 같은 금지사. 心上火와 耳邊風은 대구로 添과 作의 목적어이다. (4) 長과 短, 炎과 凉은 대립관계어로 주어이다. 炎凉은 기온을 나타내지만 貧富나 貴賤 등의 世態를 뜻하기도 한다. 家家와 處處는 장소로 대구. 有와 同은 술어로 대구이다. (5) 是非가 주어. 無實相이 술어. 是非는 추상적인 것이므로 實相이 없다는 말이다. 究竟은 畢竟과 같이 부사어로 '궁극에는, 마침내는'의 뜻. 摠과 皆는 '모두'의 뜻. 成은 空을 목적어로 하여 '공허한 것을 만든다'로 해석할 수도 있고, 혹은 成을 爲와 같이 '되다'라는 자동사로 보고, 成空을 '부질없는, 공허한 것이 되다'로 해석할 수도 있다. (6) 이시는 대가 잘되어 있는 처세에 관한 교훈적인 오언율시이다. 율시에서는 3,4행과 5,6행은 반드시 대구로 구성되어야 한다. 通, 風, 同, 空자가 운자이다.

(5)子張이 欲行에 辭於夫子할새 願賜一言爲修身之美 하노이다. 子曰 百行之本이 忍之爲上이니라. 子張曰 何爲忍之넛고 子曰 天子忍之면 國無害하고 諸侯忍之면 成其大하고 官吏忍之면 進其位하고 兄弟忍之면 家富貴하고 夫妻忍之면 終其世하고 朋友忍之면 名不廢하고 自身忍之면 無禍害니라.

자장이 떠나고자하여 공자에게 하직을 고하면서 "몸을 닦는데 미덕이 될 만한 것을 한 말씀해주시기를 원합니다"라고 하자, 공자가 말했다. "백가지 행실의 근본은 참는 것이 최상이니라." 자장이 "무엇 때문에 참습니까?"라고 하자, 공자가 말했다. "천자가 참으면 나라에 해가없고, 제후가 참으면 큰 나라를 이루고, 관리가 참으면 그 지위가 올라가고, 형제가 참으면 집안이 부귀해지고, 부부가 참으면 일생을 마칠 수 있고, 친구가 참으면 이름이 없어지지 않고, 자신이 참으면 재앙과 위해가 없느니라."

【어 휘】

張베풀 장 主張, 誇張, 出張
賜줄 사 賜藥, 下賜
進나아갈 진 進步, 進擊, 推進

辭하직할 사 辭讓, 辭表, 祝辭
吏아전 리 吏道, 官吏, 汚吏
廢폐할 폐 廢業, 廢棄, 廢墟

*子張: 공자의 제자로 성은 顓孫, 이름은 師, 子張은 호이다.

● 문법해설

(1)이글은 대화체로 자장의 물음에 공자가 대답하는 글이다. (2)欲行은 將去와 같은 말로 '가려고 하다'는 뜻이고, 欲은 願, 請, 望 등과 같이 술어 앞에서 조술사로 쓰였다. 辭는 '하직하다'는 뜻. 夫子는 덕행이 높은 사람의 경칭, 여기서는 孔子를 가리킨다. (3)願은 조술사로 賜를 돕는다. 賜의 목적어인 一言은 爲의 주어이다. 爲는 '되다, 삼다'는 뜻으로 修身之美를 보어로 가진다. 修身之美는 '술+목+之+名'구조로 '~을 ~하는 名'으로 풀이된다. 美는 美德이다. (4)百行之本의 之는 '~의'라는 관형격조사이고, '백행의 근본'이란 뜻. 忍之의 之는 주격조사로 '참는 것은'으로 풀이하고, 爲上은

'최상이다, 으뜸이다'로 해석된다. 爲는 '~이다'는 연계동사. 예:[명심보감] 勤爲無價之寶(부지런함은 값을 매길 수 없는 보배이다). (5)何爲忍之에서 何가 의문사이므로 爲앞으로 도치되었다. 何爲는 '무엇하려고, 무엇 때문에' 등으로 해석된다. (6)天子忍之에서 天子가 주어이고 忍之가 술어. 之는 특정한 의미가 없고 문장의 語氣를 調節하는 聲調어기사로 봄이 좋을 듯. 뒷 글은 則자가 생략된 가정문이다. 예: [맹자] 戒之戒之 出乎爾者 反乎爾者也(조심하고 조심하라. 네게서 나온 것은 네게로 돌아간다). (7)天子忍之는 天子가 주어이고 忍之가 술어이다. 결과문인 國無害는 '주술'구조로 '나라가 해가없다'는 말이다. 다음 문장은 天子대신 諸侯, 官吏, 兄弟, 夫妻, 朋友, 自身 등을 넣어 '~하면 ~하다'라고 7언으로 7가지 예를 든 가정문이다. (8)成其大에서 成은 爲의 뜻으로 제후가 영지를 크게 한다는 뜻. 進其位는 '지위가 진급한다'는 뜻. 家富貴는 '주술'구조로 '집이 부귀해진다'는 뜻. 終其世는 '술목'구조로 '이 세상을 마치다', 즉 부부가 해로한다는 뜻. 名不廢는 '주술'구조로 '붕우라는 이름이 폐기되지 않는다'는 뜻이다.

>(6)子張曰 不忍則如何닛고 子曰 天子不忍이면 國空虛하고 諸侯不忍이면 喪其軀하고 官吏不忍하면 刑法誅하고 兄弟不忍하면 各分居하고 夫妻不忍하면 令子孤하고 朋友不忍하면 情意疎하고 自身不忍하면 患不除니라. 子張曰 善哉善哉라 難忍難忍이여 非人不忍이요 不忍非人이로다.
>자장이 "참지 않으면 어찌 됩니까?"라고 묻자, 공자가 말했다. "천자가 참지 않으면 나라가 공허하게 되고, 제후가 참지 않으면 그 몸을 잃게 되고, 관리가 참지 않으면 형법에 의해 죽게 되고, 형제가 참지 않으면 각각이 헤어져 살게 되고, 부부가 참지 않으면 자식이 외롭게 되고, 친구가 참지 않으면 정의가 소원해 지고, 자신이 참지 않으면 환우를 없애지 못하느니라." 자장이 말했다. "참으로 좋고 좋은 말씀이로다. 참기 어렵고 참기 어려움이여! 사람이 아니면 참지 못하고 참지 못하면 사람이 아니로다."

【어 휘】
軀몸 구 軀體, 病軀
令하여금 령 令愛, 令狀, 命令
疎(疏)성길 소 疏外, 疏通, 疏隔

刑형벌 형 刑法, 刑罰, 死刑
孤외로울 고 孤兒, 孤立, 孤島
除덜 제 除去, 除隊, 除夜

● 문법해설

 (1)이 글 역시 앞글에서처럼 자장과 공자가 문답하는 글이나, 앞글과 달리 '~않으면 ~하다'는 부정으로 답한 7언구의 가정문이다. 앞글에서 忍之한다고 한 것을 不忍으로 바꾸었을 뿐 나머지는 같다. (2)國空虛는 國이 주어이고 空虛가 술어로 '나라가 텅 빈다'는 뜻. 喪其軀는 其軀가 喪의 목적어로 '몸을 잃는다'는 뜻. 刑法誅는 형법이 베다는 말은 '형법에 의해 벌을 받는 다'는 뜻. 各分居는 '각각이 나뉘어 산다'는 뜻. (3)令子孤는 令이 使와 같은 '~하여금 ~하게하다'는 사역동사로 '자식을 고아가 되게 한다'는 뜻. 情意疎의 情意는 情投意合과 같이 서로 감정과 뜻이 맞는 것을 가리키는 말로 주어이고 疎는 술어로 '소원하다'는 뜻. 患不除는 '술목'구조의 도치로 '患을 除去하지 못 한다'는 뜻이다. (4)善哉는 善言哉와 같다. 善言은 좋은 말. 哉는 감탄사. 難忍은 술어와 보어구조로 '참기 어렵다'는 뜻이다. 難과 易는 뒤에 보어를 가진다. (5)非人不忍에서 非人이 조건이고 不忍이 결과. 不忍非人에서 不忍이 조건이고 非人이 결과문으로 둘 사이에 則자가 생략된 가정문이다. 非는 명사를 부정하는 연계동사로 '~이 아니다'로 해석되어 非人은 '사람이 아니다'는 뜻이고, 不人하면 人이 명사가 아니고 동사이므로 '사람답지 못하다'는 뜻이 된다. 非는 是의 상대어로 쓰인다. 예: [삼국유사] 臣 是鷄林之臣 非倭國之臣(신은 신라의 신하이지 왜국의 신하가 아니다).

(7) 景行錄云 屈己者는 能處重하고 好勝者는 必遇敵이니라.

경행록에 말했다. 자기를 굽히는 자는 중요한 일을 처할 수 있고, 이기기를 좋아하는 자는 반드시 적수를 만나느니라.

【어휘】

屈굽힐 굴 屈服, 屈身, 卑屈
勝이길(좋을) 승 勝利, 勝敗, 勝景
重무거울 중 重量, 重要, 荷重
敵적 적 敵國, 敵手, 匹敵

• 문법해설

(1) 屈己와 好勝은 '술목'구조로 뒤의 者를 수식한다. 屈己는 卑身과 같이 자신을 낮춘다는 것으로 겸손함을 뜻하고, 好勝은 '싸워서 이기기를 좋아한다'는 뜻이다. (2) 處重은 중임을 처리하다, 遇敵은 '적수를 만나다'는 '술목' 구조다. 能(능히)과 必(반드시)은 부사로 동사 處와 遇를 수식한다.

(8) 惡人이 罵善人이든 善人은 摠不對하라. 不對는 心淸閑이요 罵者는 口熱沸니라. 正如人唾天하여 還從己身墜니라.

악한 사람이 착한 사람을 꾸짖으면 착한 사람은 모두 대꾸하지 말라. 대꾸하지 않는 자는 마음이 맑고 한가롭고, 꾸짖는 자는 입이 뜨겁고 끓느니라. 마치 사람이 하늘에 침을 뱉는 것과 같아서, 도리어 자기 몸을 따라 떨어지느니라.

【어휘】

罵꾸짖을 매 罵倒, 唾罵
熱더울 열 熱誠, 熱風, 溫熱
唾침 타 唾棄, 唾罵, 唾液
閑한가할 한 閑居, 閑暇, 等閑
沸끓을 비 沸騰
墜떨어질 추 墜落, 擊墜

• 문법해설

(1) '惡人+罵+善人'은 '주술목'구조로 則자가 생략된 가정 조건문이다. 摠

不對에서 摠은 總으로 '모두'의 뜻이고, 不은 勿과 같은 금지사이고, 對는 '대답하다, 상대하다'는 뜻이다. (2)不對는 不對者로 者의 생략은 5언을 맞추기 위함이다. 罵者는 선한 사람을 꾸짖는 악한 사람을 가리킨다. 心과 口가 주어이고 淸閑과 熱沸가 술어이다. (3)正은 '바로, 참으로'라는 부사로 비교술어인 如를 수식하고, 人唾天은 人唾於天의 '주술보'구조로 如의 보어이다. (4)還은 '도리어'라 는 뜻. 己身은 從의 목적어로 부사구를 만들어 술어 墜를 수식한다. 즉 唾墜從己身이란 말이다. (5)善人과 惡人, 心과 口, 淸閑과 熱沸 등이 대구인 五言六行詩이다. (6)淸州本에는 1,2행 다음에 다음 두 행이 있다. 善人若還罵 彼此無智慧(선한 사람이 다시 꾸짖으면 피차 지혜가 없다).

> (9)我若被人罵라도 佯聾不分說하라. 譬如火燒空하여 不救自然滅이라. 我心은 等虛空이어늘 摠爾飜脣舌이니라.
> 내가 만약 남에게 꾸중을 당하더라도 거짓 귀먹은 척하고 꾸중하는 말을 분간하지 말라. 비유하건데 마치 불이 공중에서 타는 것과 같아서 끄지 않아도 저절로 꺼지느니라. 내 마음은 허공과 같으니 모두는 네가 입술과 혀를 놀리는 것일 뿐이다.

【어 휘】

被입을 피 被擊, 被害, 被服
譬비유 비 譬喩
等같을 등 等級, 等位, 差等
脣입술 순 脣音, 脣齒, 脣亡齒寒

佯거짓 양 佯狂, 佯醉
燒불태울 소 燒却, 燒失, 燃燒
飜뒤집힐 번 飜覆, 飜案, 飜譯
舌혀 설 舌戰, 舌禍, 毒舌

● 문법해설

(1)我若被人罵에서 我가 주어. 若은 가정접속사로 '만약 ~이라도, ~이면'의 뜻. 被는 見과 같이 '~을 당하다'는 피동보조사로 뒤에 본동사가 위치한다. 被人罵는 '남의 꾸중을 당하다'는 뜻이다. 예:[사기]信而見疑 忠而被謗

(믿는 데도 의심받고 충성하는 데도 비방 당하다). (2)不分說의 不은 금지사. 分은 분간하다. 說은 꾸중하는 말이다. (3)譬如는 '비유하면 마치 ~인 것과 같다'는 뜻으로 비교문에 쓰인다. 火燒空은 '주술보'구조로 '불이 허공에서 타다'는 뜻이다. (4)不救는 不救火로 '불을 끄지 않아도'로 해석된다. (5)我心等虛空에서 等은 동등하다는 뜻으로 如와 같고 虛空이 보어이다. '내 마음은 허공처럼 깨끗하니 매도하는 말에 관여하지 않겠다'는 뜻이다. (6)爾飜脣舌은 '주술목'구조로 '네가 입술과 혀를 놀리다'는 뜻이다. 남이 꾸짖어도 대꾸를 안 하면 불이 타다가 저절로 꺼지듯이 사라지니 가만히 있으면 된다는 교훈을 담은 글이다. 五言六行詩이다. (7)淸州本에는 3,4행 다음에 다음 두 행이 들어있다. 鎭火亦如是 有物遭他熱(불을 끄는 것도 이와 같으니 물체란 상대를 만나야 열이 난다).

> **(10)凡事에 留人情이면 後來에 好相見이니라.**
> 모든 일에 사람의 정을 남겨두면 나중에 좋은 낯으로 만날 수 있느니라.

【어 휘】

留머무를 류 留學, 保留　　　　　相서로 상 相互, 相對; 얼굴 상 觀相

• **문법해설**

(1)凡事의 凡은 '모든'의 뜻으로 事를 수식한다. 人情이 留의 목적어이고, 留는 '남기다'는 뜻이다. 뒤에 則이 생략된 가정형이다. (2)後來는 將來와 같으니 '나중에, 훗날에'의 뜻이다. 好相見은 好를 부사로 하여 '좋게 서로 만나다'로 해석할 수도 있고, 혹은 好相을 '수식'관계로 보고 '좋은 인상으로 만나보다'로도 해석할 수도 있다.

명심보감 보충자료

*家語에 云 危其身者는 好發人之惡이니라. [人之惡이 發의 목적] (공자가어에서 말하였다. "제 몸을 위태롭게 하는 사람은 남의 나쁜 점 밝히기를 좋아한다.")
◀家語: 공자의 언행과 제자들과의 문답내용을 기록한 책이다.

*紉蘭握瑾者는 誨妒之良媒也요 要肆利孔者는 招怨之危機也요 宏談硬論者는 騰謗之健駟也요 方人擬物者는 反刺之銛刃也니라. [紉蘭: 좋은 물건. 要肆: 좋은 벼슬자리. 誨가르칠 회. 妒샘할 투. 肆방자할 사. 宏클 굉. 硬굳을 경. 駟사마 사. 刺찌를 자. 銛작살 섬. 刃칼날 인] (좋은 얼굴에 구슬을 꾸미는 사람은 질투를 가르치는 좋은 매개물이요, 중요한 자리에 있어서 재물을 탐하는 자는 원한을 부르는 위험한 기틀이요, 지나치게 강경한 이론을 내세우는 자는 비난을 높이 사는 건장한 말이요, 사람을 견주어 물건에 비유하는 것은 도리어 보복을 당하는 작살과 칼날이 된다.)

*晦齋先生이 嘗謂 道備於吾性이며 而其說이 具在方冊이라. 苟能篤志면 無不得之理니라. (회재선생이 일찍이 말하였다. "진리는 내 성품에 갖추어져 있고, 그 이론은 모두 책에 담겨 있다. 진실로 뜻을 독실히 한다면 얻지 못할 이치가 없다.")
◀晦齋: 조선 중종 때의 성리학자 李彦迪의 別號이다.

★★★ 문법으로 배우는 명심보감

 勤學篇(배움을 부지런히 하는 글)

　勸學은 배움, 즉 학문에 힘쓰도록 권유한다는 뜻이다. 유학에서는 지식보다 실천을 강조하며 知行一致를 중요시 한다.

> (1)子曰 博學而篤志하고 切問而近思면 仁在其中矣니라.
> 공자가 말하였다. 배우기를 널리 하고 뜻을 돈독히 하며 묻기를 간절히 하고 생각을 가까이 하면 인이 그 안에 있느니라.

【어 휘】
博넓을 박 博識, 博愛, 博學　　篤도타울 독 篤實, 篤志, 危篤
切간절할 절 切實, 切迫, 懇切

● 문법해설

　(1)博學, 篤志, 切問, 近思 등은 모두 '술목'구조로 보는 것이 옳지만 '부술'구조로 보아도 된다. 즉 博學을 '술목'으로 보고 '배우기를 널리 하다'로 해도 되지만 '부술'로 보고 '널리 배우다'로 해도 말이 된다. 切問도 '묻기를 간절히 하다'나 '간절히 묻다'나 뜻은 마찬가지다. (2)而는 둘 다 순접접속사이고, 近思 뒤에 則이 생략된 가정형이다. (3)仁在其中矣는 仁이 주어, 在가 술어, 其中이 보어인 '주술보'구조로 되어있다. 在는 '~에'라는 보어를 필요로 하는 술어이다. 예: 在家, 在位, 在美 등.

> (2)莊子曰 人之不學이면 如登天而無術하고 學而智遠이면 如披祥雲而覩靑天하고 登高山而望四海니라.

> 장자가 말하였다. 사람이 배우지 않으면 하늘에 오르는데 기술이 없는 것과 같고, 배워서 지혜가 원대하면 상서로운 구름을 헤치고 푸른 하늘을 보며 높은 산에 올라 사해를 보는 것과 같으니라.

【어 휘】

術꾀 술 術數, 技術, 藝術
祥상서 상 祥雲, 祥瑞, 吉祥

披헤칠 피 披露, 披瀝, 披髮
覩(睹)볼 도 目睹, 逆睹

• 문법해설

(1)人之不學의 之는 주격조사로 없어도 되고 不學 뒤에는 則자가 생략된 가정문이다. 如는 '~와 같다'는 술어로 뒤에 보어를 가진다. (2)登天而無術에서 而는 전후에 술어가 있고 부정사가 있으면 역접이 되므로 '~이나, ~는데'의 뜻이다. 登天은 '술보'구조로 '하늘에 오르다'는 뜻. 登은 '~에'라는 보어를 필요로 하는 동사이다. 예: 登校, 登山, 登龍門 등. 無術은 기술이나 방법이 없다는 뜻이다. (3)學而智遠에서 而는 순접으로 '~하여서'로 해석. 智遠은 '주술'구조로 '지혜가 원대하다'는 뜻이고 뒤에 則자가 생략된 가정문이다. (4)如披祥雲而覩靑天에서 如는 뒤에 오는 문장 모두를 보어로 가진다. 祥雲은 披, 靑天은 睹의 목적어이고 而는 순접이다. (5)登高山而望四海에서 高山은 登의 보어. 而는 순접. 四海는 望의 목적어이다. (6)이글은 생략된 則과 如를 사용하여 '~하면 ~하는 것과 같다'는 조건과 결과의 가정문이다.

> (3)禮記曰 玉不琢이면 不成器하고 人不學이면 不知道니라.
> 예기에 말하였다. 옥은 다듬지 않으면 그릇을 이루지 못하고, 사람은 배우지 않으면 도를 알지 못하느니라.

【어 휘】

琢쪼 **탁** 琢磨, 琢句, 切磋琢磨   器그릇 **기** 器具, 大器, 才器

*禮記: 五經의 하나로 戴聖이 주나라 말기부터 秦漢시대의 제도와 예법 등을 수록한 책이다. 周禮, 儀禮와 함께 三禮라 한다.

● 문법해설

　(1)이 글은 '~이면 ~하다'는 가정문으로 則자가 생략되었다. 이와 같이 부정사와 부정사가 병렬된 문장은 가정문이 되는 경우가 많다. 예:[후한서] 不入虎穴 不得虎子(호랑이 굴에 들어가지 않으면 호랑이 새끼를 잡지 못한다). (2)玉不琢은 문장구조상 玉이 주어이고 不琢이 술어이지만 玉은 琢을 하는 주체가 아니라 객체인 것이다. 따라서 '人不琢玉'으로 고칠 수 있다. 물론 어색하지만 琢을 수동으로 해석할 수는 있다. (3)人不學은 人이 不學의 주체이므로 '주술'구조이다. 知道는 知義로 된 책도 있다. (4)앞 구절은 행위의 주체인 人이 생략되었고, 뒤 구절은 주체인 人이 나와 있다. '3자+3자'로 리듬을 맞추기 위함이다.

> **(4)太公曰 人生不學**이면 **冥冥如夜行**이니라.
> 태공이 말하였다. 사람이 나서 살되 배우지 않으면 어둡고 어두운 것이 밤에 길을 가는 것과 같으니라.

【어 휘】

冥어두울 **명** 冥福, 冥想, 冥冥   夜밤 **야** 夜景, 夜勤, 夜學, 月夜

● 문법해설

　(1)이 글도 '~하면 ~하다'는 가정문이다. 人生과 不學사이에 而자를 넣으면 알기 쉽다. 人生을 '주술'형으로 보고 '사람이 태어나서, 세상에 살면

서'등으로 해석된다. (2)冥冥은 첩어로 뜻을 강조하고, 如는 '~와 같다'는 술어로 보어를 동반한다. 夜行은 '밤길을 가다'는 뜻. 不學과 夜行이 어두운 것이 같다는 뜻이다.

> **(5)韓文公曰 人不通古今**이면 **馬牛而襟裾**니라.
> 한문공이 말하였다. 사람이 고금의 일을 통달하지 못하면 마소가 되어 옷을 입은 것과 같으니라.

【 어 휘 】

襟옷깃 금 襟度, 襟帶, 胸襟　　　　　裾옷섶 거 輕裾

*韓文公(768~824): 당나라 대학자로 이름은 愈, 자는 退之, 文公은 시호이다. 唐宋八大家의 한 사람으로 昌黎先生集이 있다.

● 문법해설

　(1)이 글도 역시 앞의 (2)(3)(4)절의 글과 마찬가지로 不자를 앞세운 가정의 글이다. (2)不通의 通은 '통달하다, 알다'는 뜻. 通의 목적어인 古今은 古典今文을 말한다. (3)馬牛는 '말이나 소가 되어서'라는 술어이고, 襟裾는 도포의 앞 소매와 뒷자락으로 '옷을 입다'는 술어이다. (4)馬牛와 襟裾가 단순히 명사라면 접속사는 而가 아니라 與가 알맞다. 예:[논어]富與貴 是人之所欲也(부와 귀는 사람이 바라는 것이다). (5)而는 전후에 술어가 와서 주로 순접이나 역접으로 쓰인다. 따라서 사람이 고금사를 모르면 '말이나 소가되어서 옷을 입은 것과 같다'는 말이다. 예: [논어]貧而無諂 富而無驕 (가난하나 아첨하지 않고 부유하나 교만하지 않다). (6)이 글은 한유가 아들 符에게 준 장편시(符讀書城南)의 轉結구이고, 다음은 全文이다.

　　　　潢潦無根源　길 위에 고인 물은 근원이 없어

朝滿夕已除 아침에 가득하나 저녁이면 이미 없다네.
人不通古今 사람이 고금의 일을 통달하지 못하면
馬牛而襟裾 마소가 되어 옷을 입은 것과 같으니라.

---

(6) 朱文公曰 家若貧이라도 不可因貧而廢學이요 家若富라도 不可恃富而怠學이니 貧若勤學이면 可以立身이요 富若勤學이면 名乃光榮이니라. 惟見學者顯達이요 不見學者無成이니라. 學者는 乃身之寶요 學者는 乃世之珍이니라. 是故로 學則乃爲君子요 不學則爲小人이니 後之學者는 宜各勉之니라.

주문공이 말하였다. 집이 만약 가난 하더라도 가난으로 인하여 배움을 폐해서는 안 되고, 만약 집이 부유하더라도 부를 믿고 배움을 게을리 해서는 안 된다. 가난하더라도 부지런히 배우면 입신 할 수 있을 것이고, 부유하면서도 만약 부지런히 배운다면 이름이 더욱 빛날 것이다. 오직 배운 자만이 현달함을 보았고, 배운 자가 성공하지 못함을 보지 못했다. 배움은 곧 몸의 보배요, 배운 사람은 곧 세상의 보배이니라. 그러므로 배우면 군자가 되고, 배우지 않으면 소인이 되니, 후세에 배우는 자는 마땅히 각각 힘써야 하느니라.

【어휘】

恃믿을 시 恃賴, 怙恃
顯드러날 현 顯著, 顯達, 顯考
珍보배 진 珍貴, 珍味, 珍羞盛饌

怠게으를 태 怠慢, 怠業, 懶怠
達달할 달 達成, 達觀, 發達
勉힘쓸 면 勉勵, 勉學, 勤勉

• 문법해설

(1) 家若貧(富)의 若은 '만약 ~이라도, ~이면'으로 해석. (2) 不可因貧而廢學의 不可는 廢學에 연결되고, 因貧의 因은 '~인하여, 때문에'로 원인을 나타내고, 而는 순접으로 '~해서'이고, 不可는 '안 된다'는 말로 '폐학은 안 된다'는 뜻이다. (3) 不可恃富而怠學구조 역시 앞글과 마찬가지로 不可는 怠學에 연결되고, 恃富와 怠學은 '술목'구조이다. (4) 貧(富)若勤學의 貧(富)은

[9] 勤學篇 배움을 부지런히 하는 글 · 95

雖貧(富)의 뜻. 勤學은 '술목'구조로 '배움을 부지런히 하다'나 혹은 '부지런히 배우다'로 해석해도 된다. (5)可以立身에서 可以의 以는 원래 수단, 방법, 도구를 나타내는 전치사로 뒤에 명사를 동반한다. 그런데 명사가 없고 동사가 있으면 대명사 之가 생략된 것으로 본다. 이 之는 앞 문장에 있는 것으로 여기서는 勤學을 가리킨다. 또 可以를 뒤에 술어를 동반하는 조술사로 보고 '~할 수 있다'는 뜻으로 해석해도 된다. 立身은 '술목'구조로 '출세하다, 입신양명하다'는 말이다. (6)名乃光榮의 乃는 '이에, 곧'으로 '이름이 곧 빛나고 영화로워진다'는 뜻이다. (7)惟見學者顯達과 不見學者 無成에서 見과 不見을 대비시키고 學者顯達과 學者無成을 목적어로 하였다. 學者와 顯達, 無成은 '주술'관계이다. (8)學者 乃身之寶에서 學者는 '배운 것'. 乃는 뒤에 명사가 오면 연계동사로 본다. 예:[채근담]口乃心之門(입은 마음의 문이다). 身之寶의 之는 관형격조사로 '~의'의 뜻. 學者 乃世之珍의 學者는 '배운 사람'이고 나머지 용법은 앞과 같다. (9)學則乃爲君子에서 乃는 뒤에 동사 爲가 있으므로 부사 '이에, 바로, 곧'의 뜻이고, 爲君子와 爲小人의 爲자는 '~이 되다'라고 해석된다. (10)後之學者는 之가 관형격조사이므로 '후세의 배우는 사람들'로 해석. 宜各勉之에서 宜는 當과 같고, 各은 各各이나 各自의 뜻. 勉之는 之가 '배움'을 의미하는 대사이므로 '배움에 힘써야한다'는 뜻이다.

---

(7)徽宗皇帝曰 學者는 如禾如稻하고 不學者는 如蒿如草로다. 如禾如稻兮여 國之精糧이요 世之大寶로다. 如蒿如草兮여 耕者憎嫌하고 鋤者煩惱니라 他日面墻에 悔之已老로다.

휘종황제가 말하였다. 배운 자는 곡식과 같고 벼와 같으며, 배우지 않은 자는 쑥과 같고 풀과 같도다. 알곡과 같고 벼와 같음이여! 나라의 좋은 양식이고, 세상의 큰 보배로다. 쑥과 같고 풀과 같음이여! 밭을 가는 자가 미워하고 싫어하며 김매는 자가 괴로워하느니라. 훗날 담장에 얼굴을 대하고 뉘우친들 이미 늙었도다.

【 어 휘 】

稻벼 도 稻作, 稻禾, 稻熱病
憎미울 증 憎惡, 憎念, 可憎
鋤호미, 김맬 서 鋤除, 鋤禾
惱번뇌할 뇌 煩惱, 苦惱

蒿쑥 호 蒿矢, 蒿廬
嫌싫어할 혐 嫌疑, 嫌惡, 嫌怨
煩번거로울 번 煩惱, 煩悶, 煩雜
墻(牆)담 장 牆內, 羹牆

*徽宗皇帝(1082~1135): 북송의 황제로 성명은 趙佶이다. 書畫에 뛰어났으나 간신 蔡京 등을 등용하여 政事가 혼란에 빠졌으며, 끝내 金나라 군대에 잡혀 죽었다.

• 문법해설

(1)禾는 기장이나 조를 아우르는 곡식이고 稻는 벼, 蒿는 쑥이고 草는 잡초이다. 學者를 곡식과 벼에, 不學者를 쑥과 풀에 비유하였다. (2)如禾如稻가 國之精糧과 世之大寶의 주어이고, 國之와 世之의 之는 소유격이고, 精糧의 精은 쌀을 정미하게 깎아낸 것으로 '나라의 좋은 양식'을 뜻하고, 大寶는 '세상의 큰 보배'라는 뜻이다. (3)如蒿如草는 耕者가 憎嫌하는 대상이고, 鋤者가 煩惱하는 원인이다. (4)他日面墻의 他日은 훗날 배운 지식을 활용하려 할 때. 面墻은 面壁과 같이 '술목'관계로 '담장을 마주하다'의 뜻이 전하여 '배우지 않아 식견이 천박한 사람'을 이른다. (5)悔之已老의 之는 不學을 의미하는 代詞로 悔의 목적어. 已老는 이미 늙어버렸으니 후회한들 무슨 소용이 있느냐는 뜻이다. 已는 과거형술어와 함께 쓰인다.

(8)論語曰 學如不及이요 猶恐失之니라.
논어에 말하였다. 배움은 미치지 못한 듯이 하고 오히려 잃을까 두려워 할 지니라.

【 어 휘 】

猶오리려 유 猶豫, 猶不足
恐두려울 공 恐喝, 恐怖, 恐慌

● 문법해설

(1)學如不及에서 學如는 '배움이 ~같다'는 뜻이고, 不及은 不足의 뜻. 항상 목표에 도달하지 못하였다는 마음가짐으로 부단히 노력하라는 뜻이다.
(2)猶恐失之에서 猶는 '오히려'의 뜻. 失之는 '술목'관계로 恐의 목적어이고, 之는 '배운 것'을 말하는 代詞이다.

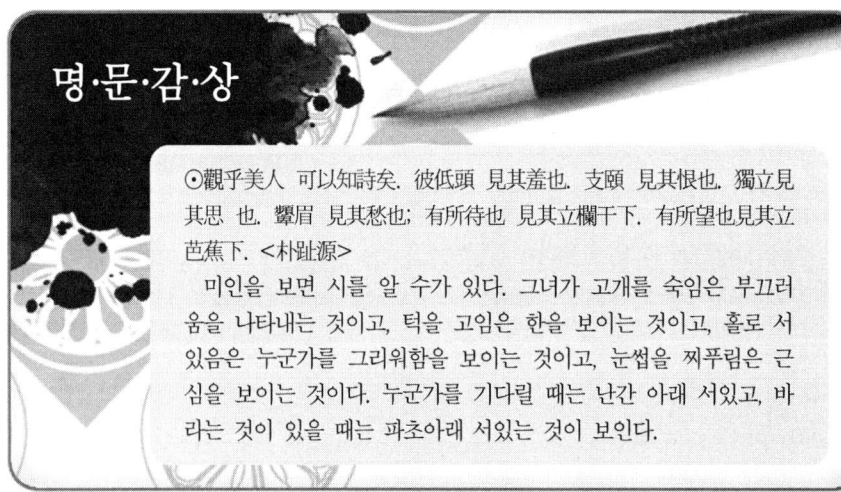

⊙觀乎美人 可以知詩矣. 彼低頭 見其羞也. 支頤 見其恨也. 獨立見其思 也. 顰眉 見其愁也; 有所待也 見其立欄干下. 有所望也見其立芭蕉下. <朴趾源>
　미인을 보면 시를 알 수가 있다. 그녀가 고개를 숙임은 부끄러움을 나타내는 것이고, 턱을 고임은 한을 보이는 것이고, 홀로 서있음은 누군가를 그리워함을 보이는 것이고, 눈썹을 찌푸림은 근심을 보이는 것이다. 누군가를 기다릴 때는 난간 아래 서있고, 바라는 것이 있을 때는 파초아래 서있는 것이 보인다.

訓子篇(자식을 가르치는 글)

자식을 가르치는 일은 예나 지금이나 가장 중요하면서 가장 어려운 일이다. 옛날에는 지금의 지식위주와는 달리 인성교육을 중요시하여 먼저 사람이 된 다음 지식을 습득하고 실천에 옮기도록 하는 지행일치교육을 권면하였다.

> (1)景行錄云 賓客不來면 門戶俗하고 詩書無敎면 子孫愚니라.
> 경행록에 말하였다. 손님이 오지 않으면 문호가 속되고, 시서를 가르치지 않으면 자손이 어리석어지느니라.

【어 휘】
賓손 빈 賓客, 貴賓, 內賓   俗풍속 속 俗談, 俗世, 風俗

• 문법해설

(1)賓客과 不來는 '주술'구조로 뒤에 則자가 생략된 조건문이고, 門戶俗도 '주술'구조로 결과문이다. 門戶는 대문과 방문, 혹은 큰문과 작은 문을 지칭하는데 전하여 집안을 말한다. (2)詩書無敎는 목적어 詩書가 숨어 無敎 앞으로 도치되었는데, 이는 賓客과 詩書, 不來와 無敎를 대구로 만들기 위한 것이다. 無는 不의 뜻이고, 역시 則자가 생략되었다. (3)子孫愚도 門戶俗처럼 '주술'구조로 門戶대 子孫, 俗대 愚로 대가 잘되어 있다. 이 시구는 7言 對句로 운자는 愚이다.

> (2) 莊子曰 事雖小나 不作이면 不成이요 子雖賢이나 不敎면 不明이니라.
> 장자가 말하였다. 일이 비록 작더라도 하지 않으면 이루지 못 하고, 자식이 비록 어질더라도 가르치지 않으면 현명하지 못하느니라.

【어 휘】
雖비록 수 雖然   作지을 작 作業, 作動, 改作, 始作

• 문법해설

(1) 이글은 '雖~, 不~, 不~'이 결합하여 '비록~이라도, ~않으면 ~못하다'로 조건과 결과를 나타낸다. (2) 作은 爲와 같고 小事를 목적어로 하고, 敎는 賢子를 목적어로 한다. 不明은 '지혜가 밝지 못하다'는 말이다. (3) 事雖小와 子雖賢은 주어 事와 子를 문두에 두었는데 雖事小와 雖子賢의 어순을 변형시킨 것이다.

> (3) 漢書云 黃金滿籝이 不如敎子一經이요 賜子千金이 不如敎子 一藝니라.
> 한서에 말하였다. 황금이 상자에 가득함이 자식에게 경서 하나를 가르치는 것만 같지 못하고, 자식에게 천금을 물려주는 것이 자식에게 한 가지 기예를 가르치는 것만 같지 못하느니라.

【어 휘】
籝상자 영 籝金   賜줄 사 膳賜, 下賜, 賜藥
藝재주 예 藝能, 藝術, 曲藝, 文藝

*漢書: 前漢의 高祖에서 王莽까지 229년 동안의 역사를 기록한 책으로 班彪가 시작하고 아들 班固가 이루었으며 그의 누이동생 班昭가 완성했는데 120으로 되어있다.

● **문법해설**

　(1)黃金滿籯은 '주술보'구조로 주어절이다. 滿은 뒤에 '~에'라는 장소를 가리키는 보어가 온다. 예:[四時]春水滿四澤(봄물이 네 못에 가득하다). (2)不如는 'A不如B'형태의 비교문으로 'A가 B만 못하다, B가 A보다 낫다'는 우열비교를 나타낸다. (3)敎子一經과 賜子千金은 '술어+간목+직목'구조로 된 문장으로 敎와 賜는 간접목적어와 직접목적어를 가지는 수여동사이다. 子가 간접목적어(에게)이고 一經과 千金이 직접목적어(을)에 해당한다. 이 문장을 敎一經於子와 賜千金於子로 바꿀 수 있다. (4)이글은 4언과 6언으로 된 좋은 비교문이다.

---

(4)至樂은 莫如讀書요 至要는 莫如敎子니라.
　지극히 즐거운 것은 어떤 것도 책을 읽는 것 만한 것이 없고, 지극히 중요한 것은 어떤 것도 자식을 가르치는 것 만한 것이 없느니라.

【 어 휘 】

至지극할지　至誠, 至極, 冬至　　　　　莫없을 막　莫大, 莫強, 莫上莫下

● **문법해설**

　(1)至는 '지극히'라는 부사로 술어 樂과 要를 수식한다. (2)'A+莫如+B'는 'A는 어떤 것도 B만한 것이 없다, B가 최고다'라는 뜻으로 최상급비교를 나타낸다. 讀書와 敎子가 최고라는 말이다. (3)讀書와 敎子는 '술목'구조로 如의 보어가 된다. (4)莫如는 不如와 보통 같이 해석하지만 莫은 영어의 nothing과 nobody와 같이 '어떤 것(어느 누구)도 ~아니다'의 뜻으로 의미상 최상급이 된다. 예:[묵자]衣莫若新(옷은 어떤 옷도 새것만하지 않다, 새것이 최고다). 하지만 不如는 우열비교로 '~만 못하다'는 뜻이다. 예: 遠親不如近隣(멀리 사는 친척은 가까이 사는 이웃만 못하다).

(5) 呂榮公曰 內無賢父兄하고 外無嚴師友요 而能有成者鮮矣라.

여영공이 말하였다. 집안에 어진 부형이 없고, 밖에 엄한 스승과 벗이 없으면서 성공이 있는 자는 드무니라.

【 어 휘 】

嚴엄할 엄 嚴格, 嚴命, 尊嚴   鮮고을 선 鮮明, 鮮少, 生鮮

*呂榮公(1039~1116): 북송 때의 학자로 이름은 希哲, 자는 原明, 榮陽郡公에 봉해졌으므로 榮公이라 칭하였다.

• 문법해설

(1) 內과 外는 집 안팎을 뜻하는 장소어로 앞에 '~에(於)'를 더해 부사어로 해석한다. (2) 無賢父兄과 無嚴師友에서 無는 동사, 賢과 嚴은 뒤의 父兄과 師友를 수식하는 형용사이다. (3) 而는 '~면서, ~데도'의 역접연사. 能有成이 者를 수식하여 '성공이 있을 수 있는 자'의 뜻으로 주어가 되고 鮮이 술어이다. 鮮은 罕의 뜻으로 '드물다'이다.

(6) 太公曰 男子失敎면 長必頑愚하고 女子失敎면 長必麤疎니라.

태공이 말하였다. 남자가 가르침을 잃으면 장성하여 반드시 미련하고 어리석고 여자가 가르침을 잃으면 장성하여 반드시 거칠고 성기게 되니라.

【 어 휘 】

頑완고 할 완 頑固, 頑强, 頑愚   麤거칠 추 麤麤布
疎(=疏,踈)성길 소 疏隔, 疏漏, 疎外

• 문법해설

(1) 男子失敎와 女子失敎는 '주술목'구조이고, 失敎는 '교육받을 시기를 놓

치다'는 뜻이다. 則이 생략된 가정문이다. (2)長必頑愚과 長必麤疎에서 長은 '성장하다', 頑愚는 '완고하고 어리석은 것'이다. 麤는 粗와 같이 '거칠다'는 뜻. 疎는 密의 상대어로 '성글다'는 뜻이다.

> **(7)男年長大**어든 **莫習樂酒**하고 **女年長大**어든 **莫令遊走**하라.
> 남자 나이가 장대하거든 풍악과 술을 익히지 말도록 하고, 여자 나이가 장대하거든 놀러 다니지 말도록 할지니라.

【 어 휘 】
習익힐 습 習慣, 習性, 練習　　　　令하여금 영 命令, 司令, 令夫人

• 문법해설

(1)男年長大와 女年長大는 '주술'구조이다. 年은 나이로 주어이고, 長大는 長成의 뜻으로 술어이다. (2)莫習樂酒에서 莫은 勿과 같은 금지어. 習은 樂酒를 목적어로 하는데 樂酒는 풍류와 술을 가리킨다. (3)莫令의 令은 사역동사로 '목적어와 동사'를 동반하여 '~로 하여금 ~하게하다'는 뜻이다. 여기서는 목적어 女가 생략되었다. 遊走는 '놀러 돌아다니다'는 뜻이다.

> **(8)嚴父는 出孝子하고 嚴母는 出孝女니라.**
> 엄한 아버지는 효자를 길러내고, 엄한 어머니는 효녀를 길러내느니라.

【 어 휘 】
孝효도 효 孝道, 孝女, 孝心, 忠孝　　　出날 출 出發, 出産, 輸出

• 문법해설

(1)두 문장이 모두 '주술목'의 5언구조이다. 孝子와 孝女는 出의 목적어이다. 出은 出産과 輩出을 뜻한다. (2)嚴父와 孝子는 형용사가 명사를 수식

하는 수식관계의 어휘이다.

> **(9)憐兒**어든 **多與棒**하고 **憎兒**어든 **多與食**하라.
> 아이를 사랑하거든 매를 많이 주고, 아이를 미워하거든 밥을 많이 주라.

【어 휘】

憐사랑할 련 憐憫, 可憐, 哀憐　　棒몽둥이 봉 棍棒, 鐵棒

• 문법해설

(1)憐兒와 憎兒는 '술목'구조로 상대되는 조건문이다. (2)多與는 '많이 주다'는 뜻이다. 수여동사 與의 직적목적어는 棒과 食이고 간적목적어는 兒이다.

> **(10)人皆愛珠玉**이나 **我愛子孫賢**이니라.
> 남들은 모두 주옥을 사랑하지만 나는 자손이 어진 것을 사랑하느니라.

【어 휘】

愛사랑 애 愛國, 愛情, 愛好, 博愛　　珠구슬 주 珠玉, 念珠, 眞珠

• 문법해설

(1)人皆愛珠玉는 '주술목'구조이다. 皆는 '다, 모두'의 뜻으로 복수일 때 쓴다. 珠玉이 愛의 목적어 이다. (2)我愛子孫賢는 '주술목보'구조이다. 我는 주어로 앞의 人의 상대어이다. 愛는 子孫을 목적어로 하고 賢은 목적보어이다.

★★★ 문법으로 배우는 명심보감

 省心篇(마음을 살피는 글)上

省心은 자신의 마음을 되돌아보고 살피는 것이다. 명나라 胡應麟은 箴規, 家訓, 世範, 勸善 등이 성심하는 종류라고 하였다. 이 편이 上下로 문장의 단락이 가장 많은 것도 이러한 여러 가지를 말하였기 때문이다.

> (1)景行錄云 寶貨는 用之有盡이요 忠孝는 享之無窮이니라.
> 경행록에 말하였다. 보화는 쓰면 다함이 있고, 충효는 누려도 다함이 없느니라.

【어휘】

貨재화 화 貨物, 貨幣, 通貨　　　　享누릴 향 享樂, 享祀, 享有

● 문법해설

(1)寶貨와 忠孝는 주어이고 用之와 享之의 之는 寶貨와 忠孝의 代詞로 用과 享의 목적어이다. (2)用之有盡은 用之而有盡과 같은데 而자는 則의 의미로 '~하면'의 뜻이고, (3)享之無窮은 享之而無窮과 같으나 而다음에 부정어가 와서 而자의 뜻이 역접으로 '~하여도'라고 해석된다. (4)寶貨와 忠孝, 有盡과 無窮은 좋은 대구이다.

> (2)家和貧也好어니와 不義富如何오 但存一子孝니 何用子孫多리오.
> 집안이 화목하면 가난해도 좋거니와 의롭지 못하면 부유한들 무엇 하리오. 다만 한 자식이라도 효도하는 자가 있다면 자식이 많은들 무슨 소용이리요.

【 어 휘 】

義옳을 의 義理, 義務, 義士, 正義　　　　用쓸 용 用途, 用例, 用務, 作用

• 문법해설

(1)家和 뒤에 則자가 생략된 가정문이다. 貧也好의 也는 술어 뒤에서 단정이나 강조의 어기사이다. 貧也는 주어로 '가난이'의 뜻인데 술어 好와 함께 '가난해도 좋다'로 번역된다. 혹은 也를 又로 볼 수 도 있다. (2)不義 뒤에도 則자가 생략된 가정문이고, 富如何도 富也如何와 같은 말로 '부유해도 무엇 하겠는가'의 뜻이다. (3)但存一子孝에서 但은 只와 같이 한정부사로 '다만~할 뿐이다'의 뜻이고, 存이 술어, 一子孝가 주어(효도하는 자식 하나 있으면) 뒤에 則자가 빠진 가정문이다. (4)何用은 '무슨 소용인가'로 '아무 소용없다'는 반어문이고, 子孫多는 '자손이 많은 것'이라는 명사절로 주어이다. (5)五言絶句의 문장으로 운자는 짝수행의 끝 글자로 歌운목의 何와 多이다.

(3)父不憂心因子孝요　夫無煩惱是妻賢이라　言多語失皆因酒요　義斷親疎只爲錢이니라.

아버지가 마음에 근심하지 않음은 자식이 효도하기 때문이요, 남편이 번뇌하지 않음은 아내가 어질기 때문이니라. 말이 많고 말을 실수함은 모두 술 때문이요, 의가 끊어지고 친함이 소원해짐은 단지 돈 때문이니라.

【 어 휘 】

煩괴로워할 번 煩惱, 煩悶, 煩雜　　　　惱괴로워할 뇌 苦惱, 煩惱
斷끊을 단 斷念, 斷食, 斷案, 絶斷

• 문법해설

(1)칠언절구로 결과를 먼저 놓고 원인을 뒤에 든 병렬구조의 문장이다.

(2)父不憂心과 夫無煩惱는 '주술'구조로 주어이고, 不은 無와 같고, 因과 是는 술어로 '때문이다'로 해석된다. (3)言多語失과 義斷親疎는 '主述+主述'구조로 된 주어이고, 因과 爲는 술어로 '때문이다'는 뜻. 言은 자신이 하는 말이고, 語는 다른 사람과 대화하는 것이다. (4)父와 夫, 不憂心 無煩惱, 子孝와 妻賢, 言多와 義斷, 語失과 親疎, 皆와 只, 因酒와 爲錢 등이 모두 대구로 교훈적인 칠언절구이다. 운자는 짝수 줄 맨 끝 글자로 先운목의 賢, 錢이다.

(4)旣取非常樂이어든 須防不測憂니라.
이미 평범치 않은 즐거움을 취했거든 모름지기 예측할 수 없는 근심을 방비할지니라.

【어휘】
防막을 방 防備, 防止, 堤防   測잴 측 測量, 推測, 觀測

• 문법해설
(1)非常樂과 不測憂은 取와 防의 목적어. 非常과 樂, 不測과 憂는 수식관계. 旣(already)는 과거시간부사. 須(should)는 必(must)보다는 약한 뜻. (2)앞문장이 조건을 나타내고 뒷문장이 결과를 나타내는 가정문이다. (3)旣와 須, 取와 防, 非常과 不測, 樂과 憂 등은 好對의 5言 詩句이다.

(5)得寵思辱하고 居安慮危니라.
영예를 얻거든 욕됨을 생각하고, 편안함에 거처하거든 위태함을 생각할지니라.

【어휘】
寵사랑할 총 寵兒, 寵愛, 寵臣   慮생각할 려 心慮, 憂慮, 考慮
危위태할 위 危險, 危篤, 安危

• 문법해설

(1)得寵과 思辱은 '술목+술목'구조로 조건과 결과의 글이다. (2)居安과 慮危는 '술보+술목'구조로 역시 조건과 결과를 나타낸다. 居安의 居는 處의 뜻으로 '~에'라는 보어를 필요로 한다. 예: 居山, 居草屋. (3)居安을 安居로 하면 安存과 같이 '편안히 산다'는 뜻이 된다. '~하면(거든) ~하라'는 권유문이다.

> **(6)榮輕辱淺**하고 **利重害深**이니라.
> 영화가 가벼우면 욕됨이 얕고, 이가 무거우면 해가 깊으니라.

【 어 휘 】

輕가벼울 경 輕重, 輕擧, 輕量   淺얕을 천 淺學, 淺深, 淺水

• 문법해설

(1)두 문장이 '주술+주술'의 병렬구조로 '~하면 ~하다'는 원인과 결과의 가정문이다. (2)榮과 利, 輕과 重, 辱과 害, 淺과 深 등은 好對를 이루고 있다.

> **(7)甚愛必甚費**요 **甚譽必甚毀**요 **甚喜必甚憂**요 **甚藏必甚亡**이라.
> 심히 아끼면 반드시 심히 허비하고, 심히 칭찬하면 반드시 심히 헐뜯고, 심히 기뻐하면 반드시 심히 근심하고, (보화를) 심히 감추면 반드시 심히 잃느니라.

【 어 휘 】

甚심할 심 甚難, 甚深, 幸甚   費허비할 비 費用, 浪費, 消費
譽기릴 예 名譽, 榮譽, 稱譽   毀헐 훼 毀譽, 毀損, 毀謗

藏감출 장 藏書, 所藏, 貯藏

● 문법해설

(1) '甚+A+必甚+B' 구조가 4번 반복되어 '심히 A하면 반드시 심히 B하다'는 조건과 결과를 나타내는 가정문이다. (2)甚은 정도부사로 '심히, 매우'의 뜻이다. 愛는 '아끼다'는 뜻. 臟은 '감추다, 뇌물을 받다'는 뜻. 亡은 '잃다'이다. (3)愛는 費가, 譽는 毁가, 喜는 憂가, 臟은 亡이 따른다는 대립어로 된 처세훈이다.

> (8)子曰 不觀高崖면 何以知顚墜之患이며 不臨深淵이면 何以知沒溺之患이며 不觀巨海면 何以知風波之患이리오.
>
> 공자가 말하였다. 높은 벼랑을 보지 않으면 무엇으로 굴러 떨어지는 환난을 알며, 깊은 샘에 임하지 않으면 무엇으로 물에 빠져 죽는 환난을 알며, 큰 바다를 보지 않으면 무엇으로 풍파의 환난을 알리오.

【어 휘】

崖 벼랑 애 斷崖
墜 떨어질 추 墜落, 擊墜
巨 클 거 巨大, 巨物, 巨匠
顚 엎어질 전 顚末, 顚倒, 顚覆
溺 빠질 닉 溺死, 耽溺

● 문법해설

(1) '不+술목+(則)何以+술목'의 구조가 3번 반복되었다. '~않으면, 무엇으로 ~을 하리오' 則이 생략된 가정형의 반어문이다. (2)不觀은 高崖와 巨海를 목적어로 하고, 不臨은 深淵을 보어로 가진다. 臨은 '~에'라는 보어를 필요로 한다. 巨海는 大洋의 뜻. (3)何는 무엇이라는 의문대명사로 以와 함께 '무엇으로'라고 번역된다. (4)'知+A之B'에서 A가 동사이면 'A하는 B'로, A가 명사이면 'A의 B'로 해석된다. 顚墜는 '굴러 떨어지다'이고, 沒溺는 '물에 빠져죽다'는 동사이므로 之를 '~하는'으로 해석하고, 風波는 명사이므로 '~의'로 해석된다. 예: [순자 권학편] 不登高山 不知天之高也 不臨深溪 不

知地之厚也.(높은 산에 오르지 않으면 하늘이 높은 것을 알지 못하고, 깊은 시내에 가보지 않으면 땅이 두터움을 알지 못한다).

> **(9) 欲知未來**인대 **先察已然**이니라.
> 미래를 알고 싶으면 먼저 지나간 일을 살필지니라.

【어 휘】

欲하고자할 **욕** 欲求, 欲望, 欲情　　　　察살필 **찰** 察色, 觀察, 警察

● 문법해설

(1)欲은 '하고 싶다'는 뜻이고, 知는 未來를 목적어로 한 가정형이다. (2)先은 '먼저'라는 부사. 察은 已然(已往)을 목적어로 한 결과문이다. 已然은 已往의 뜻으로 '이미 지나간 일'을 말한다. (3)察은 觀보다 더 '자세히 살펴본다.'는 뜻이다. 비슷한 예문:[관자] 疑今者 察之(於)古 不知來者 視之(於)往(지금을 의심하면 옛것에서 찾고, 미래를 알지 못하면 지나간 일에서 보라).

> **(10) 子曰 明鏡**은 **所以察形**이요 **往古**는 **所以知今**이니라.
> 공자가 말하였다. 밝은 거울은 형상을 살피는 것(수단, 방법)이요, 지나간 일은 지금을 아는 것(수단, 방법)이니라.

【어 휘】

鏡거울 **경** 鏡鑑, 破鏡, 明鏡　　　　往갈 **왕** 往年, 往來, 往復

● 문법해설

(1)明鏡과 往古는 주어이고 往古는 往古之事이다. 察形과 知今은 '술목' 구조로 所以를 수식한다. (2)'所以+동사' 구문은 '~하는 바의 까닭, 이유,

수단, 방법'등의 뜻이다.

> **(11)過去事는 明如鏡이요 未來事는 暗似漆이니라.**
> 지나간 일은 밝기가 거울과 같고, 미래의 일은 어둡기가 칠흑과 같으니라.

【어 휘】

似같을 사 類似, 恰似, 似而非　　　　漆옻 칠 漆器, 漆板, 漆黑

• 문법해설

(1)過去事는 過去之事이고, 未來事는 未來之事이다. 明과 暗은 명사로 주어이고, 如와 似는 '~와 같다'는 술어이다. (2)혹은 明과 暗을 형용사술어로 하고 如와 似와 함께 '~처럼 밝다[어둡다]'로 해석할 수도 있다.

> **(12)景行錄云 明朝之事를 薄暮에 不可必이요 薄暮之事를 哺時에 不可必이니라.**
> 경행록에 말하였다. 내일 아침의 일을 저녁때에 기필할 수 없고, 저녁때의 일을 포시(오후 네 시)에 기필할 수 없느니라.

【어 휘】

薄엷을 박 薄待, 薄福, 野薄　　　　暮저물 모 暮景, 歲暮, 薄暮
哺저녁 때 포 哺夕, 哺時

• 문법해설

(1)明朝之事와 薄暮之事는 의미상 不可必의 목적어. 薄暮는 어슴푸레한 저녁때. 哺時는 申時(오후 3시~5시). (2)必은 술어로 期必(꼭 이루어지기를 기약하다)하다는 뜻이다. 예:[논어] 毋意毋必(사심도 없고 기필도 없다). 不可는 '~할 수 없다'는 뜻으로 必의 助述詞이다.

> (13) 天有不測風雨하고 人有朝夕禍福이니라.
> 하늘에는 예측할 수 없는 바람과 비가 있고, 사람에게는 아침저녁으로 화와 복이 있느니라.

【어 휘】
測 헤아릴 측 測量, 測定, 豫測   夕 저녁 석 夕刊, 夕陽, 朝夕

• 문법해설

(1) 'A有B'는 'A에는 B가 있다'로 해석되는 구문이다. A에 天과 人, B에 風雨와 禍福을 넣어 대비시킨 문장이다. (2) 不測은 風雨를 목적어로하지 않고 不測 뒤에 之를 넣어 風雨를 수식한다. (3) 朝夕은 시간부사로 '아침저녁으로'라고 해석한다.

> (14) 未歸三尺土하여는 難保百年身이요 已歸三尺土하여는 難保百年墳이니라.
> 석 자의 흙 속(무덤 속)으로 돌아가기 전에는 백년간 몸을 보전하기 어렵고, 이미 석 자의 흙 속으로 돌아간 뒤에는 백 년 동안 무덤을 보전하기 어려우니라.

【어 휘】
保 지킬 보 保守, 保證, 安保   墳 무덤 분 墳墓, 古墳

• 문법해설

(1) 未는 '아직 ~하지 않다'는 未來詞. 歸는 '~으로(에) 돌아가(오)다'는 뜻으로 三尺土를 보어로 동반한다. 三尺土는 三尺之土中이니 무덤 속 깊이가 석 자임을 말하고, 未歸三尺土는 '살아있는 이 세상'을 이른다. 百年身이

難保의 목적어이다.

 (2)已는 未의 상대 개념으로 '이미~하였다'는 過去詞이다. 따라서 已歸三尺土는 '이미 죽은 저 세상'을 이른다. 百年墳이 難保의 목적어. 백 년 동안 무덤을 보존하기 어렵다는 것은 그만큼 자손의 효심이 어렵기 때문이다.

> **(15)景行錄云 木有所養**이면 **則根本固而枝葉茂**하여 **棟梁之材成**하고 **水有所養**이면 **則泉源壯而流派長**하여 **灌漑之利博**하고 **人有所養**이면 **則志氣大而識見明**하여 **忠義之士出**이니 **可不養哉**아.
> 경행록에 말하였다. 나무에 기르는 바가 있으면 뿌리가 튼튼하고 가지와 잎이 무성해서 동량의 재목을 이루고, 물에 다스리는 바가 있으면 샘의 근원이 힘차고 물줄기가 길어서 관개의 이익이 넓고, 사람에게 기르는 바가 있으면 지기가 크고 식견이 밝아져서 충의의 선비가 나오니, 가히 기르지 않을 수 있겠는가?

【어 휘】

茂성할 **무** 茂盛, 茂林, 茂才
樑들보 **량** 棟樑
派물갈래 **파** 派閥, 派遣, 黨派
漑물댈 **개** 灌漑

棟기둥 **동** 棟宇, 棟樑
源근원 **원** 源泉, 根源, 水源池
灌물댈 **관** 灌漑, 灌木, 灌腸 I
博넓을 **박** 博識, 博學, 博覽

● 문법해설

 (1)'A+有+所B'는 'A에 B하는 바가 있다'로 해석되고, A자리에 木, 水, 人이 차례로 들어가나 B는 그대로인 구문이 3번 이어진다. (2)根本固而枝葉茂는 '主述+而+主述'구조이다. 根本과 枝葉은 주어이고, 固와 茂가 술어이다. 而는 순접으로 '그리고'로 해석된다. 이와 같은 문장구조가 3번 이어진다. (3)棟樑之材가 주어이고 成은 '되다'라는 자동사. '명사+之+명사'로 된 같은 형태의 글이 3번 이어진다. 이때 之는 소유격조사로 '~의'로 해석된다. (4)泉源과 流派가 주어이고, 壯과 長이 술어이다. 灌漑之利이 주어

이고, 博이 술어이다.　　(5)志氣와 識見이 주어이고, 大와 明이 술어이다. 忠義之士가 주어이고, 出이 술어이다. (6)可不養哉에서 可不은 '~하지 않을 수 있다' 는 뜻이고, 不可는 '~할 수 없다'는 뜻. 可不~哉는 '~하지 않을 수 있겠는가'의 뜻이 되어 반어문이 된다. 哉는 의문이나 반문의 종결사로 '~인가'로 해석된다.

> (16)自信者는 人亦信之하여 吳越이 皆兄弟요 自疑者는 人亦 疑之하여 身外에 皆敵國이니라.
> 자신을 믿는 자는 남도 그를 믿게 되니 오나라와 월나라 같은 적국 사이라도 모두 형제가 되고, 자신을 의심하는 자는 남도 그를 의심 하게 되니 자기 몸 이외 것은 모두 적국이 되느니라.

【어 휘】
吳나라 오 吳越同舟　　　　　　越나라, 넘을 월 越權, 越等, 越南

● 문법해설

(1)自信者는 '목+술+者'구조이다. 自는 대명사이건 부사이건 위치가 항상 동사 앞이다. 따라서 목적어 自가 동사 信앞에 있다. (2)人亦信之의 人은 自의 상대어로 '남, 다른 사람'을 뜻한다. 信之의 之는 自信者의 代詞이다. (3)自疑者 역시 自가 疑의 목적어이고, 疑之의 之는 自疑者의 代詞이다. (4)身外는 '자기 몸 이외의 것'이라는 뜻. 自와 人, 信과 疑, 兄弟와 敵國 등이 모두 대립어 이다.

> (17)疑人莫用하고 用人勿疑니라.
> 사람을 의심하거든 쓰지 말고, 사람을 쓰거든 의심하지 말지니라.

【어휘】

疑의심할 의 疑問, 疑心, 懷疑   勿말 물 勿驚, 勿論, 勿施, 勿入

• 문법해설

(1)疑人과 用人은 '술목'구조이고, 뒤에 則이 생략된 가정문이다. (2)莫은 勿과 같은 금지사로 '~하지 말라'는 뜻이다.

> (18)諷諫云 水底魚天邊雁은 高可射兮低可釣이니라. 惟有人心 咫尺 間에 咫尺人心不可料니라.
>
> 풍간에 말하였다. 물 밑의 물고기와 하늘가의 기러기는 높이 하늘에 있어도 쏘아 잡을 수 있고, 낮게 물속에 있어도 낚을 수 있거니와, 오직 사람의 마음은 바로 지척 간에 있어도 그 지척 간에 있는 사람의 마음 은 헤아릴 수 없느니라.

【어휘】

諷풍자할 풍 諷刺, 諷諫, 諷詠   諫간할 간 諫言, 諫爭, 忠諫
底밑 저(명) 底力, 底邊, 海底   射쏠 사 射擊, 射殺, 放射線
釣낚시 조 釣船, 釣竿, 釣叟   咫지척 지 咫尺
尺자 척 尺度, 尺牘, 咫尺   料헤아릴 료 料金, 料理, 給料

*諷諫: 윗사람의 잘못을 넌지시 알려드리는 것으로 直諫의 반대이다. 여기 諷諫의 작자는 누가 인지 분명하지 않다.

• 문법해설

(1)水底魚와 天邊雁은 주어이나 의미상으로 可釣와 可射의 목적어이다. 水底와 天邊은 魚와 雁을 수식한다. (2)咫尺은 매우 가깝거나 한자(一尺)가 못되는 것을 말한다. 咫는 8寸이고 尺은 10寸이다. 人心은 不可料의 목적어 이다.

(19)畵虎畵皮難畵骨이요 知人知面不知心이니라.
　범을 그리되 가죽은 그릴 수 있으나 뼈는 그리기 어렵고, 사람을 알되 얼굴은 알지만 마음은 알지 못하느니라.

【어 휘】

畵그림, 그릴 **화** 畵家, 畵幅, 畵壇　　　　骨뼈 골 骨格, 骨折, 骨肉

• 문법해설

　(1)畵는 虎, 皮, 骨을, 知는 人, 面, 心을 목적어로 하는 '술목'이 병렬로 된 대구이다. (2)畵皮는 可以畵皮와 같은 말이고 皮는 외형을 말한다. 畵骨의 骨은 내면을 말하므로 그리기 어렵다는 뜻이다. 畵皮 다음에 而자를 넣으면 알기 쉽다. (3)知面은 可以知面과 같은 말이고, 인과 면은 외형이고 心은 내면이므로 알기 어렵다.

(20)對面共話하되 心隔千山이니라.
　얼굴을 맞대고 함께 이야기하되 마음은 천산을 격해 있느니라.

【어 휘】

話말씀 **화** 話題, 話術, 談話　　　　隔막힐 **격** 隔離, 隔世, 間隔

• 문법해설

　(1)對面은 '술목'구조이고, 共話는 '부술'구조이다. (2)心이주어, 隔이 동사, 千山이 목적어로 '主述目'구조이다. 또는 千山을 보어로 하여 '천산으로 막혀있다'고 해석해도 된다. (3)얼굴은 마주보고 이야기를 하지만 마음은 소통이 안 되어 모른다는 뜻이다.

(21)海枯終見底나 人死不知心이니라.
바다는 마르면 마침내 그 밑바닥을 볼 수 있으나, 사람은 죽어도 그 마음을 알지 못하느니라.

【어휘】

海바다 해 海洋, 海邊, 四海   枯마를 고 枯渴, 枯木, 榮枯

• 문법해설

(1)海枯와 人死는 대구로 '주술'구조이고, 뒤에 而자가 빠진 가정형이다. (2)終은 '마침내'라는 부사로 '술목'관계인 見底를 수식한다. 혹은 見底를 도치된 '주술'관계로 보고 '밑바닥이 드러난다'라고 해석할 수도 있다. 이때 見은 '현'으로 발음한다. (3)이글의 出典은 당나라 杜荀鶴의 '感寓'라는 시다. 深과 心이 韻字이다.

　　　　大海波濤淺　큰 바다의 파도는 얕고,
　　　　小人方寸深　소인의 마음은 깊네.
　　　　海枯終見底　바다는 마르면 마침내 그 밑바닥을 볼 수 있으나,
　　　　人死不知心　사람은 죽어도 그 마음을 알지 못하느니라.

(22)太公曰 凡人은 不可逆相이요 海水는 不可斗量이니라.
태공이 말하였다. 평범한 사람은 미리 점칠 수 없고, 바닷물은 말[斗]로 헤아릴 수 없느니라.

【어휘】

逆거스를 역 逆境, 逆說, 逆流   相상볼 상 觀相, 宰相, 眞相

• 문법해설

 (1)凡人과 海水는 대구로 주어이나 의미상으로는 逆相과 斗量의 목적이 된다. (2)不可는 '~할 수 없다'는 뜻으로 뒤에 술어가 온다. 이 술어동사가 타동사이면 그 목적어는 문두에 위치한다. 예: 落葉不可掃(낙엽은 쓸 수 없다). (3)逆相의 逆은 '미리'라는 부사로 동사 相을 수식한다. (4)逆相을 貌相으로 된 것도 있는데 斗量과의 대구로는 적절하다. '얼굴로 상을 보다'와 '말로 헤아리다'는 좋은 대가 되기 때문이다.

> (23)景行錄云 結怨於人을 謂之種禍요 捨善不爲를 謂之自賊 이니라.
> 경행록에 말하였다. 남과 원수를 맺는 것을 재화의 씨를 심는다하고, 선을 버리고 하지 않는 것을 스스로를 해친다고 하느니라.

【어 휘】

謂이를 위 所謂
捨버릴 사 捨生, 取捨, 喜捨

種종자, 심을 종 種子, 種類, 種樹
賊도둑, 해칠 적 賊徒, 賊心

• 문법해설

 (1)結怨은 '술목'관계이고 於人은 '남에게'라는 보어이다. (2)謂之의 之는 結怨於人을 가리키는 代詞이다. 種禍는 '술목'관계이고, 謂자는 목적어와 목적보어를 동반하여 '~을 ~라고 이른다'로 해석한다. 예: [資治通鑑]德勝才者 謂之君子(덕이 재주보다 나은 사람, 이를 군자라고 이른다). (3)捨善은 '술목'관계이고, 不爲는 善을 목적어로 한다. (4)謂之의 之는 捨善不爲의 대사이고, 自賊의 自는 賊의 목적어이지만 항상 동사 앞에 위치한다. (5)謂之를 之謂로 해도 뜻은 마찬가지다. 다만 문법적으로 謂之의 之는 代詞이지만 之謂의 之는 단순히 목적어를 강조하려 앞으로 도치시켰다는 것만을 나타내는 역할만 한다. 예:[중용]天命之謂性(천명을 성이라 이른다).

(24) 若聽一面說이면 便見相離別이니라.
만약 한 편의 말만 들으면 곧 서로 이별함을 볼 것이니라.

【어 휘】

便오줌 변, 便所; 편할 편 便利　　　　離떠날 리 離別, 亂離, 隔離

● 문법해설

(1) 若은 '만약'이라는 뜻으로 조건절을 만든다. 聽은 一面說을 목적어로 하고, 聽은 귀를 기우려 듣는 것이니 聞보다는 심화된 뜻이다. (2) 便見의 便은 '바로, 곧, 문득'의 부사로 발음은 '변'이다. 見은 相離別을 목적어로 하여 '~을 보다'로 하여도 되고, 또는 見을 피동형으로 하여 '~을 당하다'로 해도 된다. 예:[어부사] 是以見放(이런 까닭으로 추방을 당했다).

(25) 飽煖에 思淫慾하고 飢寒에 發道心이니라.
배부르고 따뜻하면 음욕을 생각하고, 굶주리고 추우면 도심을 발하느니라.

【어 휘】

飽배부를 포 飽食, 飽滿, 飽和　　　煖따뜻할 난 煖氣, 煖爐, 煖坑
淫음란할 음 淫蕩, 淫亂　　　　　　飢주릴 기 飢饉, 飢餓, 飢渴

● 문법해설

(1) 飽煖은 飽食暖衣의 주림말로 '배불리 먹고 따뜻이 옷을 입는다'는 뜻의 가정형이다. 思淫慾은 '술목'구조이다. (2) 飢寒은 飢饉寒冷으로 '배고프고 춥다'는 뜻의 가정형이고, 發은 道心을 목적어로 가진다. (3) 飽煖과 飢寒, 淫慾과 道心은 상대 개념의 오언대구이다.

[11] 省心篇 마음을 살피는 글 上 · 119

> **(26) 疏廣曰 賢人多財則損其志**하고 **愚人多財則益其過**니라.
> 소광이 말하였다. 어진 사람이 재물이 많으면 그 뜻을 손상하고, 어리석은 사람이 재물이 많으면 그 허물을 더하느니라.

【어 휘】
財재물 재 財産, 財物, 橫財   益더할 익 益鳥, 利益, 損益

*疏廣: 한나라 때 사람으로 자는 仲翁. 宣帝 때 太子의 太傅가 되었다.

● 문법해설

(1) '주+술(則)+술+목'으로 된 가정문이다. 則을 생략해도 된다. 賢人과 愚人은 주어, 多財는 술어이다. (2) 損과 益은 志와 過를 목적어로 하고, 其는 賢人과 愚人을 가리키는 대명사.

> **(27) 人貧智短**하고 **福至心靈**이니라.
> 사람이 가난하면 지혜가 짧아지고, 복이 이르면 마음이 영통해지느니라.

【어 휘】
短짧을 단 短髮, 短點, 長短   靈신령 령 靈魂, 靈感, 妄靈

● 문법해설

(1) '주+술(則)주+술'로 된 가정문이 병렬되어 있다. (2) 人貧과 智短이 '주술'구조이고, 福至와 心靈도 '주술'구조이다. (3) 人貧智短은 人富智長의 상대어이고, 福至心靈은 禍來神昧의 상대가 되는 대칭관계의 말이다. 靈은 昧의 상대어이니 '靈明하다, 靈通하다'는 뜻이다.

> (28) 不經一事면 不長一智니라.
> 한 가지 일을 겪지 않으면 한 가지 지혜가 자라지 않느니라.

【 어 휘 】

經지날, 겪을 경 經濟, 經緯, 經驗

• 문법해설

(1) 不經은 一事를 목적어로 하나, 不長은 一智를 목적어로 하면 '一智를 成長시키지 못 한다'로 하면 좀 어색하다. 따라서 一智를 주어로 보고 '一智가 자라지 않는다'로 하면 매끄럽다. (2) '不~ 不~' 구문은 앞이 조건이고 뒤가 결과이다. 예:[후한서] 不入虎穴 不得虎子(호랑이 굴에 들어가지 않으면 호랑이 새끼를 잡지 못한다).

> (29) 是非終日有라도 不聽自然無니라.
> 시비가 종일토록 있더라도 듣지 않으면 자연히 없어지느니라.

【 어 휘 】

終마침 종 終結, 終末, 終身, 臨終   聽들을 청 聽覺, 傾聽, 聽許

• 문법해설

(1) 是非가 주어, 終日은 부사로 '온 종일', 有가 술어이며, 가정의 양보절이다. (2) 不聽의 목적어는 是非로 조건문이고, 自然無가 결과문이다.

> (30) 來說是非者는 便是是非人이니라.
> 와서 시비를 말하는 자는 이가 곧 시비하는 사람이니라.

【 어 휘 】
說말씀 설 說敎, 說明, 說話			便곧, 문득, 당장 변 便是곧 ~이다.

• 문법해설

 (1)來와 說사이에 而를 넣어 來而說로 한다. 是非는 說의 목적어가 되어 뒤의 者를 수식한다. (2)便是의 是는 부사에 붙는 繫辭로 '바로 ~이다'의 뜻이다. 只是, 都是, 卽是 등이 같은 경우이다. (3)이 是는 是非人을 보어로 가진다. 是非者와 是非(之)人은 같은 말이다.

> (31)擊壤詩云 平生에 不作皺眉事하면 世上에 應無切齒人이라. 大名 豈有鐫頑石가 路上行人口勝碑니라.
> 격양시에 말하였다. 평생에 눈썹 찌푸릴 일을 하지 않으면 세상에 응당 이를 갈 사람이 없으리라. 큰 이름을 어찌 무딘 돌에 새길 것이 있겠는가. 길가는 사람의 입이 비석보다 나으니라.

【 어 휘 】
皺주름 추 皺面, 皺眉			眉눈썹 미 眉目, 眉間, 蛾眉
齒이빨 치 齒牙, 齒列, 年齒		鐫새길 전 鐫刻, 鐫金

• 문법해설

 (1)皺眉事와 切齒人은 '술+목+명사'형으로 '술목'이 명사를 수식하여 皺眉之事와 切齒之人과 같다. 皺眉事는 不作의 목적어이고 뒤에 則자가 생략된 가정문이다. (2)應無切齒人에서 應은 當과 같은 부사어이고, 切齒人은 無의 주어이다. (3)大名은 鐫의 목적어로 도치되었고, 鐫頑石은 鐫於頑石과 같은 말로 '단단한 돌에 이름을 새기다'는 뜻이고, 豈는 반어문을 이끈다. (4)路上行人이 口를 수식하고, 口勝碑는 口勝於碑로 於는 '보다'의 뜻이고, 勝은 '낫다'는 뜻이다. 이처럼 '낫다'는 뜻일 때는 뒤에 於를 넣어 해석해야

한다. 예: 薄薄酒勝茶湯(박주도 차보다 낫다). 綠陰芳草勝花(녹음방초가 꽃보다 낫다). 1, 2구는 좋은 7언 대구이다.

> (32) 有麝自然香이니 何必當風立건가.
> 사향이 있으면 자연히 향기가 나는데, 어찌 반드시 바람을 향하여 서겠는가.

【 어 휘 】

麝사향누루 사 麝香　　　　　　立설 립 立身, 立案, 立體, 獨立

● 문법해설

(1) 有麝뒤에 則이 빠진 가정형이고, 自然은 부사로 술어 香(향기가 나다)을 수식한다. (2) 何必은 '어찌 반드시, 어찌 ~할 필요가 있는가?'의 뜻이다. 當風立은 當風而立으로 '바람을 마주하고 서다'로 해석된다. 이글은 반어문이다. (3) 사향노루, 즉 훌륭한 사람은 저절로 향기가 나는 법인데 일부러 바람 앞에 서서 향기를 전할 필요가 없다는 뜻이다.

> (33) 有福莫享盡하라 福盡身貧窮이요, 有勢莫使盡하라 勢盡寃 相逢이니라. 福兮常自惜하고 勢兮常自恭하라. 人生驕與侈는 有始多無終이니라.
> 복이 있어도 누리기를 다하지 말라. 복이 다하면 몸이 빈궁해질 것이요. 권세가 있어도 부리기를 다하지 말라. 권세가 다하면 원통한 사람과 서로 만나느니라. 복이여! 항상 스스로 아끼고, 권세여! 항상 스스로 공손 하라. 사람이 살면서 교만한 것과 사치한 것은 시작은 있으나 끝이 없는 경우가 많으니라.

【 어 휘 】

寃원통할 원 寃魂, 寃痛, 寃鬼　　　　惜아낄 석 惜別, 惜敗, 愛惜
驕교만할 교 驕慢, 驕奢, 驕色　　　　侈사치할 치 奢侈, 侈心

[11] 省心篇 마음을 살피는 글 上 · 123

• 문법해설

(1)有福(勢)는 '복(세력)이 있어도'라는 양보의 뜻. 莫享盡과 莫使盡은 '죄다 누리지 말라, 죄다 부리지 말라'는 권유의 말. 福(勢)盡 뒤에 則을 넣어 '복(권세)이 다하면'의 가정형으로 한다. (2)身貧窮은 身이 주어 貧窮이 술어이다. 冤相逢은 冤은 冤人으로 주어위치에 있지만 相逢의 목적어처럼 해석된다. (3)福(勢)兮에서 주어에 이은 兮는 영탄조의 어기사로 '~이여, ~인가'의 뜻이다. 常自惜의 惜은 福을 목적어로 '스스로 복을 아끼다'는 뜻이고, 常自恭의 恭은 자동사로 '스스로 공손하다'로 해석한다. (4)人이 주어, 生이 술어, 驕與侈는 보어, 與는 而와 같은 뜻이다. (5)有始 다음에 而자를 넣어 역접으로 해석한다. 多無終은 '끝이 없는 것이 많다'는 뜻이다. (6)有, 無, 多, 少 등은 의미상의 주어(보어)가 뒤에 온다. 예: 有情, 無識, 多財, 少言 등. 이 글은 오언절구의 형식을 취한 律詩로 韻字는 窮, 逢, 恭, 終이다.

> (34)王參政四留銘曰 留有餘不盡之巧하여 以還造物하고 留有餘不盡之祿하여 以還朝廷하고 留有餘不盡之財하여 以還百姓하고 留有餘不盡之福하여 以還子孫이니라.
>
> 왕참정사류명에 말하였다. (1)여유가 있어 다 쓰지 않는 재주를 남겨서 조물주에게 돌려주고, (2)여유가 있어 다 쓰지 않은 봉록을 남겨서 조정에 돌려주고, (3)여유가 있어 다 쓰지 않은 재물을 남겨서 백성에게
> 돌려주고, (4)여유가 있어 다 누리지 않은 복을 남겨서 자손에게 돌려줄 지니라.

【어휘】

巧재주 교 巧妙, 巧拙, 巧言令色
祿녹봉 녹 祿俸, 祿爵, 國祿

造지을 조 造物主, 造花, 改造
廷조정 정 廷論, 法廷, 朝廷

*王參政: 북송 眞宗 때 명재상이다. 이름은 旦, 자는 子明, 시호는 文正이다.

• 문법해설

(1)四留銘은 모두 쓰지 않고 남겨두어야 할 것에 대하여 마음에 새기는 4가지 글을 말한다. '留有餘+不盡之+(名)+以+還+(目)'로 된 형태의 글이 4번 나온다. (2)留有餘不盡之巧에서 留有餘를 有餘留로 함이 좋다. 留는 '남기다'는 뜻. 巧는 技巧나 재주라는 뜻. 有餘는 '여유가 있다'는 뜻. 不盡之의 之는 관형격조사로 뒤의 명사 巧(祿, 財, 福)를 수식하고, 이들 명사는 앞에 있는 留의 목적어가 된다. (3)以還造物의 以는 以此로 '이렇게 남겨서, 남김으로써'의 뜻. 還은 '~에게 돌려주다'의 뜻이고, 造物(朝廷, 百姓, 子孫)은 보어이다. 造物은 造物主를 말한다. (4)巧는 造物主에게, 祿은 朝廷에, 財物은 百姓에게, 福은 子孫에게 남겨 주라는 교훈이다.

> (35)黃金千兩이 未爲貴요 得人一語가 勝千金이니라.
> 황금 천 냥이 귀한 것이 아니요, 덕망 있는 사람의 좋은 말 한 마디는 천금보다 나으니라.

【 어 휘 】

兩두 량 兩班, 兩立, 兩家   勝이길 승 勝利, 勝景, 名勝地

• 문법해설

(1)黃金千量이 주어. 未爲貴에서 爲가 '~이다'라는 술어이고 貴가 보어이다. (2)得人의 得은 德과 같은 뜻이다. 黃金과 得人은 수식관계의 대구이므로 得人은 德人이다. 예: [한서] 漢之得人 於妓爲盛(한나라의 덕망 있는 사람들이 이때 성대하였다). (3)勝千金의 勝은 '보다 낫다'는 뜻. 예: 綠陰芳草勝花(녹음방초가 꽃보다 낫다). 金이 운자인 7언 대구이다.

(36) 巧者는 拙之奴요 苦者는 樂之母이니라.
　재주 있는 자는 재주 없는 이의 종이요, 괴로움은 즐거움의 어머니이니라.

【어 휘】
拙졸할 졸 拙劣, 拙速, 拙作　　　　　奴종 노 奴隷, 奴婢, 守錢奴

● 문법해설

　(1)巧者와 苦者 뒤에 是가 생략된 것으로 보면 拙之奴와 樂之母는 보어이고, 是가 생략된 것이 아니면 拙之奴와 樂之母는 명사술어이다. (2)巧者는 '재주 있는 자'이고, 苦者는 '괴로운 것'이다. 拙은 巧의 상대어로 拙者의 뜻이다. (3)巧者와 苦者는 대구이므로 '공교로움', '괴로움'으로 해석하고, 拙과 樂도 '졸렬함', '즐거움'으로 해석해도 된다. (4)之는 관형격조사로서 앞뒤가 명사이므로 '~의'로 해석된다. 5언 대구이다.

(37) 小船은 難堪重載요 深逕은 不宜獨行이니라.
　작은 배는 무겁게 싣는 것을 견디기 어렵고, 으슥한 길은 혼자 다니기에 마땅치 않으니라.

【어 휘】
船배 선 船舶, 船員, 漁船　　　　　堪견딜 감 堪耐, 堪當, 堪輿
載실을 재 揭載, 滿載, 連載　　　　　逕길 경 石逕

● 문법해설

　(1)小船이 주어. 難堪은 重載를 목적어로 한다. 重載는 '무겁게 싣는 것'이고, 獨行은 '혼자 가는 것'이란 뜻으로 상대어로 쓰였다. (2)深逕이 주어,

不宜가 술어, 獨行이 보어이다. 逕은 '지름길, 좁은 길'이고, 宜는 當과 같이 '마땅하다'는 뜻이다.

> (38)黃金이 未是貴요 安樂이 值錢多이니라.
> 황금이 귀한 것이 아니요, 편안하고 즐거움이 돈보다 값어치가 많으니라.

【 어 휘 】

値값(할) 치 價値, 數値, 絶對値   錢돈 전 錢穀, 錢主, 金錢

• 문법해설

(1)黃金 未是貴는 본장 (35)절의 黃金千量 未爲貴와 같은 말이다. (2)黃金과 安樂이 주어이고, 未是貴의 是는 爲와 같이 연계동사이다. (3)值錢多는 值多錢이 도치된 것으로, 多는 '많다, 낫다, 뛰어나다'는 뜻이 있어 '값어치가 돈보다 많다[낫다]'라는 뜻이 된다. 예:[도덕경]名與身 孰親 身與貨 孰多(명예와 몸은 어느 것이 나에게 친밀하고, 몸과 재화는 어느 것이 나에게 나으냐). (4)多는 주로 명사 앞에 온다. 예: 多才多能, 多情多感, 多事多難. 5언 대구의 운자가 多이므로 도치되었다.

> (39)在家에 不會邀賓客이면 出外에 方知少主人이니라.
> 집에 있을 때에 손님을 맞이할 줄 알지 못하면 밖에 나갔을 때에 바야흐로 반갑게 맞이하는 주인이 적은 줄 아느니라.

【 어 휘 】

會모일, 알 회 會得, 會談, 機會   邀맞을 요 邀擊, 邀招

● 문법해설

 (1)在家는 在家之時와 같으니 '집에 있을 때'의 뜻이다. 不會는 不知와 같은 뜻이고, 邀賓客은 '술목'구조로 不會의 목적어가 된다. 가정의 조건문이다. (2)出外는 出外之時와 같으니 '밖에 나갔을 때'이다. 方은 시간부사로 '바야흐로, 그제 서야'의 뜻이다. 少主人의 少는 보어인 主人과 명사구로 知의 목적어가 된다. (3)少도 多처럼 뒤에 보어를 취하나 해석상 의미상주어가 뒤에 온다. 예:[최치원] 擧世 少知音(온 세상에 지음이 적다). [구양수] 紅顔勝人 多薄命(홍안이 남보다 나은 사람은 명 짧음이 많다). (4)在家와 出外, 不會와 方知, 邀와 少, 賓客과 主人 등이 대를 이룬 7언 대구로 운자는 人이다.

> (40)貧居鬧市無相識이요 富住深山有遠親이니라.
> 가난하면 번화한 시장거리에 살아도 서로 아는 이가 없고, 부유하면 깊은 산 중에 살아도 먼 데서 찾아오는 친구가 있느니라.

【 어 휘 】

鬧시끄러울 요 鬧市 요란　　　　　　市저자 시 市場, 市民, 市廳

● 문법해설

 (1)가정문으로 貧과 富뒤에 則이 생략되었다. (2)居鬧市는 居於鬧市고 住深山은 住於深山으로 양보문이다. (3)無相識은 近而無相識의 뜻으로 '가까이 살아도 아는 사람이 없다'이고, 有遠親은 遠而有相親의 뜻으로 '멀리 살아도 친한 사람이 있다'는 뜻이다. (4)貧과 富, 居鬧市와 住深山, 無相識과 有遠親이 대를 이룬 7언 대구시로 운자는 親이다.

(41) 人義는 盡從貧處斷이요 世情은 便向有錢家니라.
사람의 의리는 다 가난한 데서 끊어지고, 세상의 인정은 곧 돈 있는 집으로 향하느니라.

【어휘】

處곳, 살 처 處理, 處世, 善處   向향할 향 向方, 向背, 向上

• 문법해설

(1) 人義가 주어, 盡은 '모두, 다'의 부사. 從은 '~로 부터'의 전치사로 貧處를 목적어로 가진다. 斷은 人義가 '끊어진다'는 문장의 술어이다. (2) 世情이 주어, 便은 '곧, 바로'의 부사, 동사 向은 有錢家를 목적어로 한다. 有錢家는 有錢之家로 '돈 있는 집'의 뜻이다. (3) 명사 人義와 世情, 부사 盡과 便이 대를 이룬 7언구로 운자는 家이다.

(42) 寧塞無底缸이언정 難塞鼻下橫이니라.
차라리 밑 빠진 항아리는 막을지언정, 코 아래 가로 놓인 것(입)은 막기 어려우니라.

【어휘】

寧차라리 영 寧爲鷄口; 편할 영 安寧   缸항아리 항 魚缸
塞막을 색 塞源, 窘塞; 변방 새 要塞   鼻코 비 鼻炎, 鼻祖, 鼻笑

• 문법해설

(1) '寧+難(不, 勿, 無, 莫)'은 '차라리 ~일지언정 ~어렵다(말라)'라는 선택형비교를 나타낸다. 예:[사기] 寧爲鷄口 無爲牛後(차라리 닭의 부리가 될지언정 소 궁둥이는 되지 말라). (2) 無底缸은 無底之缸으로 '밑이 없는 항아리'의 명사구로 동사 塞의 목적어가 된다. (3) 難塞는 鼻下橫을 목적어로

한다. 鼻下橫은 '코밑에 가로놓인 것'으로 입을 말한다. 難과 易등은 뒤에 보어를 가지는데 주어처럼 해석한다. 예: [주자]少年易老 學難成(젊은 나이는 늙기 쉽고 학문은 이루기 어렵다).

> **(43)人情은 皆爲窘中疎니라.**
> 사람의 정분은 다 군색한 가운데서 소원하게 되느니라.

【어휘】
窘군색할 군 窘塞, 窘乏　　　　　疎트일 소　疎漏, 疎外, 疎隔

• 문법해설

(1) '주어+술어'로 된 구문으로 人情은 주어, 皆는 '다, 모두'의 부사, 窘中은 '군색한 가운데'의 부사구이다. 疎(성글다, 멀다)는 爲의 보어로 爲疎가 되어 '소원하게 되다'로 해석된다. (2)爲는 '되다'는 뜻으로 피동이 된다. 예:[시경] 高岸爲谷 深谷爲陵(높은 언덕은 골짝이 되었고, 깊은 골짝은 언덕이 되었다).

> **(44)史記曰 郊天禮廟는 非酒不享이요 君臣朋友는 非酒不義요 鬪爭相和는 非酒不勸이라 故로 酒有成敗而不可泛飲之니라.**
> 사기에 말하였다. 하늘에 제사하고 사당에 제례올림에는 술이 아니면 제향을 올리지 못하고, 임금과 신하, 벗과 벗 사이에는 술이 아니면 신의가 돈독하지 못하고, 싸움을 하고 서로 화해함은 술이 아니면 권하지 못한다. 그러므로 술은 성공과 실패가 있어 함부로 마시지 못하느니라.

【어휘】
郊들, 제사지낼 교 郊外, 近郊　　　廟사당 묘 廟堂, 家廟, 宗廟
鬪싸움 투 鬪爭, 鬪牛, 戰鬪　　　　勸권할 권 勸告, 勸誘, 勸善懲惡

敗패할 **패** 敗北, 勝敗, 失敗　　　　　泛뜰, 넘칠 **범** 泛舟, 泛[汎]稱

*史記: 한나라의 司馬遷이 黃帝로부터 한나라 武帝때까지 약3천년의 역사를 기록한 歷史책이다.

● 문법해설

　(1)郊天은 '하늘에 제사지내다'는 뜻이고, 禮廟는 '종묘에서 제례를 올리다'는 뜻의 '述補'구조이다. (2)非酒不享(義, 勸)은 '부정조건절＋부정결과절'의 형태로 '~이 아니면 ~못하다'는 이중부정이다. 非는 명사를 부정하고 不을 술어를 부정한다. 예:[명심보감] 非人不忍 不忍非人(사람이 아니면 참지 못하고, 참지 못하면 사람이 아니다). (3)君臣간에는 義가 있어야하고, 朋友간에는 信이 있어야한다. 不義의 義는 信을 포함하여 信義의 뜻으로 해석해야 한다. 君臣과 朋友의 義理가 더욱 돈독해지려면 술을 마시며 虛心坦懷하게 흉금을 털어놓아야 한다는 뜻이다. (4)酒有成敗는 '술은 적당히 마시면 일을 성공시키지만 지나치게 마시면 일을 그르친다.'는 말이다. 而는 '그래서'이고, 不可는 '안 된다'는 뜻이다. 泛飮之는 '넘치도록 마시다'는 뜻이고 之는 酒를 가리키는 代詞이다. (5)술이 꼭 필요한 경우로 첫째 제사지내는 데(非酒不享), 둘째 군신간에 신의를 쌓는 데(非酒不義), 셋째 싸움을 화해시키는 데(非酒不勸)를 제시하고 있다.

(45)子曰 士志於道而恥惡衣惡食者는 未足與議也니라.
공자가 말하였다. 선비가 도에 뜻을 두면서 나쁜 옷과 나쁜 음식을 부끄러워하는 자는 더불어 도를 의논할 수 없느니라.

【어휘】
恥부끄러울 **치** 恥辱, 恥部, 廉恥　　　　議의논할 **의** 議論, 議會, 合議

● 문법해설

(1)士志於道는 士가 주어, 志가 술어, 於道는 보어로 '주술보'구조이다. (2)恥가 술어, 惡衣惡食이 목적어로 '술목'구조이다. 즉 惡(나쁜)는 衣와 食을 수식하여 恥의 목적어가 되고 다시 者를 꾸며 주어가 된다. 즉 恥惡衣(食)之者 '나쁜 옷(음식)을 부끄러워하는 자'가 다음말의 주어이다. (3)未足는 不可와 같이 '~할 수 없다'는 뜻. 전치사 與(with)뒤에는 앞에 나온 '~者'가 생략된 것으로 보면 이해가 쉽다. 議는 도를 의논하다는 뜻이다.

(46)荀子曰 士有妬友則賢交不親하고 君有妬臣則賢人不至라.
순자가 말하였다. 선비가 질투하는 벗이 있으면 어진 벗이 가까이 하지 않고, 임금이 질투하는 신하가 있으면 어진 사람이 오지 않느니라.

【 어 휘 】
妬시샘할 투 妬忌, 嫉妬   交사귈 교 交換, 交際, 親交

● 문법해설

(1)두 문장의 문장구조가 똑 같다. 妬友와 賢交는 '수식'관계 어휘이다. 賢交는 善友로 재능과 덕망이 있는 선비를 이르고, 不親은 가까이 하지 않는다는 뜻이다. (2)賢交와 不親, 賢友와 不至는 '주술'관계이다. (3)士와 君, 妬友와 妬臣, 賢交와 賢人, 不親과 不至는 모두 상대어이다.

(47)天不生無祿之人하고 地不長無名之草니라.
하늘은 녹 없는 사람을 내지 않고, 땅은 이름 없는 풀을 기르지 않느니라.

【 어 휘 】
長기를 장 成長, 長短, 長技   草풀 초 草家, 草木, 草食, 草案

● 문법해설

(1)天과 地는 주어. 不生과 不長은 타동사로 뒤에 오는 '無~'을 목적어로 한다. (2)之는 관형격조사로 人과 草를 꾸미는데 생략해도 된다. (3)天과 地, 不生과 不長, 無祿之人과 無名之草는 상대어구이다.

(48)大富는 由天하고 小富는 由勤이니라.
큰 부자는 하늘에 인연하고, 작은 부자는 부지런함에 인연하느니라.

【어휘】
由말미암을 유 由來, 事由, 由緖
勤부지런할 근 勤勉, 勤務, 皆勤

● 문법해설

(1)大富와 小富가 주어이고 由天과 由勤이 술어이다. 由는 '인연하다, 말미암다'는 술어이고 天과 勤은 보어이다. (2)大와 小, 天과 勤을 상대어로 하였다. 두 문장이 같은 구조이다.

(49)成家之兒는 惜糞如金하고 敗家之兒는 用金如糞이니라.
집안을 이루는 아이는 똥을 아끼기를 금과 같이 귀하게 여기고, 집안을 망치는 아이는 돈을 쓰기를 똥과 같이 천하게 여기느니라.

【어휘】
惜아낄 석 惜別, 惜敗, 哀惜
糞똥 분 糞尿, 糞土, 人糞

● 문법해설

(1)成(敗)家之兒는 '술목'구조로 之는 兒를 꾸미는 관형격조사이다. (2)惜糞과 用糞은 '술목'구조로 '석분하기를 금처럼 하라'로 해석해도 되고, 또는 '금처럼 석분하라'로 해석해도 된다. (3)成과 敗, 惜과 用, 糞과 金은 상대어이다.

(50)康節邵先生曰 閑居에 愼勿說無妨하라 纔說無妨便有妨이니라 爽口物多能作疾이요 快心事過必有殃이라 與其病後能 服藥으론 不若病前能自防이니라.

소강절선생이 말하였다. 한가롭게 살 때에 삼가 해로움이 없다고 말하지 말라. 겨우 해로움이 없다고 말하자마자 문득 해로움이 있느니라. 입을 상쾌하게 하는 음식물이 많으면 병을 일으키고, 마음을 상쾌하게 하는 일이 지나치면 반드시 재앙이 있느니라. 병이 난 후에 약을 먹는 것은 병이 나기 전에 스스로 막는 것만 같지 못하니라.

【어 휘】

妨방해할 방 妨害, 無妨
爽상쾌할 상 爽氣, 爽達, 爽快
服먹을, 옷 복 服藥, 服用, 衣服

纔겨우 재 纔至
殃재앙 앙 殃禍, 災殃

• 문법해설

(1)閑居는 閑居之時이다. 愼勿說無妨에서 愼은 부사로 '삼가, 조심하여'의 뜻. 無妨은 無說의 목적어이고, 妨은 妨害이다. (2)纔說은 '겨우 말하자마자'는 뜻. 便은 부사로 '곧, 바로'의 뜻. 無妨과 有妨은 '술보'구조로 妨을 주어처럼 해석한다. (3)爽口物은 爽口之物로 주어이고, 多가 술어로 가정문을 만든다. 作疾은 '술목'구조이다. (4)快心事는 快心之事로 주어이고, 過가 술어로 뒤에 則자가 빠졌다. (5)'與其A 不若(如)B'는 'A보다 B가 더 낫다, A하는 것이 B하는 것만 못하다'는 선택형비교문이다. 예: 與其生辱 孰若死快 (욕되게 살기보다는 쾌히 죽는 것이 낫다). (6)爽口와 快心, 物多와 事過, 能과 必, 作疾과 有殃이 호대를 이루고 있다. (7)7언 율시로 운자는 妨, 殃, 防이다.

(8)8행중 여기서 생략된 5, 6행이 淸州本에 실려 있다.

爭先經路機關惡 지름길을 앞 다투다가는 속마음이 나쁘게 되고
近後語言滋味長 가까워진 이후 대화를 할 때면 재미가 길어진다.
*機關 심중의 계략, 속마음.

(9)伊川擊壤集의 仁者吟에는 다음과 같은 대구가 실려 있다.
仁者難逢思有常　인자라도 생각에 유상이 있음을 만나기 어려우니
平居愼勿恃無傷　평소에 신중히 하여 손상이 없음을 믿지 말거라.
爭先經路機關惡　지름길을 앞 다투다가는 속마음이 나쁘게 되고
近後語言滋味長　가까워진 이후 대화를 할 때면 재미가 길어진다.

(51)梓潼帝君垂訓曰 妙藥도 難醫冤債病이요 橫財는 不富命窮人이라 生事事生을 君莫怨하고 害人人害를 汝休嗔하라 天地自然皆有報하니 遠在兒孫近在身이니라.

재동제군수훈에 말하였다. 신묘한 약도 원한에 사무친 병은 고치기 어렵고, 뜻밖의 횡재는 운명이 궁한 사람을 부자로 만들지 않느니라. 일을 만들면 일이 생기는 것을 그대는 원망하지 말고, 남을 해치면 남도 해치는 것을 너는 성내지 말라. 천지자연은 모두 갚음이 있으니, 그 보답이 멀면 자손에게 있고, 가까우면 자기 몸에 있느니라.

【어 휘】
妙묘할 묘 妙齡, 妙態, 巧妙
債빚 채 債券, 債務, 負債
醫의원 의 醫院, 醫術, 韓醫
嗔성낼 진 嗔言, 嗔責

*梓潼帝君: 도교에서 晉나라 때 張亞子의 후신이라 하나 자세하지 않다.

● 문법해설

(1)垂訓는 '후세에 전하는 가르침, 즉 윗사람이 아랫사람에게 내려주는

가르침'을 뜻한다. 醫는 寃債病을, 富는 命窮人을 목적어로 하고, 寃債가 病을, 命窮이 人을 수식한다. (2)生事는 '술목'구조로 가정의 원인이고, 事生은 '주술'구조로 결과이다. 害人人害도 같은 구조와 용법이다. 君莫怨과 汝休嗔에서 君과 汝는 주어로 같은 이인칭 지칭. 莫과 休는 같은 금지사. 怨과 嗔이 술어이다. (3)皆有報의 皆는 '모두', 報는 '보답, 갚음'의 뜻. 在兒孫과 在身의 在는 뒤에 '~에(於)'라는 처소격이 따른다. (4)妙藥과 橫財, 難醫와 不富, 寃債病과 命窮人, 生事와 害人, 事生과 人害, 君과 汝, 莫怨과 休嗔이 각각 호대를 만든다. (5)7언 율시로 운자는 人, 嗔, 身이다. 8행중 생략된 3,4행 시구는 다음과 같다.

　　虧心折盡平生福　이지러진 마음은 평생의 복을 죄다 꺾어버리니
　　幸短天敎一世貧　행복이 짧아서 하늘이 일생동안 가난하게 한다네.

(52)花落花開開又落하고 錦衣布衣更換着이라 豪家도 未必常富貴요 貧家도 未必長寂寞이라 扶人에 未必上靑霄요 推人에 未必塡溝壑이라 勸君凡事를 莫怨天하라 天意於人에 無厚薄이니라.
꽃이 졌다 꽃이 피고 피었다 또 지며, 비단옷과 삼베옷을 교대로 바꿔 입느니라. 호화로운 집도 반드시 언제나 부귀하지는 못하고, 가난한 집도 반드시 장구하게 적막하지는 않느니라. 사람을 붙들어줘도 반드시 푸른 하늘에 오르지는 못하고, 사람을 밀어도 반드시 깊은 구렁에 떨어지지는 않느니라. 그대에게 권하노니, 모든 일을 하늘을 원망하지 말라. 하늘의 뜻은 사람에게 후하고 박함이 없느니라.

【어 휘】

錦비단 금 錦上添花, 錦繡江山
更고칠 경 更迭; 다시 갱 更生
寂고요할 적 寂滅, 寂寂, 入寂
霄하늘 소 霄壤之判, 雲宵

布베(펼) 포 布木, 布告, 布德
換바꿀 환 換氣, 換節期, 交換
寞고요할 막 寞寞, 寂寞, 索寞
塡메울 전 充塡, 補塡

溝 도랑 구 溝池, 溝壑	壑 구렁 학 丘壑, 萬壑千峰

• 문법해설

(1)花落와 花開는 '주술'구조로 인간사의 성쇠를 상징한다. 錦衣와 布衣는 '수식'관계인 명사로 更換着의 목적어이다. 錦衣는 벼슬할 때요, 布衣는 벼슬 안 할 때를 이른다. (2)豪家, 貧家는 양보의 뜻. 未必은 부분부정으로 '반드시 ~하지는 않다'로 해석. 예: 詩評者 未必能詩(시를 평하는 자가 반드시 시에 능할 필요는 없다). (3)扶人은 사람을 떠받쳐 올리는 것이고, 推人은 사람을 밀어내어 떨어지게 하는 것으로 양보의 뜻. 上靑霄의 上은 동사로 '~에 오르다'는 뜻이다. 塡溝壑의 塡은 '~에 떨어져 메우다'는 뜻이다. (4)莫怨天은 '不怨天 不尤人'과 같은 말이다. 天意於人은 '사람에 대한 하늘의 뜻'. 無厚薄은 하늘은 사람을 후하게 대하거나 박하게 대하는 일이 없다는 뜻이다. 天道無親이라는 말이다. (5)豪家와 貧家, 常과 長, 富貴와 寂寞, 扶人과 推人, 上靑霄과 塡溝壑은 好對를 만든다. (6)7언 율시로 측성운을 하고 있다. 운자는 落, 着, 寞, 壑, 薄이다.

(53)堪歎人心毒似蛇라 誰知天眼轉如車오 去年妄取東隣物터니 今日還歸北舍家라 無義錢財는 湯潑雪이요 儻來田地는 水推沙라 若將狡譎爲生計면 恰似朝開暮落花니라.
　사람의 마음이 뱀과 같이 독함을 한탄할 만하다. 누가 하늘의 눈이 수레바퀴처럼 돌아가고 있음을 알리오. 지난해에 망령되이 동쪽 이웃의 물건을 취했더니 오늘에 다시 북쪽 집으로 돌아가는구나. 의롭지 못하게 취한 돈과 재물은 끓는 물에 눈을 뿌리는 것과 같이 없어지고, 뜻밖에 오는 전답은 물살에 모래를 미는 것과 같으니라. 만약 교활함과 속임수를 가지고 생계를 삼는다면 아침에 피었다가 저녁에 떨어지는 꽃과 흡사하니라.

[11] 省心篇 마음을 살피는 글 上

【 어 휘 】

毒해독 **독** 毒氣, 毒針, 解毒
湯끓을 **탕** 湯藥, 金城湯池
儻혹시, 갑자기 **당** 儻惑, 儻來
譎속일 **휼** 譎計, 譎詐

蛇뱀 **사** 毒蛇, 蛇足, 長蛇陣
潑뿌릴 **발** 潑剌, 活潑
狡교활할 **교** 狡猾, 狡智
恰같을 **흡** 恰似

● 문법해설

(1)堪歎은 '탄식 할만하다(해 마지 않다)'는 뜻으로 뒷글이 목적어이다. 人心과 天眼은 대구로 주어이고, 毒과 轉도 술어 대이다. 似蛇와 如車는 동등비교를 나타내는 보어로 대구이다. 誰知는 堪歎과 대를 이루면서 뒷글을 목적어로 한다. (2)去年은 今日은 시간부사로 대를 만들고, 妄取과 還歸는 '부술'구조로 대를 이루고, 東隣物은 取의 목적어이고, 北舍家는 歸의 보어이면서 대를 이룬다. (3)無義錢財는 無義之錢財와 같고, 儻來는 '우연히 굴러 오다'는 뜻. 湯과 水는 '~에'라는 장소를 나타내고, 潑은 雪, 推는 沙를 목적어로 한다. (4)若은 '만약'. 將은 以와 같이 목적어를 가진다. 狡譎은 전치사 將(=以)의 목적어. 生計는 爲의 보어이다. 여기 '以A+爲B'는 'A를 B로 하다, 여기다'는 뜻의 관용구로 쓰인다. 예:[채근담] 酒以不勸爲歡 棋以不爭爲勝(술은 권하지 않음을 기쁨으로 여기고, 바둑은 다투지 않음을 이김으로 여긴다). (5)恰似는 술어로 '~와 같다'는 뜻. 恰似의 주어는 앞 문장이고, 恰似의 목적어는 花이다. 朝와 暮는 시간부사로 '~에'라는 토씨가 붙고, 開와 落은 술어이면서 花를 수식한다. (6)堪歎과 誰知, 人心과 天眼, 毒과 轉, 似蛇와 如車, 去年과 今日, 妄取와 還歸, 東隣物과 北舍家, 錢財와 田地, 湯潑雪과 水推沙는 호대이고, 7언 율시로 운자는 蛇, 車, 家, 沙, 花이다.

> (54)無藥可醫卿相壽요 有錢難買子孫賢이니라.
> 재상의 목숨을 고칠 수 있는 약은 없고, 돈이 있어도 자손의 어짊은 사기 어려우니라.

【어휘】

卿벼슬 경 卿士大夫, 公卿
壽목숨 수 壽命, 壽富, 壽福
相정승 상 卿相, 相國
買살 매 買入, 賣買, 買收

● 문법해설

(1)無藥과 有錢은 글자로는 대구이지만, 해석을 양보로 '약 없어도 치료할 수 있고', '돈 있어도 사기 어렵다'라고 해석하면 뒷말은 말이 되지만 앞말은 말이 안 된다. 可醫가 뒤에서 藥자를 수식하는 것으로 해석해야한다. (2)卿相壽는 醫, 子孫賢은 買의 목적어이다. (3)'無A+(不)B'는 'B(안)할 A는 없다'이다. 無 다음에 오는 명사(A)를 수식하는 단어(B)는 그 명사 뒤에 온다. 예: [맹자] 下無法守也(아랫사람에게 지킬 법이 없다). [맹자] 無物不長(消) (자라지(소멸)않는 물상은 없다). (4)다음은 淸州本에 있는 율시를 全載한 것으로 운자는 天, 然, 蟬, 賢, 仙이다.

得失榮枯總是天　득실과 영고는 모두 하늘에 달려있어
機關用盡也徒然　심중의 계략 다 쓴다 해도 소용없는 일이네.
人心不足蛇吞象　인심은 만족하지 못해 뱀이 코끼리 삼키듯 하고
世事到頭螳捕蟬　세상일은 마침내 사마귀가 매미를 잡듯 하네.
無藥可醫卿相壽　재상의 목숨을 고칠 수 있는 약은 없고,
有錢難買子孫賢　돈이 있어도 자손의 어짊은 사기 어렵네.
家常守分隨緣過　집은 늘 분수를 지켜 인연 따라 사노라면
便是逍遙自在仙　곧 세상을 거닐면서 절로 신선이 된다네.

> (55) 一日淸閑이면 一日仙이니라.
> 하루라도 마음이 깨끗하고 한가하면 하루의 신선이니라.

【어 휘】

閑한가할 한 閑暇, 閑寂, 等閑 　　　　仙신선 선 仙境, 仙女, 神仙

● 문법해설

(1) 가정문으로 '~하면 ~이다'는 조건문(一日淸閑)과 결과문(一日仙)이다. 一日은 '하루 동안, 하루라도'의 뜻이다. (2) 淸州本의 율시를 全載한다. 年, 前, 寃, 天, 仙이 운자이다.

　　寬性寬懷過幾年　너그러운 성품과 마음으로 몇 해를 지났는가?
　　人死人生在眼前　사람이 죽고 태어남이 눈앞에서 일어나는데.
　　隨高隨下隨緣過　높은 데나 낮은 데나 인연 따라 지나는 것이고
　　或長或短莫埋寃　잘하다 못하다하니 원한을 가슴에 묻어두지 마라.
　　自有自無休歎息　자신이 있을 때나 없을 때나 탄식하지 말고
　　家貧家富總由天　집이 가난하고 부유함은 모두 하늘로 연유한다네.
　　平生衣祿隨緣度　평생의 의식주와 봉록은 인연 따라 지나가니
　　一日淸閑一日仙　하루라도 마음이 맑고 한가하면 하루의 신선이네.

★★★ 문법으로 배우는 명심보감

 省心篇(마음을 살피는 글)下

 (1)眞宗皇帝御製曰 知危識險이면 終無羅網之門이요 擧善薦賢이면 自有安身之路라 施仁布德은 乃世代之榮昌이요 懷妬報冤은 與子孫之危患이라 損人利己면 終無顯達雲仍이요 害衆成家면 豈有長久富貴리오 改名異體는 皆因巧語而生이요 禍起傷身은 皆是不仁之召니라.
 진종황제 어제에 말하였다. 위태함을 알고 험한 것을 알면 마침내 그물에 걸리는 일이 없을 것이요, 선한 사람을 들어 쓰고 어진 사람을 천거하면 스스로 몸을 편안하게 하는 길이 있느니라. 인을 베풀고 덕을 펴면 대대로 영화롭고 창성할 것이요, 시기하는 마음을 품고 원한을 보복하면 자손에게 위태로움과 화를 주는 것이니라. 남을 해롭게 하고서 자기를 이롭게 한다면 마침내 현달한 운잉(자손)이 없을 것이요, 뭇사람을 해롭게 하고서 집안을 이룬다면 어찌 장구한 부귀가 있겠는가. 이름을 고치고 몸을 다르게 함은 모두 교묘한 말로 말미암아 생겨나고, 재앙이 일어나고 몸을 상하게 함은 다 어질지 못함이 부르는 것이니라.

【어 휘】
御어거할 어 御命, 御用, 制御
網그물 망 網羅, 網膜, 網紗
妬투기할 투 妬忌, 嫉妬

製지을 제 製作, 製品, 私製
薦천거할 천 薦擧, 薦新, 推薦
仍거듭 잉 仍用, 仍任, 仍存

*眞宗皇帝: 북송 제3대 황제(997~1022)로 이름은 趙恒. 태종의 아들이다.

• 문법해설

 (1)御製는 임금이 지은 글. 知危識險, 擧善薦賢, 施仁布德, 懷妬報冤, 損人利己, 害衆成家, 改名異體 등은 모두 '술목+(而)+술목'의 병렬구조로 접

속사 而가 생략되었고, '~하고 ~하면'으로 해석되는 조건문이다. (2)知危(而)識險은 '위기를 알고 위험을 알면'의 조건문이고, 終은 '마침내, 끝내'. 無羅網之門의 羅를 罹(~에 걸리다)자로 보고 '거물의 문에 걸리는 일은 없다'로 해석되는 결과문이다. (3)擧善(而)薦賢는 '착한 사람을 등용하고 어진 사람을 천거하면'의 조건문. 安身之路의 安身은 '술목'구조로 관형격 之와 함께 路를 수식한다. (4)施仁(而)布德는 '인을 베풀고 덕을 펴면'의 가정 조건문. 乃世代之榮昌의 乃는 '이에, 바로'의 부사, 世代는 代代와 같고, 之는 주격조사. 榮昌은 술어이다. (5)懷妬(而)報寃는 '질투심을 품고 원한을 갚는다면'의 가정 조건문. 與子孫之危患의 與를 수여동사로 보면 '자손에게 위환을 준다'는 뜻으로 之는 필요 없다. 혹은 '더불어 자손들이 위태롭고 근심한다'로 해석해도 된다. (6)損人(而)利己는 '남을 손해보이고 자기를 이롭게 하면'의 가정 조건문. 終無顯達雲仍의 顯達은 '현저히 달통한, 입신출세한'의 뜻으로 雲仍(먼 후손)을 수식한다. (7)害衆(而)成家 는 '많은 사람을 해치고서 집안을 일으킨다면'의 가정조건문. 豈有長久富貴의 豈는 반어문을 만들어 뜻을 강조한다. '어찌 장구한 부귀가 있겠는가'는 없다는 뜻이다. 長久는 '오랜 세월동안'으로 富貴를 수식한다. (8)改名(而)異體는 주어이고, 改名은 '죄를 짓고 이름을 바꾸는 것'이고, 異體는 '몸을 달리하다'는 뜻으로 죽어서 형벌을 받는 것이다. 皆因巧語而生의 皆는 '모두'이고, 因은 전치사로 '~로 인하여, 때문에'이고, 生이 술어가 된다. (9)禍起(而)傷身은 '주술+술목'구조로 '화가 일어나서 몸을 해치게 됨'은 주어이다. 皆是는 '모두 ~이다'이고, 不仁은 '인을 행하지 않음'이고, 之는 주격조사이고, 召는 招來의 뜻으로 술어이다.

(2)神宗皇帝御製曰 遠非道之財하고 戒過度之酒하며 居必擇隣하고 交必擇友하며 嫉妬를 勿起於心하고 讒言을 勿宣於口하며 骨肉貧者를 莫踈하고 他人富者를 莫厚하며 克己는 以勤儉爲先하고 愛衆은 以謙和爲首하며 常思已往之非하고 每念未來之咎하라. 若依朕之斯言이면 治家國而可久니라.

신종황제 어제에 말하였다. 도가 아닌 재물을 멀리하고 도에 지나친 술을 경계하며, 거주할 때에는 반드시 이웃을 가리고, 벗을 사귈 때에는 반드시 벗을 가리며, 남을 질투하는 마음을 마음에 일으키지 말고, 남을 헐뜯는 말을 입에서 내지 말며, 골육의 가난한 자를 소원히 하지 말고, 타인의 부유한 자를 후대하지 말라. 자기의 사욕을 극복함은 부지런함과 검소함을 첫째로 삼고, 사람을 사랑함은 겸손함과 온화함을 첫째로 삼으며, 항상 지나간 잘못을 생각하고, 매양 미래의 허물을 생각하라. 만약 나의 이 말에 의거하면 나라와 집안을 다스림이 오래갈 수 있을 것이다.

【어휘】

擇 가릴 택 擇日, 簡擇, 選擇
讒 참소할 참 讒訴 讒言
朕 나 짐 (임금의 자칭)

妬 시샘할 투 嫉妬, 妬忌
咎 허물 구 咎悔, 誰怨誰咎

*神宗皇帝: 북송 제6대 황제(1048~1085)로 이름은 趙頊이다.

• 문법해설

(1)遠과 戒는 타동사로 非道之財와 過度之酒를 목적어로 하고, 之는 관형격조사이다. (2)居는 居處, 交는 交際의 명사주어, 擇이 술어, 隣과 友가 목적어로 '주술목'구조이다. (3)嫉妬와 讒言은 勿起와 勿宣의 목적어이고, 貧者와 富者는 莫踈와 莫厚의 목적어이다. (4)以勤儉爲先은 '以A爲B'의 관용구로 'A를 B로 하다'는 뜻이다. 예:[歌訣] 國以民爲根 民以穀爲命(나라는 백성을 근본으로 여기고, 백성은 곡식을 생명으로 여긴다). (5)常과 每는 부사로 같은 뜻이고, 思와 念도 같은 뜻으로 已往之非와 未來之咎를 목적어

로 가진다. (6)若은 '만약', 依는 '~에 의거(지)하다'는 뜻으로 斯言을 보어로 한다. 朕은 神宗 자신을 지칭, 之는 소유격으로 '~의', 斯言는 앞에 나온 말이고, 治는 家國을 목적어로 하는 '술목'구조이고, 而는 순접이고, 可는 '할 수 있다'는 뜻으로 술어 久의 조술사이다.

> (3)高宗皇帝御製曰 一星之火도 能燒萬頃之薪하고 半句非言도 誤損平生之德이라 身被一縷나 常思織女之勞하고 日食三飧이나 每念農夫之苦하라 苟貪妬損이면 終無十載安康이요 積善存仁이면 必有榮華後裔니라 福緣善慶은 多因積行而生이요 入聖超 凡은 盡是眞實而得이니라.
>
> 고종황제 어제에 말하였다. 한 별만 한 불씨도 능히 만경의 섶을 불태우고, 반 마디 그릇된 말도 평생의 덕을 잘 못하여 훼손하느니라. 몸에 한 오라기의 실을 걸쳐도 항상 베 짜는 여자의 수고로움을 생각하고, 하루에 세 끼의 밥을 먹어도 매양 농부의 괴로움을 생각하라. 구차히 탐내고 시기하여 남에게 손해를 끼치면 마침내 10년간의 편안함도 없을 것이요, 선을 쌓고 인을 보존하면 반드시 영화로운 후손이 있으리라. 복은 선경을 인연하니 이는 선행을 많이 쌓음으로 인하여 생겨나고, 성인의 경지에 들어가고 범인을 뛰어넘는 것은 다 진실함으로써 얻어지는 것이니라.

【어 휘】

燒사를 소 燒却, 燒失, 燒盡   頃이랑, 잠시 경 頃田, 頃刻
薪땔나무 신 薪米, 薪水   縷실 루 縷縷, 一縷
飧저녁밥 손 飧饔(저녁밥과 아침밥)   載실을 재 記載; 해 재 千載

*高宗皇帝:남송 초대황제(1107~1187). 이름은 趙構. 북송 휘종의 9남이다.

● 문법해설

(1)一星之火는 '한 별만 한 불씨, 또는 한 번 반짝이는 불티'이고, 半句非言은 '반 마디의 그릇된 말'이고 둘 다 양보(~라도)구문이다. (2)能燒는 萬

頃之薪을, 誤損은 平生之德을, 常思는 織女之勞를, 每念은 農夫之苦를 목적어로 한다. 能燒의 能은 부사로 '능히 (~할 수 있다)', 誤損의 誤도 能의 상대어가 되는 부사로 '잘 못하여'로 해석된다. (3)身被一縷에서 一縷는 '한 올의 실로 된 옷'으로 被의 목적어. 日食三飱의 三飱은 '세끼의 밥'으로 食의 목적어이다. (4)苟貪와 妬損은 '부사+술어'구조로 '구차하게 탐하고 시기해서 손해 입히다'는 뜻의 조건문이고, 終은 '마침내', 十載는 10년, 결과문이다. (5)積善과 存仁은 '술목'구조의 조건문이고, 必有榮華後裔는 결과문이다. (6)福緣善慶은 '주술목'구조로 주역의 '積善之家 必有餘慶'에서 나온 말로 '복은 선경을 많이 쌓는데서 연유한다'는 뜻의 주어이고, 多는 '대부분', 因은 '인해서, 으로써', 積行은 술목으로 '선행을 쌓다', 而生은 '그래서 생겨난다'는 술어이다. (7)入聖은 '성인의 지위에 들어가다'이고, 超凡은 '범인의 지위를 초월하다'는 뜻으로 주어이고, 盡은 '모두', 是는 爲와 같은 연계동사, 眞實이 보어로 '진실해서', 而得은 '그래서 얻는다'는 술어이다.

> (4)王良曰 欲知其君이면 先視其臣하고 欲識其人이면 先視其友하고 欲知其父이면 先視其子하라. 君聖臣忠하고 父慈子孝니라.
> 왕량이 말하였다. 그 임금을 알고 싶으면 먼저 그 신하를 보고, 그 사람을 알고 싶으면 먼저 그 벗을 보고, 그 아비를 알고 싶으면 먼저 그 자식을 보라. 임금이 성스러우면 신하가 충성하고, 아비가 사랑하면 자식이 효도하느니라.

【 어 휘 】

欲하고자할 욕 欲求, 欲望, 欲情　　　　慈사랑할 자 慈母, 慈悲, 慈情

*王良은 춘추시대 晉나라 사람이다.

• 문법해설

　(1)欲知(識)는 其君(人, 父)을 목적어로 하는 가정이고, 先視는 其臣(友, 子)을 목적어로 하는 결과의 권유문이다. 欲은 '~하고 싶다'는 뜻으로 뒤의 술어를 돕는 助述詞이고, 先은 부사로 '먼저, 우선', 識은 知와 같고, 父는 父母의 뜻이다. (2)君聖과 父慈는 '주술'구조로 뒤에 則자가 생략된 가정의 조건을, 臣忠과 子孝는 '주술'구조로 결과를 나타낸다.

> (5)家語云 水至淸則無魚하고 人至察則無徒니라.
> 가어에 말하였다. 물이 지극히 맑으면 고기가 없고, 사람이 지극히 깨끗하면(살피면) 따르는 무리가 없느니라.

【 어 휘 】

　察살필 찰 察色, 觀察, 視察, 至察　　　徒무리 도 徒黨, 徒步, 暴徒

*家語: 孔子家語로 공자의 언행과 제자들과 문답한 것을 기록한 책이다.

• 문법해설

　(1)水와 人이 주어이고, 至(지극히)가 술어 淸과 察을 꾸미는 조건문이다. (2)無魚(徒)는 결과문이다.

> (6)許敬宗曰 春雨如膏나 行人은 惡其泥濘하고 秋月揚輝나 盜者는 憎其照鑑이니라.
> 허경종이 말하였다. 봄비가 기름과 같으나 길가는 사람은 그 진창을 싫어하고, 가을달이 밝은 빛을 드날리나 도둑질하는 자는 그 밝게 비추어 지는 것을 싫어하느니라.

【어휘】

膏기름 고 膏血, 膏藥
濘진흙 녕 濘滯, 泥濘
輝빛날 휘 輝光, 輝煌, 輝輝
照비칠 조 照明, 照會, 落照

泥진흙 니 泥土, 泥匠
揚날릴 양 揚名, 揚水, 讚揚
鑑거울 감 鑑賞, 鑑定, 寶鑑
憎미워할 증 憎惡, 愛憎

*許敬宗: 당나라 때 정치가로 秦王府 18학사 중 1인이다.

● 문법해설

(1) 春雨如膏와 秋月揚輝는 '주술'구조로 양보의 뜻이고, 行人과 盜者는 주어이고, 惡와 憎은 술어로 其~를 목적어로 한다.

(2) 其泥濘의 其는 春雨를 가리키고, 泥濘은 봄비로 인하여 길이 진흙창이 된 것, 秋月揚輝는 도연명의 시 "秋月揚明輝"에서 온 것이고, 其照鑑의 其는 秋月을 가리킨다.

> (7) 景行錄云 大丈夫見善明故로 重名節於泰山하고 用心精故로 輕死生於鴻毛니라.
> 경행록에 말하였다. 대장부는 선을 보는 것이 밝음으로 명분과 절의를 태산보다 중하게 여기고, 마음을 쓰는 것이 정밀함으로 죽고 사는 것을 기러기 털보다 가볍게 여기느니라.

【어휘】

重무거울 중 重量, 重傷, 體重
精정성 정 精誠, 精神, 精密
鴻큰 기러기 홍 鴻雁, 鴻恩

泰클 태 泰山, 泰平
輕가벼울 경 輕減, 輕薄, 輕率
毛털 모 毛髮, 毛織物, 牛毛

● 문법해설

(1) 見善과 用心에서 見은 善을, 用은 心을 목적어로 하는 '술목'구조로

주어가 되고, 明과 精은 술어로 '선을 보는 것이 밝다'본문해석과 같지만, 또는 大丈夫가 주어, 見이 술어, 善을 목적어, 明을 부사보어로 하여 '대장부가 선을 밝게 본다'라고 해석할 수도 있다. 用心精도 '마음을 정밀하게 쓴다'로 할 수 있다. (2)重名節과 輕死生에서 주어는 大丈夫이고, 重과 輕을 동사, 名節과 死生을 목적어로 하는 '주술목'구조이다. (3)주어 大丈夫가 없으면, 名節과 死生이 주어, 重과 輕이 형용사술어, 於泰山(鴻毛)가 보어가 되어 名節重於泰山과 死生輕於鴻毛가 된다. 이때 형용사 뒤의 於는 비교전치사로 '~보다'라고 해석한다. (4)보통 무거운 것은 태산, 가벼운 것은 홍모와 비교한다. 예:[예기] 苛政猛於虎(가혹한 정치는 호랑이 **보다** 무섭다).

> **(8)悶人之凶**하고 **樂人之善**하며 **濟人之急**하고 **救人之危**니라.
> 남의 흉한 것을 민망히 여기고, 남의 선한 것을 즐거워하며, 남의 급한 것을 구제하고, 남의 위태함을 구원하여야 하느니라.

【어 휘】
悶번민할 민 苦悶, 煩悶
急급할 급 急行, 急流, 急性

濟건널 제 濟民, 經濟, 救濟
危위태할 위 危急, 危險, 危篤

● 문법해설

 (1)'人之~'는 관형격조사로 뒤에 오는 명사(凶, 善, 急, 危)를 꾸미면서 명사구를 만들어 앞의 동사(悶, 樂, 濟, 救)의 목적이 된다. 네 문장이 같은 형태의 글이다. (2)悶은 憫의 뜻으로 '불쌍하게 여기다'이다. 濟는 강물을 건네준다는 뜻에서 어려운 일을 도와준다는 뜻이고, 救는 나쁜 상태에 있는 것을 좋은 상태로 돌려주는 것이니 구원한다는 뜻이다.

> (9) 經目之事도 恐未皆眞이어늘 背後之言을 豈足深信이리오.
> 직접 눈으로 경험한 일도 모두 참되지 아니할까 두렵거늘 등 뒤의 말을 어찌 족히 깊이 믿으리오.

【어휘】

恐두려워할 공 恐怖, 恐喝   背등 배 背景, 背信, 背恩忘德

• 문법해설

　(1)여기 '술목+之+名'과 '名+之+名'형태는 자주 보이는 어휘구성형태이다. (2)經目은 '눈을 지나다, 눈을 경험시키다'는 뜻의 '술목'구조로 之와 함께 事를 꾸미는 명사구로 양보의 뜻이 있고, 未皆眞은 恐의 목적어로 보인다. (3)背後之言은 深信의 목적어이고, 足은 可와 같은 助述詞로 술어(信)를 도와준다. 豈는 반어문을 이끈다. (4)이 글은 背後之言 앞에 況이 빠진 억양문으로 보면 알기 쉽다. 예:[김시습 시]乍雨乍晴 雨還晴, 天道猶然 況世情(잠시 개었다 잠시 비 오고, 비 오다가 다시 개니, 하늘도 오히려 그러한데, 하물며 세상의 인정에서랴!).

> (10) 不恨自家汲繩短하고 只恨他家苦井深이로다.
> 자기 집 두레 박 줄이 짧은 것은 한하지 않고, 남의 집 우물이 깊은 것만 한하느니라.

【어휘】

恨한할 한 恨歎, 怨恨, 痛恨   汲물길을 급 汲汲, 汲水
繩노끈 승 繩墨, 捕繩   井우물 정 井底蛙, 시정

• 문법해설

  (1)汲繩은 물 긷는 두레박줄이고, 苦井의 苦는 우물은 깊은데 두레박줄은 짧아 물 긷는데 힘이 든다는 뜻으로 붙인 말이다. (2)自家와 他家 뒤에 之를 넣으면 알기 쉽다. 汲繩短과 苦井深은 '주술'구조로 恨의 목적어이다.

> **(11)贓濫이 滿天下하되 罪拘薄福人이니라.**
> 부정한 재물과 법을 어긴 사람이 천하에 가득하되 죄는 복이 적은 사람만을 구속하느니라.

【 어 휘 】

贓장물 장 贓物　　　　　　　濫넘칠 람 濫發, 濫用, 氾濫
拘잡을 구 拘束, 拘留, 拘引　　薄엷을 박 薄命, 薄福, 野薄

• 문법해설

  (1)贓은 훔친 물건과 부정한 방법으로 취득한 재물을 말하고, 濫은 물이 제방을 넘친다는 뜻으로 법의 제방을 넘어 나쁜 짓을 한 사람을 지칭한다. (2)滿은 '~이 ~에 차다, 가득하다'는 뜻으로 '~에'라는 처소를 필요로 하는 술어이다. 예:[도연명 四時]春水滿四澤(봄물이 네 못에 가득하다). (3)罪가 주어, 拘가 동사, 薄福人이 목적어로 '주술목'구조이다. 薄福人은 薄福之人으로 복이 엷은 사람, 재수 없는 사람이다.

> **(12)天若改常이면 不風則雨요 人若改常이면 不病則死니라.**
> 하늘이 만약 상도를 바꾸면 바람 불지 않으면 비가 오고, 사람이 만약 상도를 바꾸면 병들지 않으면 죽느니라.

【 어 휘 】

改고칠 개 改善, 改革, 改良   病병 병 病院, 病患, 重病

常항상 상 常備, 常識, 五常

• 문법해설

(1)天과 人이 주어이고 若은 가정접속사이고 改常은 '술목'구조이다. 改는 고치고 바꾸는 것이고, 常은 常道로서 하늘의 常道는 常靑이고, 사람의 常道는 倫常이다. (2)不~則~은 '~아니면 ~한다'로 해석된다. 風, 雨, 病은 '바람 불다', '비 오다', '병들다'는 자동사로 쓰였다. 則은 卽과 통한다.

> (13)壯元詩云 國正天心順이요 官淸民自安이라 妻賢夫禍少요 子孝父心寬이니라.
>
> 장원시에 말하였다. 나라가 바르면 천심이 순조롭고, 관원이 청렴하면 백성이 저절로 편안하느니라. 아내가 어질면 남편의 화가 적고, 자식이 효도하면 아버지의 마음이 너그러워지느니라.

【 어 휘 】

順순할 순 順序, 順從, 柔順   寬너그러울 관 寬容, 寬大, 寬厚

• 문법해설

(1)2, 3字로 구성된 5言 絶句로 대가 잘되어있다. (2)國正과 官淸이 '주술'구조로 대구이고 뒤에 則이 생략된 가정문이다. (3)天心順과 民自安은 天心自順과 民心自安의 대구에서 自順에서는 自를 빼고, 民心에서는 心자를 빼어 첩어를 피하고 글자 수를 5언으로 맞춘 것이다. (4)妻賢과 子孝가 '주술'구조로 대구이고 역시 뒤에 則이 생략된 가정형이다. (5)夫와 父, 禍와 心, 少와 寬 한자 한자가 모두 대를 잘 이루고 있다. 절구의 운자는 安과 寬이다.

> (14) 子曰 木從繩則直하고 人受諫則聖이니라.
> 공자가 말씀하였다. 나무(목재)는 먹줄을 좇으면 곧아지고, 사람은 간함을 받아들이면 성스러워지느니라.

【 어 휘 】

從좇을 종 從事, 從業, 順從, 服從　　　受받을 수 受容, 授受, 領受
諫간할 간 諫言, 諫爭, 忠諫

• 문법해설

(1) 木從繩과 人受諫은 '주술목'구조이다. (2) 從繩은 '먹줄을 따르다'는 뜻이고, 문장의 뜻은 굽은 나무라도 먹줄을 치고 그 먹줄을 따라 톱질을 하면 곧은 목재로 다시 태어난다는 뜻이다. (3) 諫은 아랫사람이 윗사람의 바르지 못함을 아뢰는 것이고, 전체 글은 凡人도 잘못을 받아들이면 개과천선하여 인격을 도야하게 되므로 점점 성인의 경지에 이르게 된다는 뜻이다.

> (15) 一派靑山景色幽러니 前人田土後人收라 後人收得莫歡喜하라 更有收人在後頭니라.
> 한 줄기 푸른 산의 경치가 그윽하더니 앞 사람이 가꾸던 밭과 토지를 뒷사람이 거두는구나. 뒷사람은 거두어 얻는 것을 기뻐하지 말라. 다시 거둘 사람이 뒷머리에 있느니라.

【 어 휘 】

派물갈래 파 派閥, 黨派　　　　　　幽그윽할 유 幽明, 幽宅, 幽靈
歡기쁠 환 歡談, 歡迎, 歡呼　　　　喜기쁠 희 喜悲, 喜色, 喜怒哀樂

• 문법해설

(1) 一派靑山이 景色을 수식하고 景色은 幽의 주어가 된다. 前人은 옛사

람, 田土는 田地로 後人收의 목적어이다. (2)收得은 收穫의 뜻으로 歡喜의 목적어이고 莫은 금지사이다. (3)更은 '다시 갱'으로 부사이다. 동사로 쓰이면 '고칠 경'으로 발음한다. 예: 甲午更張(갑오년에 제도를 고쳐 새롭게 하다). 更有收人은 '다시 수확할 사람이 있다'는 뜻이고, 在는 '~에 존재하다, 있다'는 뜻으로 '~에'를 필요로 하는 존재동사이다. 예:人命在天(사람의 명은 하늘에 달려있다). (4)7言 絶句로 운자는 幽, 收, 頭이다.

> **(16)蘇東坡曰 無故而得千金**이면 **不有大福**이라 **必有大禍**니라.
> 소동파가 말하였다. 까닭 없이 천금을 얻으면 큰 복이 있는 것이 아니라, 반드시 큰 재앙이 있느니라.

【 어 휘 】
坡고개 **파** 坡岸　　　　　　　　得얻을 득 得票, 得失, 利得, 所得

*蘇東坡: 송나라 제1의 시인, 唐宋八大文章家의 한사람. 蘇洵의 아들이며 蘇轍의 형으로 三蘇로 불린다. 이름은 軾. 호가 東坡이다.

● 문법해설
　(1)千金이 得의 목적어인 '술목'구조로 則자가 생략된 가정문이다. (2)有를 '~을 소유하다'는 뜻으로 보면 뒤에 목적어를 가지는 것이 맞다. 하지만 보통은 '~있다'는 뜻으로 뒤에 보어를 취하며 해석은 주어처럼 한다.

> **(17)康節邵先生曰 有人來問卜**하되 **如何是禍福**고 **我虧人是禍**요 **人虧我是福**이니라.
> 강절 소선생이 말하였다. 어떤 사람이 찾아와 점을 쳐서 묻되 "어떻게 하는 것이

화와 복인고." "내가 남을 이지러지게 하는 것은 화이고, 남이 나를 이지러지게 하는 것은 복이니라."라 답했다.

【어 휘】

卜점(칠) 복 卜居, 卜師　　　　　　虧이지러질 휴 虧損, 虧月

• 문법해설

(1)有人은 '어떤 사람'으로 有는 뜻이 없다. 來問卜은 來而問卜으로 '와서 점을 쳐서 묻다'는 뜻이다. (2)我虧人은 '주술목'구조로 주어절이고 是는 爲와 같이 연계동사로 '~이다, ~되다'이고 禍는 보어이다. 이글을 조건문으로 하여 '내가 남을 이지러지게 하는 것은 화가되다'로 해석해도 된다. (3)虧(이지러지게 하다)는 원상태가 훼손되는 것으로 남의 인격을 훼손한다는 뜻이다. (4)다음 글도 같은 구조로 '남이 나를 이지러지게 하는 것은 복이되다'는 대구의 글이다.

(18)大廈千間이라도 夜臥八尺이요 良田萬頃이라도 日食二升이라.
　큰 집이 천 칸이라도 밤에 여덟 자에 눕고, 좋은 밭이 만경이라도 하루에 두 되를 먹느니라.

【어 휘】

廈큰집 하 大廈　　　　　　　　　臥누울 와 臥看, 臥龍, 臥病
升되(오를) 승(=昇) 斗升, 昇降, 昇遐

• 문법해설

(1)大廈~와 良田~은 대구로 양보절 이다. 현재 중국은 빌딩을 大廈라고 칭한다. 間은 계량단위로 사방 6자를 가리킨다. 1척은 23cm이니 8척은

184cm정도이다.

(2)夜와 日은 시간부사로 '밤에, 하루에'로 해석된다. 臥는 '~에 눕다'는 뜻으로 '~에'라는 보어를 필요로 하는데 臥八尺하면 '8자 공간에 눕다'는 뜻이 된다. 食은 二升을 목적어로 한다. 2升은 두 되로 10홉이 1되이니 20홉이다. (3)頃은 중국이 땅의 넓이를 나타낼 때 쓰던 계량단위로 1頃은 100畝의 넓이로 100,000㎡정도이다.

(19)久住令人賤이요 頻來親也疎라 但看三五日에 相見不如初니라.
오래 머물면 사람으로 하여금 천하게 하고, 자주 오면 친하던 사이도 소원해지느니라. 다만 사흘이나 닷새만 보아도 서로 보는 것이 처음만 같지 못하니라.

【 어 휘 】

久오래 구 久遠, 悠久, 恒久
賤천할 천 賤待, 賤人, 貴賤
疎성길 소(=疏) 疎外, 疎漏
住살 주 住居, 住宅, 住所
頻자주 빈 頻度, 頻煩, 頻來

• 문법해설

(1)久住와 頻來는 '부술'관계로 대구를 이루는 가정형이다. (2)令은 使와 함께 사역동사로 '~로 하여금 ~하게하다'는 뜻이다. 令人賤이 人之賤으로 된 것도 있지만 親也疎와 대구를 만들려면 人之賤이 좋다. 人之의 之와 親也의 也가 주격조사이고 賤과 疎가 술어이다. (3)但은 한정부사로 '다만 ~할 뿐'이다. 'A不如B'는 동등비교로 'A가 B만 못하다, A보다 B가 낫다'는 뜻이다. (4)5언 절구로 起乘구가 대구이고 운자는 疎와 初이다.

> (20) 一滴은 如甘露요 醉後添杯는 不如無니라.
> 목마를 때에 한 방울의 물은 감로수와 같고, 취한 뒤에 잔을 더하는 것은 없는 것만 못하니라.

【어 휘】
渴목마를 갈 渴望, 渴症, 枯渴
露이슬 로 露店, 露宿, 露出
滴물방울 적 滴水, 餘滴, 硯滴
添더할 첨 添付, 添加, 添削

• 문법해설

(1)渴時와 醉後는 '~에'라는 시간부사이고, 一滴과 添杯는 주어이고, 如가 술어이고, 甘露와 無(添杯)가 보어이다. 甘露는 甘露水로 물맛이 좋은 샘을 靈泉, 甘泉이라 한다. (2)不如는 '~만 못하다'는 뜻. 예: 遠親不如近隣(먼데 있는 친척은 가까운 이웃만 못하다).

> (21) 酒不醉人人自醉요 色不迷人人自迷니라.
> 술이 사람을 취하게 하는 것이 아니라 사람이 자신을 취하게 하고, 색이 사람을 미혹시키는 것이 아니라 사람이 자신을 미혹시키느니라.

【어 휘】
醉취할 취 醉客, 陶醉, 痲醉
迷미혹할 미 迷宮, 迷信, 迷惑

• 문법해설

(1)酒不醉人은 酒가 주어, 不醉가 술어, 人이 목적어로 된 '주술목'구조이다. (2)醉人과 迷人은 '술목'구조로 人이 목적어이지만 人自醉(迷)에서는 人이 주어이고 自는 醉(迷)의 목적어이다. 自의 위치는 부사(스스로)이거나, 동사의 목적어(자기를)이거나 항상 동사 앞에 위치한다. 따라서 '술이 사람을 취하게 한 것이 아니라'는 말에 상대가 되는 말은 '사람이 자기를

취하게 하다'로 해석하는 것이 알맞다. (3)4, 3구조로 된 7언 절구이다. 세상에 전하는 3, 4구절을 대가 좋아 덧붙인다.

花不送春春自去 꽃이 봄을 보내는 것이 아니라 봄이 스스로 가는 것이고,
人非迎月月常來 사람이 달을 맞이하는 것이 아니라 달이 언제나 오는 것이다.

(22) 公心을 若比私心이면 何事不辦이며 道念을 若同情念이면 成佛多時니라.
공심을 만약 사심에 비하여 일을 한다면 무슨 일인들 다스리지 못할 것이며, 도의 생각을 만약 정의 생각과 같이 했다면 부처를 이룬 지가 이미 오래되었을 것이니라.

【어휘】
比견줄 비 比較, 比率, 比例,
辦힘쓸(다스릴) 판 辦公, 買辦
私사사로울 사 私兵, 私利私慾
念생각할 념 念慮, 念佛, 觀念

● 문법해설

  (1)比는 '~을 ~에 비교하다', 同은 '~을 ~과 동일하게 하다'로 해석된다. (2)公心의 公은 춘추시대 諸侯의 직위 가운데 가장 높은 爵位이고, 제후는 곧 국가이므로 공심은 국가의 마음이다. (3)道念은 正道를 추구하는 마음이고, 情念은 이성에 대한 戀情이다. 成佛은 불교의 이치를 깨우친 경지에 이른 것을 말한다. 多時는 오랜 시간이 흘러간 것을 말한다. (4)참고로 白楊順禪師의 '示衆'을 싣는다. 道念若同情念이면 成佛多時하고 爲衆如爲己身이면 彼此事辦이니라(대중을 위하기를 자신의 몸과 같이 한다면 이 일과 저 일을 모두 다스릴 수 있느니라).

(23) 濂溪先生曰 巧者言하고 拙者默하며 巧者勞하고 拙者逸하며 巧者賊하고 拙者德하며 巧者凶하고 拙者吉하나니 嗚呼라 天下拙이면 刑政이 撤하여 上安下順하며 風淸弊絶하리라.

염계선생이 말하였다. 교자는 말을 잘하고 졸자는 말이 없으며, 교자는 수고롭고 졸자는 편안하며, 교자는 남을 해치고 졸자는 덕이 있으며, 교자는 흉하고 졸자는 길하다. 아아! 천하가 졸하면 형정이 거두어져서 윗사람은 편안하고 아랫사람은 잘 따라서 풍속이 맑고 폐단이 없어지 리라.

【어 휘】

巧공교할 교 巧妙, 巧拙, 巧言
默묵묵할 묵 默念, 默秘權, 沈默
賊도둑(해칠) 적 賊盜, 賊反荷杖
撤걷을 철 撤去, 撤收, 撤市
絶끊을 절 絶筆, 絶世, 斷絶, 三絶

拙졸할 졸 拙劣, 拙速, 拙作
逸편안할 일 逸品, 逸話, 安逸
嗚탄식할 오 嗚咽, 嗚呼
弊폐단 폐 弊端, 弊風, 民弊

*濂溪先生: 북송의 유학자. 이름은 周敦頤(1017~1073). 자는 茂叔. 호는 濂溪. 朱子는 염계가 程顥, 程頤 형제를 가르쳤기 때문에 道學의 開祖라고 칭하였다.

● 문법해설

(1) 상대적 의미인 巧者와 拙者는 주어이고, 다음에 오는 술어도 言과 默, 勞와 逸, 賊과 德, 凶과 吉 등 상대적 의미를 가진다. (2) 巧者는 요령을 부리고 능력이 뛰어난 사람이고, 拙者는 분수를 지키면서 주어진 일을 묵묵히 수행하는 사람을 지칭한다. (3) 上安下順에서 上人과 下人이 주어, 安과 順이 술어, 風淸弊絶에서도 風俗과 弊端이 주어, 淸과 絶이 술어로 모두 '주술+주술'구조로 되어있다.

(24) 易曰 德微而位尊하고 智小而謀大면 無禍者鮮矣니라.
주역에 말하였다. 덕이 적은데 지위가 높으며, 지혜가 작은데 꾀함이 크면 화 없는 자가 드무니라.

【 어 휘 】
微작을 미 微力, 微笑, 微賤
謀꾀할 모 謀略, 謀士, 圖謀
智슬기 지 智慧, 智能
鮮고울(적을) 선 鮮明, 鮮魚, 鮮少

*易은 易經을 말하는데 주나라 때 완성되었으므로 周易이라 한다.

• 문법해설

(1) 德微와 位尊, 智小와 謀大는 '주술+주술'구조이다. 而는 앞글과 뒷글의 뜻이 상반된 경우 '~한데'로 해석된다. (2) 無禍者는 無禍之者로 주어이고 鮮이 술어이다. 이글은 鮮不及禍矣와 같은 말이다. 보통은 鮮과 寡 뒤에 의미상주어가 온다. 예: 巧言令色 鮮矣仁(말을 좋게 하고 얼굴색을 잘 꾸미는 사람치고 어진 사람이 드물다). 保生者 寡慾(생명을 보전하려는 자는 욕심이 적다).

(25) 說苑曰 官怠於宦成하고 病加於小愈하며 禍生於懈惰하고 孝衰於妻子니 察此四者하여 愼終如始니라.
설원에 말하였다. 관원은 지위가 성취되는 데서 게을러지고, 병은 조금 낫는 데서 더해지며, 재앙은 게으른 데서 생기고, 효도는 처자에게서 쇠해지니, 이 네 가지를 살펴서 삼가 끝맺음을 처음과 같이 할지니라.

【 어 휘 】
苑동산 원 苑池, 文苑, 秘苑
宦벼슬 환 宦官, 宦路, 宦族
怠게으를 태 怠慢, 怠業, 倦怠
愈나을 유 快愈(癒)

懈게으를 해 懈慢, 懈怠　　　　　　　惰게으를 타 惰性, 怠惰

*說苑: 前漢의 劉向이 편찬하나 책으로 선현들의 행적이나 일화를 수록하였다.

● 문법해설

(1)'주+술+보(於~)'로 된 문장이 네 번 반복되어 있다. (2)官은 관리, 宦成은 관리가 어느 지위에 오른 것, 加는 덧나는 것, 小愈는 병이 조금 차도가 있는 것, 懈怠은 몸과 마음이 게으른 것, 於(~에서, 으로)는 출발이나 기점을 나타낸다. 예: [啓蒙篇] 日出於東方 日入於西方(해는 동쪽에서 나와 서쪽으로 들어간다). (3)此四者는 앞서 거론한 네 가지 항목으로 察의 목적어이다. 愼은 '신중히, 삼가'의 뜻이고, 終如始는 '끝맺음과 시작을 같게 하라'는 것이니 마음가짐을 시종일관하라는 뜻이다.

> **(26) 器滿則溢**하고 **人滿則喪**이니라.
> 그릇은 차면 넘치고, 사람은 차면 잃느니라.

【 어 휘 】

溢넘칠 일 海溢, 逸味, 溢喜　　　　　喪잃을 상 喪家, 喪禮, 喪失

● 문법해설

(1)器滿과 人滿은 '주술'구조로 조건이고 溢과 喪은 결과이다. 人滿은 자만을 뜻하고, 喪은 사람들이 자기 곁을 떠난다는 뜻이다. (2)則은 두 개의 구절을 가정으로 연결시킨다. 예: 義勝恩則公 恩勝義則私(의리가 은혜를 이기면 공적이고, 은혜가 의리를 이기면 사적이다).

> (27) **尺璧非寶**요 **寸陰是競**이니라.
> 한 자나 되는 구슬이 보배가 아니요, 한 치의 시간을 다툴지니라.

【어 휘】

尺자 **척** 尺度, 尺土, 咫尺
寶보배 **보** 寶物, 寶玉, 國寶
璧벽 **벽** 壁畵, 壁報, 壁紙
競다툴 **경** 競爭, 競走, 競技

• 문법해설

(1)非寶의 非는 是와 반대되는 연계동사로 명사 등을 부정하는 데 쓰인다. 千字文의 글이다. (2)是競의 是는 연계동사가 아니고, 競寸陰에서 목적어 寸陰을 강조하기위해 앞으로 前置시킨 것을 나타내는 조사일 뿐이다. (3)이런 조사에는 是, 之등이 있다. 예:[周茂叔의 愛蓮說] 菊之愛 陶後鮮有聞(국화를 사랑한다는 말은 도연명 이후 듣지 못했다).

> (28) **羊羹**이 **雖美**나 **衆口**는 **難調**니라.
> 양고기 국이 비록 맛이 좋으나 뭇 사람의 입은 맞추기 어려우니라.

【어 휘】

羹국 **갱** 羹牆, 羹粥, 肉羹
調고를 **조** 調味, 調節, 調和, 曲調
衆무리 **중** 衆人, 衆生, 大衆, 聽衆

• 문법해설

(1)羊羹이 주어, 雖美의 美는 술어. 衆口는 難調의 주어이면서 동시에 難調의 목적어로도 해석이 된다. 모든 사람의 비위를 다 맞추기는 어렵다는 뜻이다. (2)雖는 뒤에 술어를 동반하여 '비록 ~할지라도'라고 해석된다. 예: [명심보감] 定心應物 **雖**不讀書 可以爲有德君子(마음을 정하여 사물에 응한

다면 비록 책을 읽지 않았더라도 덕이 있는 군자라 할 수 있다). 難은 뒤에 의미상의 주어가 온다. 예: 孤掌 難鳴(외손뼉만으로는 소리울림이 어렵다 [소리가 울리지 않는다]).

> (29)益智書云 白玉은 投於泥塗라도 不能汚穢其色이요, 君子는 行於 濁地라도 不能染亂其心하나니, 故로 松柏은 可以耐雪霜이요 明智는 可以 涉危難이니라.
> 익지서에 말하였다. 흰 옥은 진흙 속에 던져 져도 그 빛을 더럽힐 수 없고, 군자는 혼탁한 곳에 가더라도 그 마음을 어지럽힐 수 없다. 그러므로 소나무와 잣나무는 눈서리를 견디어 낼 수 있고, 밝은 지혜는 위난을 건너 갈 수 있느니라.

【어 휘】

塗진흙(바를) 도 塗炭, 糊塗, 塗料
穢더러울 예 穢政, 穢土, 荒穢
染물들 염 染色, 感染, 汚染
涉건널 섭 涉獵, 涉外, 干涉

汚더러울 오 汚物, 汚辱, 汚點
濁흐릴 탁 濁流, 濁世, 混濁
耐견딜 내 忍耐, 耐乏, 耐火
危위태할 위 危險, 危難, 安危

● 문법해설

(1)白玉이 주어, '投於~'는 술어로 '~에 던져지다'는 피동의 뜻이다. 예: 通者 常制人 窮者 常制於人(달통한 사람은 늘 남을 제어하고, 궁한 사람은 늘 남에게 제어 당한다). 白玉과 비교되는 白沙에 대한 글을 싣는다. [荀子 勸學篇] 蓬生麻中 不扶而直 白沙在涅 與之俱黑(쑥이 삼속에서 자라면 붙들어 매지 않아도 곧게 자라고, 흰모래가 진흙 속에 있으면 그 흙과 함께 검어진다). (2)泥塗는 진흙. 汚穢(더럽히다)와 其色은 '술목'관계이다. (3)投於와 行於가 이끄는 절은 양보의 뜻이고, 染亂과 其心는 '술목'관계이다. (4)松柏과 明智는 주어, 可以는 '~할 수 있다', 耐는 雪霜을, 涉은 危難을 목적어로 한다.

(30) 入山擒虎는 易어니와 開口告人은 難이니라.
　　산에 들어가 범을 잡기는 쉽거니와, 입을 열어 남에게 말하기는 어려우니라.

【어 휘】
擒사로잡을 금 生擒, 擒縱　　　　　　告알릴 고 告發, 告示, 告白, 報告

• 문법해설

(1)入山과 開口 다음에 접속사 而를 넣어 동작의 순서대로 번역하면 알기 쉽다. (2)擒虎와 開口는 '술목'구조이나, 入山의 入은 '~에 들어가다'는 뜻으로 '술보'구조이고, 告人은 '술목'구조이다. (3)入山과 開口, 擒虎와 告人, 易와 難이 서로 대를 이룬 5언 聯句이다.

(31) 遠水는 不救近火요 遠親은 不如近隣이니라.
　　먼 곳의 물은 가까운 곳의 불을 끄지 못하고, 먼 곳의 친척은 가까운 이웃만 같지 못하니라.

【어 휘】
遠멀 원 遠近, 遠大, 遠視　　　　　　救건질 구 救急, 救濟, 救護, 救援
隣이웃 린 隣近, 隣接, 善隣

• 문법해설

(1)遠水가 주어, 不救가 술어, 近火가 목적어인 '주술목'구조이다. 救는 나쁜 상태에서 좋은 상태로 회복시키는 것으로, 救火는 '불을 꺼서 구하는 것'이고, 救水는 '물에서 건져주는 것'이다. (2)遠親이 주어, 不如가 술어, 近隣은 보어이다.

(32) 太公曰 日月이 雖明이나 不照覆盆之下하고, 刀刃이 雖快나 不斬無罪之人하고, 非災橫禍는 不入愼家之門이니라.

태공이 말하였다. 해와 달이 비록 밝으나 엎어놓은 동이의 밑은 비추지 못하고, 칼날이 비록 잘 드니 죄 없는 사람은 베지 못하고, 비재와 횡화는 조심하는 집 문에는 들어가지 못하느니라.

【어 휘】

覆엎을 복 覆蓋, 覆面, 顚覆 盆동이 분 盆地, 花盆
災재앙 재 災殃, 災難, 火災, 水災 斬벨(더욱) 참 斬首, 斬新
橫가로 횡 橫領, 橫財, 橫死, 橫書 愼삼갈 신 愼重, 謹愼

• 문법해설

(1) 日月과 刀刃이 주어, 雖明과 雖快가 술어로 양보의 뜻이다. (2) 관형격 조사 之가 있는 覆盆之下, 無罪之人, 愼家之門은 앞에 있는 不照, 不斬, 不入의 목적어(보어)이다. (3) 非災와 橫禍는 수식관계어로 非는 災를, 橫은 禍를 꾸미는 형용사이다. 非災는 뜻 밖에 오는 재앙이고, 橫禍는 생각지도 못한 재화이다.

(33) 太公曰 良田萬頃이 不如薄藝隨身이니라.

태공이 말하였다. 좋은 밭 만 이랑이 얕은 재주가 몸을 따르는 것만 못하니라.

【어 휘】

藝재주(심을) 예 藝術, 藝能, 文藝 隨따를 수 隨筆, 隨意, 隨伴

• 문법해설

(1) 良田萬頃이 주어, 不如가 술어, 薄藝隨身이 보어이다. (2) 薄藝는 '수

식'구조로 주어이고, 隨身은 '술목'으로 술어이다. 藝는 技의 뜻이다. 많은 토지(재물)보다 하찮은 기예가 낫다는 뜻이다.

> (34)性理書云 接物之要는 己所不欲을 勿施於人하고 行有不得이어든 反求諸己니라.
> 성리서에 말하였다. 남을 대하는 요체는 자기가 하고자 하지 않는 것을 남에게 베풀지 말고, 행하여도 얻지 못하는 것이 있거든 돌이켜 자기에게서 찾는 것이니라.

【어 휘】
  接댈(맞을) 접 接觸, 接客, 直接   施베풀 시 施設, 施行, 施賞
  求구할 구 求愛, 求職, 要求, 請求   諸모든 제 諸君, 諸般, 諸位

*性理書: 性理를 주제로 탐구하는 것이 성리학이고 이들 책들을 性理書라 한다.

● 문법해설

(1)接物之要는 나를 제외한 모든 사람이나 사물을 대하는 요체라는 뜻이다. 己所不欲이 勿施의 목적어이다. 己는 自己이고, 所不欲은 '所+술어'구조로 '~하는 바, 것'등의 뜻으로 명사를 만든다. (2)行有不得는 行而後無所得이란 뜻으로 뒤에 則을 넣으면 알기 쉽다. (3)反은 '돌이키다, 반성하다'는 뜻. 諸는 '之於'의 뜻으로 '之'는 앞글을 받은 대사이고 於는 己를 목적어로 하는 전치사이다. 이 諸가 대사 之와 전치사 於의 역할을 겸하고 있으므로 兼詞라고 한다. 예: [논어] 君子求諸己 小人求諸人(군자는 잘못을 자기에게서 찾고, 소인은 남에게서 찾는다).

(35) 酒色財氣四堵墻에 多少賢愚在內廂이라 若有世人跳得出이면 便是神仙不死方이니라.

술과 색과 재물과 기운의 네 담 안에 수많은 어진 이와 어리석은 이가 안방과 행랑에 살고 있느니라. 만약 세상사람 중에 이것에서 뛰쳐나오는 이가 있다면 그는 곧 신선이요 죽지 않는 방법이니라.

【 어 휘 】

財재물 재 財團, 財産, 財閥, 文化財 堵담 도 堵列, 安堵
墻(=牆)담 장 牆內, 牆垣, 牆角 廂행랑 상 廂廊
方모(방위, 처방) 방 地方, 處方, 方法 跳뛸 도 跳躍
便곧(오줌) 변 便器, 小便; 편안할 편 便利, 便紙, 便宜店, 郵便

• 문법해설

(1) 四堵墻은 네 가지가 둘러치고 있는 담장의 뜻으로 인간세상의 모든 물욕을 말한다. (2) 多少는 '많음과 적음'이 본래 뜻이지만 보통은 '많음'을 뜻하고, 賢愚는 賢者와 愚者의 뜻이다. 內廂은 廂이 운자이므로 廂內를 도치한 것이다. (3) 世人은 酒色財氣에 갇혀있는 사람으로 주어이고, 跳得出이 술어이다. 跳 다음에 접속사 而자가 빠졌고, 得出의 得은 可의 뜻으로 '뛰어 벗어날 수 있다'는 조건문이다. (4) 便是는 '곧, 바로 ~이다'이고, 不死方은 不死之方으로 '죽지 않는 방법'이다. 7언 절구로 운자는 墻, 廂, 方이다.

★★★ 문법으로 배우는 명심보감

 立教篇(가르침을 세우는 글)

孟子 盡心篇에서 '得天下英才而教育之'를 三樂의 하나라고 하면서 교육을 중요시했다. 이 편에서는 인간으로서 지켜야할 규범과 도리를 자세하게 말하였다.

> (1)子曰 立身有義하니 而孝爲本이요 喪紀有禮하니 而哀爲本이요 戰陣有列하니 而勇爲本이요 治政有理하니 而農爲本이요 居國有道하니 而嗣爲本이요 生財有時하니 而力爲本이니라.
> 공자가 말씀하였다. 몸을 세움에 의가 있으니 효도가 그 근본이요, 상사에 예가 있으니 슬퍼함이 그 근본이요, 싸움터에 行列이 있으니 용맹이 그 근본이요, 政事를 다스리는데 이치가 있으니 농사가 그 근본이요, 나라를 지키는데 도가 있으니 후사가 그 근본이요, 재물을 생산함에 시기가 있으니 노력이 그 근본이니라.

【어 휘】

紀벼리 기 紀元, 世紀, 紀綱　　　哀슬플 애 哀悼, 哀歡, 哀慶
陣진칠 진 陣地, 陳頭, 背水陣　　　嗣이를 사 嗣子, 後嗣

• 문법해설

(1)'A有B'(A에는 B가 있다)와, 'A爲B'(A가 B이다)로 해석되는 문장이 6번 계속된다. (2)而는 '~하니, 으니'의 뜻. 爲는 是와 같이 '~이다'라는 연계동사이다. 예: 教我者爲師(나를 가르치는 자가 스승이다). (3)立身은 몸을 세움이나 벼슬하여 출세하는 것. 喪紀는 喪祭요 喪事. 戰陣은 戰爭하려고 對陣하는 것. 列은 항렬(行列)로 군대의 隊列. 治政은 政事를 다스리는 것. 居國은 나라를 살아있게 하는 것으로 나라를 지키는 것. 生財는 재물을

생산하고 늘리는 것이다.

> **(2)景行錄云 爲政之要는 曰公與淸이요 成家之道는 曰儉與勤이니라.**
> 경행록에 말하였다. 정사를 다스리는 요점은 공평함과 청백함이요, 집을 이루는 방법은 검소함과 부지런함이니라.

【어 휘】
政정사 정 政治, 政府, 政事   儉검소할 검 儉素, 儉約
勤부지런 할 근 勤勉, 皆勤, 勤儉

● 문법해설

(1)爲政之要와 成家之道는 '술목+之+名'구조로 '~을 ~하는 名'라는 뜻이다. 之는 관형격조사로 뒤의 명사를 수식한다. (2)爲政의 爲는 治의 뜻으로 '정사를 다스리다', 成家는 興家로 '집을 일으키다'이다. 曰은 '가로되, 말하자면'정도의 뜻이나 해석 안 해도 된다. (3)접속사 與는 '~와, 과(=and)'의 뜻으로 명사나 명사성구를 연결한다. 예: [논어] 子罕言利與命與仁(공자께서는 利와 命과 仁을 드물게 말씀하셨다). (4)公與淸의 公은 公正이고 淸은 淸廉이다. 儉與勤의 儉은 儉素이고 勤은 勤勉이다.

> **(3)讀書는 起家之本이요 循理는 保家之本이요 勤儉은 治家之本이요 和順은 齊家之本이니라.**
> 글을 읽는 것은 집을 일으키는 근본이요, 이치를 따름은 집을 보존하는 근본이요, 부지런하고 검소함은 집을 다스리는 근본이요, 화목하고 순종함은 집안을 가지런히 하는 근본이니라.

【 어 휘 】
起일어날 기 起床, 起草, 起案　　循좇을(돌) 순 循環, 循行, 因循
理다스릴 리 理致, 理由, 義理　　保지킬 보 保護, 保存, 安保, 保守

• 문법해설

(1)起(保,治,齊)家之本은 '술목+之+名'형태로 '~을 ~하는 名'이다.(앞절 참조). (2)起家는 成家와 같고, 保家는 '집을 보존하다', 治家는 '집을 다스리다', 齊家는 '집안을 가지런히 하다'이다. (3)循理는 順理와 같고, 勤儉은 勤勉과 儉素이고, 和順은 和睦과 順從이다.

> (4)孔子三計圖云　一生之計는　在於幼하고　一年之計는　在於春하고 一日之計는　在於寅이니　幼而不學이면　老無所知요　春若不耕이면　秋無所望이요　寅若不起면　日無所辦이니라.
> 공자가 삼계 도에 말하였다. 일생의 계획은 어릴 때에 있고, 일 년의 계획은 봄에 있고, 하루의 계획은 인시(새벽)에 있으니, 어려서 배우지 않으면 늙어서 아는 것이 없고, 봄에 밭 갈지 않으면 가을에 바랄 것이 없고, 인시에 일어나지 않으면 하루를 다스릴 수가 없느니라.

【 어 휘 】
圖그림 도 圖謀, 圖案, 意圖　　　　幼어릴 유 幼兒, 幼稚園, 老幼
寅셋째지지 인 寅時, 寅方　　　　辦힘쓸 판 辦公費, 買辦

• 문법해설

(1)'一生(年, 日)+之+計'의 之는 '~의 '뜻으로 뒤의 計를 수식한다. (2) '在於幼(春, 寅)'는 '~에 있다, 에 달려있다'로 해석. 寅은 寅時로 새벽 3시부터 5시까지로 새벽을 말한다. (3)幼而不學의 而는 若과 같은 뜻으로 '若不~'(만약 ~안하면)로 조건을 제시하고 '無所~'라는 결과가 따른다는 글이

다. (4)'所+동사(知, 望, 辦)'는 '~하는 바, 것'의 명사구가 되어 無의 의미상주어가 된다. (5)幼와 老는 幼時와 老時로 '어려서, 늙어서'로 해석하고, 春, 秋, 寅, 日 등은 시간부사로 '봄에, 가을에, 인시에, 낮에' 등으로 해석한다.

> (5)性理書云 五教之目은 父子有親이며 君臣有義며 夫婦有別이며 長幼有序며 朋友有信이니라.
> 성리서에 말하였다. 다섯 가지 가르침의 조목은 부자간에는 친함이 있고, 군신 간에는 의리가 있고, 부부간에는 분별이 있고, 어른과 어린이 사이에는 차례가 있고, 친구 간에는 믿음이 있는 것이니라.

【어 휘】
教가르칠 교 教育, 教學, 宗教
序차례 서 序論, 序曲, 秩序
別나눌 별 別居, 別世, 別味, 離別
信믿을 신 信念, 信仰, 信用, 背信

• 문법해설

(1)五教는 五倫, 五常이라고도 하며 인간이 지켜야할 다섯 가지 윤리로 人倫之大道를 일컫는다. 目은 五倫의 條目으로 孟子 藤文公篇에 처음 나온다. (2)父子, 君臣, 夫婦, 長幼, 朋友의 어휘 구성은 대립과 대등관계로 되어있다. (3)長幼는 老少이고, 朋友는 평등관계이니 志同道合해야 성립되고, 朋은 나이가 비슷한 同門이고, 友는 나이 관계없이 뜻이 맞는 同志를 의미한다. (4)'A有B'는 'A(사이)에는 B가 있다'로 해석된다. 親은 親愛, 義는 義理, 別은 分別, 序는 秩序, 信은 信義를 뜻한다.

> (6) 三綱은 君爲臣綱이요 父爲子綱이요 夫爲婦綱이니라.
>
> 삼강은 임금은 신하의 벼리(근본)가 되고, 아버지는 자식의 벼리가 되고, 남편은 아내의 벼리가 되는 것이니라.

【 어 휘 】

綱벼리 강 綱領, 綱常, 綱目, 要綱

● 문법해설

(1)五倫이 인간관계의 역할에 의미를 두었다면 三綱은 君, 父, 夫의 역할에 의미를 두고 있다. (2)君爲臣綱에서 爲는 '~이 되다'는 뜻. 綱은 '벼리'라 하는데 그물의 버팀줄이 되는 가장 굵은 끈으로, 君은 臣, 父는 子, 夫는 婦의 본보기가 되며 근본이 된다는 말이다. (3)여기서 夫婦는 평등관계인데 상하관계로 한 것이 논란이 많아 결국 三綱이 經書에 들지 못하고 緯書에 등재된 이유라고 한다.

> (7) 王蠋曰 忠臣은 不事二君이요 烈女는 不更二夫니라.
>
> 왕촉이 말하였다. 충신은 두 임금을 섬기지 않고, 열녀는 두 지아비를 바꾸지 않느니라.

【 어 휘 】

事일(섬길) 사 事故, 事理, 事親   烈매울 렬 烈士, 烈女, 猛烈
更고칠 경 更張, 更迭, 更點 다시 갱 更生, 更新, 更紙

*王蠋: 전국시대 齊나라 사람으로 제나라가 燕나라에 패망하자 항복하지 않고 이 말을 남기고 자결하였다.

● 문법해설

(1)忠臣과 烈女가 주어, 二君은 不事, 二夫는 不更의 목적어. 不 뒤에는 동사가 오니 更은 동사로 '고칠, 바꿀 경'이고, 부사로 '다시 갱'이다. (2)忠臣은 임금에게 몸과 마음을 다 바치는 신하이고, 烈女는 남편에게 志操와 情操를 지키는 부인을 이른다. (3)通鑑節要에 다음 글이 연결되어 있다. 吾與其不義而生 不若死(나는 의롭지 못하게 살기보다는 죽는 것이 낫다).

> **(8)忠子曰 治官엔 莫若平이요 臨財엔 莫若廉이니라.**
> 충자가 말하였다. 벼슬을 다스림에는 공평함만 한 것이 없고, 재물에 임함(대함)에는 청렴함만 한 것이 없느니라.

【 어 휘 】

財재물 재 財界, 財團, 財産, 橫財   廉청렴할 렴 廉價, 廉恥, 淸廉

*忠子: 명나라 忠仲簡인듯 하나 확실하지는 않다.

● 문법해설

(1)治官은 '술목'으로 '관리를 다스리다'는 뜻. 'A莫若B'는 'A에는 (어떤 것도) B만한 것이 없다'는 뜻으로 결국 'B가 제일'이라는 최상급의 뜻이 된다. 따라서 治官莫若平은 '치관에는 공평한 것만 한 것이 없다'는 말은 '공평한 것이 제일이다'는 뜻이다. 이 莫은 영어의 nothing, nobody와 용법이 똑 같다. (2)臨財는 '술보' 혹은 '술목'으로 '재물에 임하다, 재물을 대하다'의 뜻. 莫若廉은 '청렴이 제일이다'는 뜻이다. 예: 知子莫若父(아들을 아는 데는 어느 누구도 아버지만한 이가 없다. 즉 아버지가 제일 잘 안다).

(9) 張思叔座右銘曰 凡語를 必忠信하며 凡行을 必篤敬하며 飮食을 必愼節하며 字畫을 必楷正하며 容貌를 必端莊하며 衣冠을 必肅整하며 步履를 必安詳하며 居處를 必正靜하며 作事를 必謀始하며 出言을 必顧行하며 常德을 必固持하며 然諾을 必重應하며 見善如己出하며 見惡如己病하며 凡此十四者는 皆我未深省이라 書此當座隅하여 朝夕視爲警하노라.

장사숙 좌우명에 말하였다. 무릇 말을 반드시 충실하고 믿음직하게 하며, 무릇 행실을 반드시 후덕하고 공경하게 하며, 음식을 반드시 삼가고 절제하며, 글씨를 반드시 반듯하고 바르게 쓰며, 용모를 반드시 단정하고 엄숙히 하며, 의관을 반드시 엄숙하고 바르게 하며, 걸음걸이를 반드시 편안하고 자상히 하며, 거처함을 반드시 바르고 고요하게 하며, 일하는 것을 반드시 처음을 헤아려 하며, 말을 하는 것을 반드시 실행을 돌아보며, 떳떳한 덕을 반드시 굳게 가지며, 승낙하는 것을 반드시 신중히 응하며, 착함을 보거든 자기에게서 나온 것처럼 여기며, 악함을 보거든 자신의 병처럼 여겨라. 무릇 이 열네 가지는 모두 내가 깊이 살피지 못한 것이다. 이를 앉는 자리 귀퉁이에 마땅히 써 붙여 아침저녁으로 보고 경계하노라.

【어휘】

篤도타울 독 篤實, 篤志, 篤農, 危篤, 敦篤
畫그을 획(=劃) 劃數, 畫順, 劃一; 그림 화 畫家, 畫壇
楷바를(본보기) 해 楷書
整가지런할 정 整頓, 整理
詳자세할 상 詳細, 詳述, 未詳
諾허락할 낙 承諾, 許諾
警경계할 경 警戒, 警報, 警備

肅엄숙할 숙 肅淸, 嚴肅, 自肅
履신(밟을) 리 履歷, 履行, 木履
顧돌아볼 고 顧客, 顧問, 回顧
隅모퉁이 우 隅曲, 一隅

*張思叔: 북송의 성리학의 대가로 이름은 繹, 思叔은 字. 程伊川의 제자이다.

• 문법해설

(1) 座右銘은 좌석 오른쪽에 써 붙인 격언이나 경구로 자신을 경계하기

위한 글귀를 말한다. (2)이 座右銘은 여러 經書에서 抄錄한 것이고, 座右銘에는 韻字가 있는데 여기서는 敬, 正, 整, 靜, 行, 應, 病, 省, 警이 韻字이다. 5언 구문으로 같은 구조가 12, 다른 구조가 2, 도합 14가지로 된 좌우명이다. 앞의 2자는 뒤 必이 포함된 3자의 목적어이다. (3)凡은 '무릇, 모두'의 뜻. 語는 상대와 대화하는 말이며 行은 行動擧止, 즉 行實을 뜻한다. (4)作事는 行事之時로 '일을 행할 때', 出言은 出言之時로 '말을 할 때'로 보면 된다. 常德은 '평상시의 덕'으로 인륜을 뜻하고, 然과 諾은 둘 다 응답하는 말 應辭이고, 重應은 '응답을 신중히 하다'는 뜻으로 '술목'구조이다. (5)見善(惡)은 '술목'구조로 조건을 제시하고, 如~ 는 '~같이 하라'는 권유의 글이다. 書此는 '이것을 써 붙이다', 朝夕은 시간부사로 '아침저녁으로', 視爲警은 '보고 경계하다, 깨우침으로 삼다'는 뜻이다.

(10)范益謙座右銘曰 一不言朝廷利害邊報差除요 二不言州縣官員長短得失이요 三不言衆人所作過惡之事요 四不言仕進官職趨時附勢요 五不言財利多少厭貧求富요 六不言淫媟戱慢評論女色이요 七不言求覓人物干索酒食이니라. 又人附書信을 不可開坼沈滯요 與人並佐에 不可窺人私書요 凡入人家에 不可看人文字요 凡借人物에 不可損壞不還이요 凡喫飮食에 不可揀擇去取요 與人同處에 不可自擇便利요 凡人富貴를 不可歎羨詆毁니 凡此數事에 有犯之者면 足以見用意之不肖니 於存心修身에 大有所害라 因書以自警하노라.

범익겸 좌우명에 말하였다. 첫째는 조정의 이해와 변방의 기별과 차제를 말하지 말 것이요, 둘째는 주현의 관원의 장단과 득실을 말하지 말 것이요, 셋째는 여러 사람이 저지른 잘못과 나쁜 일을 말하지 말 것이요, 넷째는 벼슬하여 관직에 나가는 것과 시세를 좇아 권세에 아부하는 것을 말하지 말 것이요, 다섯째는 재리의 많고 적음과 가난을 싫어하고 부를 추구하는 것을 말하지 말 것이요, 여섯째는 음탕

하고 희롱하고 거만함과 여색에 대한 평론을 말하지 말 것이요, 일곱째는 남의 물건을 요구하거나 술과 음식을 찾아다니는 것을 말하지 말 것이다. 또 남이 편지를 부탁하거든 뜯어보거나 지체시키지 말며, 남과 함께 앉아 있을 적에 남의 사사로운 글을 엿보지 말며, 무릇 남의 집에 들어감에 남의 문자를 보지 말며, 남의 물건을 빌렸을 때에 손상시키거나 돌려보내지 않지 말며, 무릇 음식을 먹음에 가려서 버리거나 취하지 말며, 남과 함께 있으면서 스스로 편리함을 가려서 취하지 말며, 무릇 남의 부귀한 것을 봄에 감탄하고 부러워하거나 헐뜯지 말라. 무릇 이 몇 가지 일을 범하는 자가 있으면 그 마음 씀의 어질지 못함을 볼 수 있으니, 마음을 보존하고 몸을 닦는데 크게 해로운 바가 있는지라, 이로 인하여 이 글로 써서 스스로 경계하노라.

【 어 휘 】

廷조정 **정** 法廷, 朝廷
仕벼슬할 **사** 仕途, 奉仕
趨달릴 **추** 趨步, 趨勢, 歸趨
勢기세 **세** 勢力, 勢道, 時勢
媟깔볼 **설**
慢게으를 **만** 慢性, 傲慢, 怠慢
索찾을 **색** 索引, 思索, 探索
滯말힐 **체** 滯納, 滯留, 停滯
竝아우를 **병** 竝設, 竝發, 竝行
壞무너질 **괴** 壞滅, 破壞
擇가릴 **택** 選擇, 擇日
詆꾸짖을 **저**

差어긋날 **차** 差度, 差別, 差異
職벼슬 **직** 職業, 職務, 奉職, 辭職
附붙을 **부** 附屬, 附着, 寄附
淫음란할 **음** 淫蕩, 淫亂, 淫談悖說
戱희롱할 **희** 戱曲, 戱弄, 遊戱
覓찾을 **멱** 覓句, 覓來
坼터질 **탁** 坼裂
肖닮을 **초** 肖像, 不肖
窺엿볼 **규** 窺視, 窺知, 窺管
揀가릴 **간** 揀選, 揀擇
羨부러워할 **선** 羨望, 欽羨
毁헐 **훼** 毁謗, 毁損, 毁譽

*范益謙: 남송의 학자로 이름은 沖이고 자는 元長이다.

● 문법해설

(1)不言의 목적이 되는 글이 7번 이어지고, 不可함을 나타내는 글이 7번

이어진다. (2)邊報는 '국경에서 올리는 보고서', 差除는 '관직에 제수하는 것'이다. 長短과 得失은 대립관계로 성립된 어휘들이다. (3)所作過惡은 '所+述+目' 구조로 '과와 악을 지은 바, 것'으로 해석되고, 뒤의 소유격조사인 之(의)와 함께 事를 꾸민다. 過는 잘하려고 하였으나 무심히 잘못된 것이며, 惡은 처음부터 의도적으로 어긋난 짓을 한 것을 가리킨다. (4)趨時는 '시세를 좇다', 附勢는 '권세에 아부하다', 厭貧은 '가난을 싫어하다', 求富는 '부를 추구하다'는 '술목'구조이고, 역시 評論은 女色, 求覓은 人物, 干索은 酒食을 목적어로 하는 '술목'구조이다. (5)人附書信에서 人은 주어, 附는 술어, 書信은 목적어로 '주술목'구조이고, 窺는 人私書, 看은 人文字, 借는 人物을 목적어로 하는 '술목'구조이다. 凡은 발어사이다. (6)揀擇去取는 음식을 가려서 입맛에 맞는 것은 취하고 맞지 않는 것은 버리는 것을 말한다. 人富貴는 '남의 부귀'로 歎羨(감탄과 선망)과 訛毀(비방과 헐뜯음)의 목적어이다. (7)有犯之者의 之는 此數事의 대명사이고, 犯之는 뒤의 者를 꾸며 '이것을 범한 자'로, 有의 의미상주어이며 뒤에 則이 빠진 가정문이다. (8)足以는 可以의 뜻이고, 見은 用意之不肖를 목적어로 가진다. 用意는 '술목' 구조로 뒤의 不肖를 수식한다. 不肖는 '못난 자식'이라는 뜻이나 여기서는 '어질지 못함'을 나타낸다. (9)於는 '~에 있어서', 存心과 修身은 '술목'구조, 大有所害는 '크게 해로운 바가 있다'는 뜻으로 원인이유의 전치사 因의 목적어가 되어 '이로 인하여'로 해석된다. (10)書以는 '글로 써서, 글로써'로 목적어 書를 강조하려 以와 도치시킨 것으로 보아도 되고, 또는 以를 而로 보고 일의 순서대로 해석하면 쉽다. 自警은 '스스로 (자신을) 경계하다'로 自는 동사 警의 목적어이지만 自는 언제나 동사 앞에 위치한다.

(11)武王이 問太公曰 人居世上에 何得貴賤貧富不等고 願聞說之하여 欲知是矣로이다. 太公曰 富貴는 如聖人之德하여 皆由天命이어니와

富者는 **用之有節**하고 **不富者**는 **家有十盜**니이다.

　무왕이 태공에게 묻기를 "사람 사는 세상에 어찌하여 귀하고 천하고 빈하고 부하고 평등하지 않을 수 있습니까? 원컨대 말씀을 들어서 이를 알고자 합니다." 하자, 태공은 다음과 같이 대답하였다. "부귀는 성인의 덕과 같아서 다 천명에 말미암거니와 부자는 쓰는 것이 절도가 있고, 부하지 못한 자는 집에 열 가지 도둑이 있나이다."

【어 휘】

賤천할 천 賤視, 賤待, 賤人, 貴賤, 貧賤

盜도둑(훔칠) 도 盜掘, 盜癖, 盜聽, 强盜, 竊盜

*武王(B.C. 1169~1116): 周나라 文王의 아들로 이름은 發이다. 父王의 유업을 계승하여 殷나라 紂를 멸하고 周王朝를 세웠다. 이때 太公이 太師로 도왔다. 太公은 성은 姜, 이름은 尙, 그의 선조가 呂에 봉해졌으므로 呂尙이라고도 한다. 文王이 사냥을 나갔다가 渭水에서 만났는데, 先君 太王이 고대하던 사람이라 하여 太公望이라고 불렀다. 武王을 도와 殷나라를 멸망시키고 천하를 통일하였으며, 그 공으로 齊나라에 봉해져 시조가 되었다. 저서로 兵書인 六韜가 있다.

● 문법해설

　(1)人居世上은 人이 주어, 居가 술어, 世上이 보어(~에)인 '주술보'구조이다. 何得의 得은 조술사로 쓰일 때 可의 뜻으로 '~할 수 있다'로 해석하고 의문사와 호응하여 상황이 허락되지 않음을 나타낸다. 예:[晉書] 人非堯舜 何得每事盡善 (사람이 요순이 아닌데 어찌 매사를 다 잘 할 수 있겠는가)? 貴賤貧富가 주어이고 不等이 술어이다. (2)願, 欲 등은 '원컨대, 바라건대 ~하고 싶다'의 뜻으로 술어를 돕는 일종의 조술사이다. 願聞은 '원컨대 듣고 싶다', 欲知是矣는 '(바라건대) 이것을 알고 싶다'로 해석된다. 說之는 聞의 목적이고, 之는 앞글을 받는 대사로 說의 목적어이다. 是는 앞의 之와 같은 대사로 知의 목적어이다. (3)富貴가 주어, 如가 술어, 聖人之德

[13] 立教篇 가르침을 세우는 글 · 177

이 보어이다. 聖人之의 之는 관형격조사로 德을 수식한다. 皆는 富貴이고, 由는 '~에 연유하다, 말미암다'이다. (4)富者가 주어, 有가 술어, 節이 보어이다. 用之有節의 之를 재물을 지칭하는 대명사로 보고 '재물을 쓰는 데(쓸 때) 절제가 있다'로 해석해도 되고, 혹은 之를 주격조사로 보고 '씀씀이가 절제 있다'로 해석해도 된다. 不富者가 주어, 家는 장소를 지칭하는 부사어로 '~에'라는 토씨가 붙고, 有가 술어이고, 十盜가 보어이다. 有를 '소유하다'는 타동사로 보면 목적어이다.

(12)武王曰 何謂十盜닛고 太公曰 時熟不收가 爲一盜요 收積不了가 爲二盜요 無事燃燈寢睡가 爲三盜요 慵懶不耕이 爲四盜요 不施功力이 爲五盜요 專行巧害가 爲六盜요 養女太多가 爲七盜요 晝眠懶起가 爲八盜요 貪酒嗜慾이 爲九盜요 强行嫉妬가 爲十盜니이다.

무왕이 말씀하기를 "무엇을 열 가지 도둑이라고 합니까?" 하자, 태공은 다음과 같이 대답하였다. "때에 알맞게 익은 곡식을 거둬들이지 않는 것이 첫째의 도둑이요, 거두고 쌓는 것을 마치지 않는 것이 둘째의 도둑이요, 일없이 등불을 켜놓고 잠자는 것이 셋째의 도둑이요, 게을러서 밭 갈지 않는 것이 넷째의 도둑이요, 공력을 들이지 않는 것이 다섯째의 도둑이요, 제멋대로 행동하고 교활하게 해코지하는 것이 여섯째의 도둑이요, 딸을 너무 많이 기르는 것이 일곱째의 도둑이요, 낮에 잠을 자고 아침에 늦게 일어나는 것이 여덟째의 도둑이요, 술을 탐하고 욕심을 부리는 것이 아홉째의 도둑이요, 심히 질투를 하는 것이 열째의 도둑입니다."

【어 휘】

收거둘 수 收納, 收入, 收穫
熟익을 숙 熟達, 熟練, 能熟
燃불탈 연 燃料, 撚燒
睡잠잘 수 睡眠, 昏睡, 午睡
專오로지 전 專攻, 專門, 專念
嫉시기할 질 嫉視, 嫉妬

了마칠 료 了解, 修了, 完了
積쌓을 적 積極, 積立, 積善, 容積
寢잠잘 침 寢臺, 寢具, 寢室, 就寢
懶게으를 나 懶怠, 懶農
嗜즐길 기 嗜酒, 嗜好
妬시샘할 투 妬忌, 嫉妬

• **문법해설**

(1)何謂十盜의 謂는 목적어와 보어를 가지는 동사로 '~을 ~라고 이른다'로 해석된다. 의문대명사 何(무엇을)가 목적어이고 十盜가 보어이다. 예: 何謂善 何謂信(무엇을 선이라 하고, 무엇을 신이라 합니까)? (2)時熟은 '때 맞게 익은 곡식'으로 不收의 목적어, 爲는 연계동사 '~이다'로 一盜가 보어이다. 收積은 '수확을 하고 쌓는 것'으로 不了의 목적어이다. (3)燃燈은 '등불을 켜다', 寢睡는 '잠을 자다'이다. 慵懶는 '게을러서'의 뜻으로 不耕의 원인이다. (4)功力은 不施의 목적어. 專과 巧는 부사로 行과 害를 수식한다. (5)養女는 '딸을 기르다'의 '술목'구조이고, 太多는 '너무 많이'의 부사로 養女를 꾸민다. 晝眠는 '낮에 자다', 懶起는 '게을러서 늦게 일어나다'로 '부술'구조이다. (6)貪酒 '술을 탐내다' 와 嗜慾은 '욕심을 부리다(즐기다)'로 '술목'구조이다. 强(심히, 억지로)은 부사로 行을 수식하고 行은 嫉妬를 목적어로 한다.

> **(13)武王曰 家無十盜而不富者는 何如닛고, 太公曰 人家에 必有三耗니이다. 武王曰 何名三耗닛고, 太公曰 倉庫漏濫不蓋하여 鼠雀亂食이 爲一耗요 收種失時가 爲二耗요 抛撒米穀穢賤이 爲三耗니이다.**
>
> 무왕이 말씀하기를 "집에 열 가지 도둑이 없는데도 부유하지 못한 것은 어째서입니까?" 하고 묻자, 태공은 다음과 같이 말하였다. "그런 사람의 집에는 반드시 세 가지 더는 것이 있습니다." 무왕이 "무엇을 세 가지 더는 것이라고 이름 합니까?" 하고 다시 묻자, 태공은 다음과 같이 대답하였다. "창고가 새고 넘치는데도 가리지 않아 쥐와 새들이 어지러이 먹는 것이 첫째의 더는 것이요, 거두고 심는 것을 때를 놓치는 것이 둘째의 더는 것이요, 곡식을 버리고 흩어서 더럽게 하고 천하게 하는 것이 셋째의 더는 것입니다."

【 어 휘 】

耗소모할 모 耗亂, 消耗

倉곳집 창 倉庫, 倉廩, 倉卒

庫곳집 고 庫直, 金庫, 書庫
蓋덮을 개 蓋石, 蓋世, 蓋然
雀참새 작 雀躍, 燕雀
撒뿌릴 살 撒水, 撒布

漏샐 루 漏落, 漏泄, 漏出
鼠쥐 서 鼠盜, 鼠思
抛던질 포 抛棄, 抛擲, 抛物線
穢더러울 예 穢政, 穢草, 汚穢

• 문법해설

(1)家無十盜는 '집에 십도가 없다'는 뜻으로 家는 장소어. 十盜는 有·無의 보어이다. 而는 앞뒤에 부정어가 있으면 역접으로 '~데도, 허나'로 해석된다. (2)何名三耗는 '무엇을 삼모라고 이름 합니까?'에서 名은 앞서 나온 謂와 같은 동사로 목적어와 보어를 필요로 하여 '~을 ~이라고 이름 하다'로 해석된다. (3)漏濫은 지붕에 빗물이 새고 곡식이 넘치는 것. 亂食은 마구 먹어치우는 것. 爲는 '~이다'로 해석된다. (4)收는 수확, 種은 파종, 失時는 '적시를 놓치다'는 뜻이다. 米穀이 抛撒의 목적어로 '곡식을 버리고 흩어지게 하다'는 뜻이고, 穢賤은 '(곡식을)더럽게 하고 천하게 하다'는 뜻이다.

(14)武王曰 家無三耗而不富者는 何如닛고, 太公曰 人家에 必有一錯二誤參痴四失五逆六不祥七奴八賤九愚十强하여 自招其禍요 非天降殃이니이다.

무왕이 말씀하기를 "집에 세 가지 더는 것이 없는데도 부유하지 못한 것은 어째서입니까?" 하고 다시 묻자, 태공은 다음과 같이 대답하였다. "그런 사람의 집에는 반드시 첫째 어긋남, 둘째 그름, 셋째 어리석음, 넷째 과실, 다섯째 거스름, 여섯째 상서롭지 못함, 일곱째 노예근성, 여덟째 천함, 아홉째 어리석음, 열째 뻔뻔함이 있어서 스스로 그 화를 부르는 것이요, 하늘이 재앙을 내리는 것이 아닙니다."

【어 휘】
錯그릇될 착 錯覺, 錯誤, 錯雜
痴(=癡)어리석을 치 癡呆, 癡情
祥상스러울 상 祥瑞, 祥雲, 吉祥

誤그릇할 오 誤判, 誤解, 過誤
逆거스를 역 逆境, 逆說, 逆行
奴종 노 奴婢, 奴隷, 守錢奴

招부를 초 招待, 招聘, 招請　　　　　殃재앙 앙 殃咎, 災殃
降내릴 강 降等, 降雨; 항복할 항 降服, 降書

● 문법해설

(1)人家는 '그런 사람 집'의 뜻으로 三耗가 없는 집을 가리킨다. 이런 집에는 必有의 보어로 10가지가 제시되어 있다. (2)招는 其禍를 목적어로 하고, 天降殃은 '하늘이 재앙을 내리다'는 '주술목'구조이다. 非는 명사와 문장 전체를 부정한다. 예:[논어] 人能弘道 非道弘人(사람은 도를 넓힐 수 있지만 도가 사람을 넓히는 것은 아니다).

(15)武王曰 願悉聞之하노이다. 太公曰 養男不敎訓이 爲一錯이요 嬰孩不訓이 爲二誤요 初迎新婦不行嚴訓이 爲三痴요 未語先笑가 爲四失이요 不養父母가 爲五逆이요 夜起赤身이 爲六不祥이요 好挽他弓이 爲七奴요 愛騎他馬가 爲八賤이요 喫他酒勸他人이 爲九愚요 喫他飯命朋友가 爲十强이니이다. 武王曰 甚美誠哉라 是言也여.

　무왕이 말씀하기를 "그 내용을 다 듣기를 원합니다." 하자, 태공은 다음과 같이 대답하였다. "남자아이를 기르면서 가르치지 않는 것이 첫째 어긋남이요, 어린 아이를 훈도하지 않는 것이 둘째 그름이요, 처음 신부를 맞아들여서 엄하게 가르치지 않는 것이 셋째 어리석음이요, 말하기 전에 먼저 웃는 것이 넷째 과실이요, 부모를 봉양하지 않는 것이 다섯째 거스름이요, 밤에 알몸으로 일어나는 것이 여섯째 상서롭지 못함이요, 남의 활을 당기기를 좋아하는 것이 일곱째 노예근성이요, 남의 말을 타기를 좋아하는 것이 여덟째 천함이요, 남의 술을 마시면서 다른 사람에게 권하는 것이 아홉째 어리석음이요, 남의 밥을 먹으면서 벗에게 명하는 것이 열째 뻔뻔함입니다." 무왕이 말씀하였다. "심히 아름답고 진실하도다! 이 말씀이여."

【어휘】
悉다(할) 실 悉心, 知悉　　　　　嬰갓난아이 영 嬰兒
孩어린아이 해 孩子, 孩蟲　　　　訓가르칠 훈 訓練, 訓放, 校訓

挽당길, 애도할 만 挽留, 輓歌 　　　騎말탈 기 騎馬, 騎兵, 騎士
勸권할 권 勸誘, 勸學, 勸善懲惡 　　　飯밥 반 飯店, 朝飯, 白飯

● 문법해설

(1)願悉聞之에서 願은 '원컨대 ~하고 싶다', 悉은 皆와 같이 부사 '모두, 다'의 뜻으로 聞之를 수식하고, 之는 聞의 목적어로 앞에 말한 내용을 가리키는 대사이다. (2)養男은 '술목'으로 '남자아이를 기르다'는 뜻으로 뒤에 而를 넣어 不教訓과 동시동작을 나타내고, 嬰孩는 不訓의 대상이다. (3)初는 부사로 '처음(으로)', 迎은 新婦를 목적어로 하고, 不行은 嚴訓을 목적어로 한다. 未語 '아직 말을 안 하다'이고, 先笑 '먼저 웃다'이다. 未語先笑는 不敬이다. (4)不養은 父母를 목적어로하고, 夜起赤身의 夜는 시간부사로 '밤에', 起는 '일어나다'로 술어, 赤身은 '알몸, 맨몸'으로 보어이다. (5)好는 挽他弓을, 挽은 他弓을 목적어로 한다. 愛는 騎他馬을, 騎는 他馬를 목적어로 한다. (6)喫은 他酒를, 勸은 他人을 목적어로 한다. 他人은 勸의 간접목적어이고 他酒가 직접목적어이다. 喫他酒 뒤에 而를 넣으면 알기 쉽다. (7)喫은 他飯을 직목으로, 命은 朋友를 간목으로 한다. 喫他飯 뒤에 而자를 넣으면 알기 쉽다. 남의 밥을 먹으면서 밥을 사는 朋友에게 이래라저래라 명하는 행위로 十強이다. 強은 억지를 부리는 행위이니 뻔뻔함을 가리킨다. 여기 爲는 모두 연계동사로 '~이다'로 해석한다. (8)甚美誠哉에서 甚은 부사로 '심히, 매우'의 뜻이고 뒤에 오는 형용사 美(而)誠을 수식한다. 哉는 감탄 종결사로 '~이구나, ~하도다.'로 해석된다. 是言은 이 장에서 태공이 답한 모든 말을 가리키는 것으로 甚美誠哉의 주어이나 술어 甚美誠哉를 강조하기위해 도치시켰다.

(4) **凡使奴僕**에 **先念飢寒**이니라.
무릇 노복을 부릴 적에는 먼저 그들의 춥고 배고픔을 생각할지니라.

【 어 휘 】

飢(=饑)주릴 **기** 飢渴, 饑饉, 飢寒   念생각할 **념** 念慮, 念佛, 專念
使부릴, 하여금 **사** 使役, 使命, 使臣, 勞使, 特使

● 문법해설

(1)凡은 '무릇', 使는 '부리다'는 뜻. 奴僕의 奴는 '남자종'이고 僕은 '종, 마부'의 뜻이고, 奴婢하면 '남자종과 여자종'을 가리킨다. (2)先은 '먼저'의 뜻으로 念을 수식하고, 念(其)飢寒은 '술목'구조로 '노복의 기한을 먼저 생각하다'는 뜻이다. 참고:[격몽요결] 婢僕代我之勞 當先恩而後威 乃得其心(하인은 나의 노고를 대신 하니 마땅히 먼저 은혜를 베풀고 뒤에 위엄이 있어야 그들의 마음을 얻는다).

(5) **子孝雙親樂**이요 **家和萬事成**이니라.
자식이 효도하면 두 분 어버이가 즐겁고, 집안이 화목하면 만사가 이루어지느니라.

【 어 휘 】

雙쌍 **쌍** 雙曲線, 雙璧, 無雙
親어버이 **친** 兩親, 養親, 親喪, 親密, 親筆, 親戚

● 문법해설

(1)子孝와 家和는 '주술'구조로 가정의 조건을 나타내고, 雙親樂과 萬事成도 '주술'구조로 결과의 뜻을 나타낸다. (2)이 詩句는 명사주어인 子와

家, 형용사 술어인 孝와 和, 수사인 雙과 萬, 명사주어인 親과 事, 동사술어인 樂과 成이 좋은 字對를 이룬 5언 대구의 교훈시다. (3)雙親은 兩親과 같으나 平仄관계로 仄聲인 兩을 버리고 平聲인 雙을 택한 것이다.

> **(6)時時防火發**하고 **夜夜備賊來**니라.
> 때때로 불이 나는 것을 막고, 밤마다 도적이 오는 것을 방비할지니라.

【어 휘】
防막을 **방** 防備, 防止, 防波堤
備갖출 **비** 備考, 備忘錄, 備置, 準備
賊도둑 **적** 賊盜, 賊心, 賊反荷杖

● 문법해설

(1)時時와 夜夜는 시간부사로 '때때로, 언제나'와 '밤마다, 매일 밤'의 뜻이다. (2)防과 備는 火發과 賊來를 목적어로 하는 '술목'구조이고, 火發과 賊來는 '주술'구조이다. 賊來는 盜來와 같다. (3)時時와 夜夜, 防과 備, 火發과 賊來가 好對를 이룬 5언 對句이다.

> **(7)景行錄云 觀朝夕之早晏**하면 **可以卜人家之興替**니라.
> 경행록에 말하였다. 아침과 저녁의 이르고 늦음을 살펴보면 그 사람 집의 흥하고 쇠함을 점칠 수 있느니라.

【어 휘】
觀볼 **관** 觀光, 觀客, 觀望, 觀察
晏늦을 **안** 晏眠, 晏息, 晏然
興일(흥겨울) **흥** 興亡, 復興, 興味
早일찍 **조** 早晩, 早熟, 早退
替바꿀, 쇠퇴할 **체** 交替, 隆替

194 · 문법으로 배우는 명심보감

● 문법해설

(1)觀은 朝夕之早晏을 목적어로 한 가정의 조건문이고, 之는 관형격조사 '~의'이다. (2)可以는 '~로써 ~할 수 있다'의 뜻. 以는 전치사로 뒤에 명사가 오지만 동사가 오면 此가 생략된 것으로 보는데 이 此는 앞에 나온 글을 받는 대명사인 것이다. 여기 此는 觀朝夕之早晏이다. (3)卜은 人家之興替를 목적어로 한다. (4)早晏은 遲速이나 早晩의 뜻이고, 興替는 盛衰나 興亡의 뜻으로 대립관계어이다.

> **(8)文仲子曰 婚娶而論財는 夷虜之道也니라.**
> 문중자가 말하였다. 혼인하고 장가들면서 재물을 논하는 것은 오랑캐의 도이니라.

【어 휘】

婚혼인 할 혼 婚姻, 婚禮, 婚需
娶장가들 취 娶妻, 嫁娶
財재물 재 財團, 財閥, 文化財
夷오랑캐 이 夷狄, 東夷
虜포로(오랑캐) 로 虜掠, 虜獲, 捕虜

*文仲子: 수나라 학자로 이름은 王通. 자는 仲淹. 육영에 힘써 李靖, 魏徵 등 고매한 제자를 배출하였다. 사후에 문인들이 私諡로 文仲子라고 칭하였다.

● 문법해설

(1)婚娶는 婚姻으로 嫁娶(시집가고 장가가다)의 뜻이고, 論財는 '술목'관계이다. 而자는 술어와 술어를 이어주는 접속사로 '~하면서'로 해석된다. (2)夷虜는 '오랑캐의 종, 하인'이니 下等人을 지칭하고, 道는 '인간의 도리'이다. 인간의 중대사인 婚姻을 하면서 婚需와 禮物 등의 寡多를 논하는 것은 '오랑캐의 悖道'라는 뜻이다.

명심보감 보충자료

*退溪先生이 曰 夫婦는 人倫之始요 萬福之源이라. 雖至親至密이나 而亦 至正至謹之地어늘 世人이 都忘禮敬하고 遽相狎昵하며 遂至侮慢凌蔑하여 無所不至者는 皆生於不相賓敬之故니라. [都모두 도. 遽급할 거. 狎친압할 압. 昵가까울 일. 遂마침내 수. 侮업신여길 모. 慢거만할 만. 凌깔볼 능. 蔑없신여길 멸](퇴계선생이 말하였다. "부부는 인륜의 시작이며 만복의 근원이다. 비록 지극히 친밀하지만 한편으로 지극히 정직하고 지극히 삼가야 할 처지이거늘 세상 사람들은 모두 예절과 공경을 잊고, 급히 서로 너무 가까워져 마침내는 업신여기고 능멸하게 되어 하지 못할 바가 없게 되는 것은 모두 서로 공경하지 않는 까닭에서 비롯된 것이다.")

◀退溪: 조선 중기 주자성리학자. 성은 이. 이름은 황. 퇴계는 호이다.

*士小節에 曰 儉者는 自奉이 節故로 常有餘而能施하고 奢者는 自奉이 厚故로 常不足而吝이니라.
[儉검소할 검. 奉받들 봉. 施베풀 시. 奢사치할 사. 吝인색할 린.]
(사소절에 말하였다. "검소한 사람은 스스로 받들기를 절약하므로 항상 여유가 있어서 베풀 수 있고, 사치하는 사람은 스스로 받들기를 후하게 하므로 항상 부족하여 인색하니라.")

◀士小節은 조선 英•正祖 때 실학자 李德懋의 저서.

*沖庵先生이 曰 君子는 樂天知命이라 故로 不憂不懼니라. [沖빌 충. 庵암자 암. 懼두려워할 구] (충암선생이 말하였다. "군자는 하늘의 이치를 즐기고 운명을 안다. 따라서 근심하거나 두려워하지 않는다.")

安義篇(의리를 편히 하는 글)

安義는 의리에 따라 행함을 편안히 여긴다는 뜻이다. 義라고 하는 것은 모든 사물의 이치에 합당하게 하는 것이요, 인륜에 알맞게 처신하고 실행하는 것이다.

> (1) 顏氏家訓曰 夫有人民而後에 有夫婦하고 有夫婦而後에 有父子하고 有父子而後에 有兄弟하니 一家之親은 此三者而已矣라. 自玆以往으로 至于九族에 皆本於三親焉이라 故로 於人倫에 爲重也니 不可不篤이니라.
>
> 안씨가훈에 말하였다. 백성이 있은 뒤에 부부가 있고 부부가 있은 뒤에 부자가 있고 부자가 있은 뒤에 형제가 있으니, 한 집안의 친족은 이 세 가지뿐이다. 이로부터 나아가 구족에 이르기까지 모두 이 삼친(부부, 부자, 형제)에 근본 하였다. 그러므로 인륜에 있어 가장 중요한 것이니, 돈독하게 하지 않을 수 없느니라.

【어휘】

往갈 왕 往年, 往來, 往復, 旣往   篤도타울 독 篤實, 篤志, 危篤
玆이 자

*顏氏家訓: 北齊의 顔之推가 자손들을 위해 편찬한 立身과 治家에 대한 책이다.

• 문법해설

(1) 有人民而後有夫婦에서 '有A+而後+有B' 구조는 'A가 있은 이후에 B가 있다'는 뜻으로 세 번 반복되어있다. 人民은 백성이나 일반사람을 가리킨다.
(2) 而後는 以後와 같고, 三者는 夫婦, 父子, 兄弟를 말한다. 而已矣는 한정 종결사로 而已, 已, 爾, 耳 등과 같이 '따름이다, 뿐이다'의 뜻이다

(3)自玆의 玆는 此와 같은 지시대명사로 '三親으로 부터'라는 뜻이고, 以往은 以後와 같다. 至는 '~에 이르다'이고, 于는 전치사로 '~에'라는 뜻이다. (4)九族은 高祖, 曾祖, 祖, 父, 己, 子, 孫, 曾孫, 高孫, 玄孫까지 직계와 방계로 내려온 친속을 말한다. (5)本於三親焉의 本자는 '근본으로 삼다, ~에 뿌리를 두다'는 뜻의 동사로 '삼친에 뿌리를 두다'로 해석된다. (6)爲重은 '중요하다, 중요한 것 이다'는 뜻. 不可不은 不得不과 같이 '~하지 않을 수 없다, 마땅히'라는 뜻의 助述詞이다.

---

(2)莊子曰 兄弟는 爲手足이요 夫婦는 爲衣服이니 衣服破時엔 更得新이어니와 手足斷處엔 難可續이니라.

장자가 말하였다. 형제는 수족이 되고 부부는 의복이 되니, 의복이 떨어졌을 때는 다시 새롭게 할 수 있거니와 수족이 잘라진 곳은 잇기가 어려우니라.

【어 휘】

服옷 복 服務, 服用, 服裝　　　　　破깨뜨릴 파 破鏡, 破壞, 破産
斷끊을 단 斷念, 斷食, 斷定　　　　續이을 속 續開, 繼續, 連續

● 문법해설

(1)兄弟와 夫婦는 주어, 爲는 '~이다, ~이 되다'로 술어, 手足과 衣服은 보어이다. 예:[명심보감] 勤爲無價之寶(부지런함은 값으로 따질 수 없는 보배이다). [시경] 高岸爲谷 深谷爲陵(높은 언덕은 골짝이 되었고, 깊은 골짝은 언덕이 되었다). (2)衣服은 破의 주어이고, 手足은 斷의 주어이다. 更(갱)은 부사로 '다시'라는 뜻이며 復와 같다. 得新은 可新, 혹은 能新으로 '떨어진 곳을 補修하여 새롭게 할 수 있다'는 뜻이다. (3)형제간의 우애를 手足之愛라 한다. 5언 5언과 7언 7언으로 된 對聯이다.

(3)蘇東坡云 富不親兮貧不疎는 此是人間大丈夫요 富則進兮貧則退는 此是人間眞少輩니라.

소동파가 말하였다. 부유하다고 친하지 않고 가난하다고 소원하지 않는 것 이것이 바로 인간의 대장부요, 부유하면 나아가고 가난하면 멀리하는 것 이는 사람 중에서 참으로 소인배이니라.

【어휘】

進나아갈 진 進擊, 進路, 進步, 進化
退물러날 퇴 退却, 退步, 退職, 後退
輩무리 배 輩出, 同輩, 先輩

• 문법해설

(1)富不親은 富而不親과 같고, 貧不疎은 貧而不疎와 같다. (2)兮는 같은 단락을 연결하는 접속사 기능을 하는 어기사로 운문에서 대구를 나타낼 때는 문장의 가운데 위치하고, 감탄을 나타낼 때는 문장 끝에 온다. 예:[노자] 禍兮福所倚 福兮禍所伏(화는 복이 의지하는 곳이고, 복은 화가 엎드려 있는 곳이다). [안중근 장부가] 丈夫處世兮 其志大矣 時造英雄兮 英雄造時(사나이가 이 세상 살아감이여! 그 뜻이 크도다. 때가 영웅을 만듦이여! 영웅이 때를 만들리라). (3)此는 앞글에 나온 사람을 가리키는 지시대명사이고, 是는 '~이다'의 연계동사로 뒤에 보어를 필요로 한다.

명심보감 보충자료

*李忠武公이 嘗言 大丈夫生世하여 用則效死하고 不用則耕於野足矣니라. 取美權貴하여 以竊一時之榮을 吾甚恥之하노라. [嘗일찍 상. 效바칠 효. 耕밭갈 경. 竊훔칠 절. 恥부끄러워 할 치] (이충무공이 일찍이 말하였다. "대장부가 세상에 나서 나라에서 써주면 목숨을 바칠 것이고, 써 주지 않으면 들에 서 농사를 지어도 좋을 것이다. 권력층에게 좋게 보여서 한 때의 영화를 은근히 바라는 것을 나는 심히 부끄러워한다.")

◀李忠武公: 忠武公은 선조 조 임진왜란 때 삼도수군통제사로 왜적을 물리친 李舜臣의 諡號이다.

*荀子가 曰 自知者는 不怨人하고 知命者는 不怨天하고 先義而後利者는 榮하고 先利而後義者는 辱이니라. [怨원망할 원. 辱욕되게 할 욕. 예: 不怨天 不尤人(하늘을 원망 말고 사람을 탓하지 말라)] (순자가 말하였다. "자신을 아는 사람은 남을 원망하지 않고, 운명을 아는 자는 하늘을 원망하지 않는다. 의리를 앞세우고 이득을 뒤로 하는 자는 영화롭고, 이득을 앞세우고 의리를 뒤로 하는 자는 치욕을 당한다.")

◀荀子는 중국 전국시대 조나라의 사상가로 荀子하면 사람이름이고 동시에 책이름이다.

*柳西厓先生이 曰 夫人之一心은 敬怠無常이니 自少至老에 不可一日而無敎니라. [厓언덕 애. 敬공경할 경. 怠게으를 태]
(유서애선생이 말하였다. "대저 사람의 마음은 공경함과 게으름이 일정하지 않으므로 젊어서부터 늙기까지 하루라도 가르침이 없어서는 안 된다.")

◀柳西厓: 조선 선조 때의 성리학자. 이름은 成龍, 서애는 아호이다.

★★★ 문법으로 배우는 명심보감

 遵禮篇(예를 따르는 글)

遵禮는 예법을 지킨다는 말이다. 이는 道義를 지키며 세상을 산다는 말로 인간의 법도를 지킨다는 말과 같다. 그러나 너무 예를 따르면 경색되므로 예법을 활용할 때는 조화를 중시한다[禮之用 和爲貴].

> (1)子曰 居家有禮故로 長幼辨하고 閨門有禮故로 三族和하고 朝廷有禮故로 官爵序하고 田獵有禮故로 戎事閑하고 軍旅有禮故로 武功成이니라.
> 공자가 말씀하였다. 집안에 거처함에 예가 있으므로 어른과 어린이가 분별되고, 안방에 예가 있으므로 삼족이 화목하고, 조정에 예가 있으므로 관작의 차례가 있고, 사냥하는데 예가 있으므로 군사일이 익혀지고, 군대에 예가 있으므로 무공이 이루어지느니라.

【어 휘】

辨분변할 변 辨明, 辨別, 辨償
爵벼슬 작 爵位, 爵號, 獻爵
戎되, 전쟁 융 戎器, 戎馬, 戎狄
旅나그네 려 旅客, 旅愁, 旅行
武호반 무 武器, 武術, 武勇
田 밭(사냥할) 전 田獵

閨안방 규 閨房, 閨秀, 空閨
序차례 서 序列, 序論, 秩序
獵사냥할 렵 獵奇, 涉獵, 狩獵
閑한가할 한 閑暇, 閑寂, 等閑
功공로 공 功過, 功勞, 功名

• 문법해설

(1)居家의 居는 '~에'라는 처소를 나타내는 보어를 필요로 하는 술어이다. (2)'A有B'는 'A(居家)에 B(禮)가 있다'는 뜻으로 같은 구조의 문장이 다섯 번 반복되었다. (3)故는 '고로, ~까닭에'의 뜻으로 因果를 나타낼 때

쓰인다. 長幼(三族, 官爵, 戎事, 武功)가 주어이고, 辨(和, 序, 閑, 成)이 술어이다. (4)閨門有禮는 '父父子子兄兄弟弟夫夫婦婦(아버지는 아버지답고 아들은 아들답고 형은 형답고 아우는 아우답고 남편은 남편답고 아내는 아내답다)'로 각자의 역할을 다 하는 것을 뜻한다. 이글은 '주술'구조가 6번 이어진다. (5)三族은 父·子·孫, 父母·兄弟·妻子, 父系·母系·妻系의 족속 등을 가리킨다. (6)田獵有禮는 계절에 따라 사냥하는 법이 있다는 뜻이다. 戎事는 '군대에서 하는 일'이고, 閑은 '익숙해지다, 숙달되다'는 뜻이다. 사냥하는 것은 전쟁의 진법을 연습하는 일이기 때문이다. (7)軍旅는 군대를 총칭하는 말이다. 1旅는 5백 명, 1師는 5旅로 2천5백 명, 1軍은 5師로 1만2천5백 명이다. 軍旅有禮라함은 군이 진퇴하는 데도 법도가 있다는 뜻이다.

> **(2)子曰 君子有勇而無禮면 爲亂하고 小人有勇而無禮면 爲盜니라.**
> 공자가 말씀하였다. 군자가 용맹만 있고 예의가 없으면 세상을 어지럽게 하고, 소인이 용맹만 있고 예의가 없으면 도둑질을 하느니라.

【어휘】

勇날쌜 용 勇敢, 勇氣, 勇士   亂어지러울 란 亂局, 戰亂, 避亂
盜도둑 도 盜掘, 盜聽, 强盜

• 문법해설

(1)君子有勇은 '주술목'구조로 '군자는 용맹을 소유하다'는 뜻이다. (2)無禮는 가정의 뜻이고, 爲는 '~을 하다, ~이다, 일으키다, 만들다'는 등 여러 동사를 대신할 수 있는 대동사로 영어의 do와 용법이 같다. (3)爲亂의 爲는 作과 같은 타동사이니 '술목'관계가 되어 '난을 일으키다'이고, 爲盜의 爲는 자동사로 '~이 되다, 이다'의 뜻이다.

(3) 曾子曰 朝廷엔 莫如爵이요 鄕黨엔 莫如齒요 輔世長民엔 莫如德이니라.

증자가 말씀하였다. 조정에는 벼슬만한 것이 없고, 향당(지방)에는 연치(나이)만한 것이 없고, 세상을 돕고 백성을 다스리는 데에는 덕만 한 것이 없느니라.

【어 휘】

鄕시골 향 鄕愁, 鄕土, 故鄕
黨무리 당 黨論, 黨派, 政黨
齒이치 齒牙, 齒列, 年齒
輔도울 보 輔佐, 輔弼

*曾子(B.C.506~?): 春秋시대 魯나라의 사상가. 이름은 參. 자는 子輿. 曾點의 아들이다. 공자의 高弟로 효심이 지극하였고 제자들 교육에 진력하였다.

● 문법해설

(1) 'A+莫如+B'는 'A(朝廷)에는 B(爵)만한 것이 없다. B가 제일이다.'라는 뜻으로 莫若은 莫如와 같이 최상급비교이다. 예: [한서]至樂 莫如讀書 (지극한 즐거움은 책 읽는 것만 한 것이 없다). (2) 朝廷은 국사를 논하는 곳. 鄕黨은 자신이 살고 있는 곳, 고향. 齒는 年齒, 年齡의 뜻이다. 輔世長民은 '술목+술목'구조로 '세상을 돕고 백성을 장생시키다'는 뜻이다. 長은 '가르치다, 기르다, 다스리다'는 타동사이고 德은 德望을 가리킨다. (3) 이글은 맹자 公孫丑편에 나오는 三達尊인 爵, 齒, 德에 관한 이야기이다.

(4) 老少長幼는 天分秩序니 不可悖理而傷道也니라.

늙은이와 젊은이, 어른과 어린이는 하늘이 차례를 나눈 것이니, 이치를 어기고 도를 상하게 해서는 안 되느니라.

【어 휘】

秩차례, 녹 질 秩序, 秩高, 秩米
傷상할 상 傷心, 傷處, 傷害, 負傷
悖어그러질 패 悖談, 悖倫, 悖逆

● 문법해설

　(1)老少는 '늙은이 와 젊은이' 長幼는 '어른과 아이'는 서로 '대립'관계의 어휘이다. (2)天分秩序는 '주술목'구조로 '하늘이 차례를 나누다'이다. (3)悖理와 傷道는 '술목'구조로 '이치를 어기다'와, '도를 해치다'는 뜻이다. (4)不可는 '~해서는 안 된다'이고, 也는 '~이다'로 단정종결사이다.

> **(5)出門**에 **如見大賓**하고 **入室**에 **如有人**이니라.
> 문을 나갈 때에는 큰 손님을 뵙듯이 하고, 방으로 들어올 때에는 사람이 있는 듯이 하라.

【어 휘】
　賓손 빈 賓客, 貴賓, 來賓　　　　　室집, 방 실 室內, 室人, 內室

● 문법해설

　(1)出門은 '대문을 나가다'로 밖에 나가 다른 사람들을 만날 때를 뜻하고, 入室은 '방에 들어가다'로 방에는 항상 사람이 있다는 마음가짐을 하고 들어갈 때를 뜻한다. 出門은 出門之時, 入室은 入室之時의 뜻으로 해석하면 편하다. (2)大賓은 見의 목적어. '如+동사'는 '~하는 듯이(것처럼) 하라'는 권유의 글이다.

> **(6)若要人重我**인댄 **無過我重人**이니라.
> 만약 남이 나를 중하게 여겨주는 것이 필요하다면 내가 먼저 남을 중히 여기는 것보다 나은 것은 없느니라.

【어 휘】

要구할 요 要求, 要望, 要約, 要點, 要注意, 重要, 必要
重무거울, 중히 여길 중 重傷, 重要, 重態, 輕重, 尊重, 體重
過지날, 허물 과 過去, 過度, 過勞, 過失, 過誤, 過剩, 過程

● 문법해설

(1)若은 '만약', 要는 '바라다, 요구하다', 重은 '존중하다, 중요시하다'이다. (2)人重我와 我重人은 '주술목'구조로 要와 過의 목적절이다. (3)無過는 '~을 지나치는 것(능가하는 것)은 없다, ~만한 것은 없다'는 뜻. 예: [韓愈의 '贈鄭兵曹'] 破除萬事無過酒(만사를 잊는 데에는 술만 한 것이 없다).

> **(7)父不言子之德**하며 **子不談父之過**니라.
> 아버지는 아들의 덕을 말하지 말며, 자식은 어버이의 허물을 말하지 말지니라.

【 어 휘 】

德덕 덕 德望, 德性, 德行, 德化, 道德, 美德, 恩德
談말씀 담 談笑, 談判, 談話, 面談, 會談

● 문법해설

(1)父不言子之德은 '주술목'구조로 '아버지는 아들의 덕을 말하지 않다'는 뜻이다. 子不談父之過도 같은 구조이다. (2)여기서 父는 父母를 가리키고, 子는 子女를 가리킨다. (3)言은 자신이 하는 말[自言曰言]이고, 語는 다른 사람과 대답하며 하는 말[答述曰語]이고, 談은 많은 사람에게 하는 말[說衆曰談]이다. (4)여기 不은 단순부정으로 '~안하다', 혹은 금지사로 '~하지 말라'로 해석해도 된다.

명심보감 보충자료

*少儀에 曰 執虛如執盈하고 入虛如有人하라. [儀모범 의. 執잡을 집]
(소의에서 말하였다. "빈 그릇을 들더라도 가득 찬 것을 든 것처럼 하고, 빈방에 들어가더라도 사람이(마치 방안에) 있는 것처럼 하라.")
◀少儀: 유교의 기본 경전의 하나인 禮記의 편 이름.

*晦齋先生이 自戒辭에 曰 吾日三省吾身하노니 事天未有盡歟아 爲君親未有誠歟아 持心未有正歟아. [晦그믐 회. 省살필 성. 歟어조사 여]
(회재선생이 스스로 경계하는 글에서 말하였다. "나는 날마다 세 번 자신을 반성하는데, 하늘 섬김에 미진함이 없었던가? 임금과 어버이를 받듦에 성실치 못함이 없었던가? 마음가짐에 바르지 못함은 없었던가?")
◀晦齋: 조선 중종 때의 성리학자 李彦迪의 別號이다.

*靜庵先生이 曰 持己當使嚴中有恭이요 恭中有嚴이니 此所謂禮樂은 不可斯須去身者也니라 [靜고요할 정. 嚴엄할 엄. 恭공손할 공. 斯잠깐 사. 須잠시 수. 去(갈 거, 버릴 거)] (정암 선생이 말하였다. "몸가짐은 마땅히 엄한 가운데 공손함이 있어야 하고, 공손한 가운데 엄함이 있어야 할 것이니, 이것은 이른바 예와 악을 잠시라도 몸에서 버릴 수가 없는 까닭이다.")
◀정암(靜庵): 조선 중종 때의 성리학자 趙光祖의 호이다.

★★★ 문법으로 배우는 명심보감

18 言語篇(말을 조심하는 글)

言語는 사회생활의 중요한 요소로 그 사람의 인격을 좌우할 수 있는 樞機라 할 수 있다. 그러므로 한 마디 말이라도 신중히 표출하여야 한다. 言은 '自言曰言[자신이 하는 말]'이요, 語는 '答述曰語[상대방과 답하며 하는 말]'이다. 둘 다 신중하게 하지 않으면 큰 곤욕을 치르게 된다.

> (1)劉會曰 言不中理면 不如不言이니라.
> 유회가 말하였다. 말이 이치에 맞지 않으면 말하지 않느니만 못하니라.

【 어 휘 】
中맞을(가운데) 중 的中, 中立   理이치 이 理致, 理由, 理論

*劉會: 何時何人不明.

● 문법해설

(1)言不中理는 言이 주어, 不中이 술어, 理가 목적어인 '주술목'구조로 가정문이다. 中은 '명중[적중]하다'는 동사이고, 理는 理致, 事理이다. (2)'A不如(若)B'는 'A가 B만 같지 못하다[B가 A보다 낫다]'는 우열비교의 문장이다. 예: [명심보감]遠親不如近隣(멀리 사는 친척은 가까이 사는 이웃만 못하다).

> (2)一言不中이면 千語無用이니라.
> 한 마디 말이 적중하지 않으면 천 마디 말도 쓸 데 없느니라.

【 어 휘 】

語말씀 어 語感, 語學, 語彙　　用쓸 용 用途, 用法, 作用, 利用

● 문법해설

(1)一言이 주어이고, 不中이 술어인 가정형으로 則이 생략되었다. 不中은 '事理에 맞지 않다'는 뜻이다. (2)千語가 주어이고, 無用은 無所用으로 술어이다. (3)一言과 千語, 不中과 無用이 好對를 이룬 四言對句의 글이다.

> (3)君平曰 口舌者는 禍患之門이요 滅身之斧也니라.
> 군평이 말하였다. 입과 혀(라고 하는 것)는 화환의 문이요, 몸을 망하게 하는 도끼이니라.

【 어 휘 】

舌혀 설 舌戰, 舌禍, 毒舌　　　　　　患근심 환 患難, 患者, 憂患
滅멸할 멸 滅門, 滅種, 消滅　　　　　　斧도끼 부 斧柯, 斧鉞

*君平: 西漢 사람으로 이름은 嚴遵, 자가 君平이다. 점을 쳐서 생업을 하였다.

● 문법해설

(1)口舌者는 '입과 혀라는 것'으로 말을 뜻하며 이 문장의 주어이다. 者는 수식어를 앞에 가지는 의존(불완전)명사이다. 者는 '~하는 자, ~것'등을 나타낸다. 예: 善泳者(수영을 잘하는 자), 仁者(어진 사람, 어진 것). (2)'명사(禍患)+之'의 之는 '~의'로, '술목(滅身)+之'의 之는 '~하는'으로 뒤의 명사를 수식하는 관형격조사이다. (3)주어가 者를 대동하여 문두에 있으면 문미에 반드시 也를 첨가한다. 이때 者는 제시와 멈춤의 기능을 가진 어조사이다. 이 문장은 者자로 제시하고 也자로 끝난 문장이다. 만약 滅身之斧也가 없다면 禍患之門에 也를 더해야한다. 예: 誠者 天之道也 (성이란 하늘

의 도이다).

> (4)利人之言은 煖如綿絮하고 傷人之語는 利如荊棘하여 一言利人에 重値千金이요 一語傷人에 痛如刀割이니라.
> 사람을 이롭게 하는 말은 따뜻하기가 솜과 같고, 사람을 상하게 하는 말은 날카롭기가 가시와 같으며, 한 마디 말로 사람을 이롭게 함은 그 소중함이 천금의 값어치와 같고, 한 마디 말로 사람을 상처 냄은 그 아프기가 칼에 살이 베이는 것과 같으니라.

【어휘】

煖(=暖)따뜻할 난 煖氣, 煖爐
絮솜 서 絮縷, 絮花, 柳絮
荊가시 형 荊棘, 荊扉
齒이 치 齒牙, 齒列, 年齒
割나눌 할 割據, 割當, 割腹

綿솜 면 綿密, 綿絲, 綿織物
利이로울 리 利益, 勝利, 利劍
棘가시 극 棘矢, 棘刺, 荊棘
痛아플 통 痛症, 痛快, 悲痛
刀칼 도 刀劍, 刀圭, 單刀直入

● 문법해설

(1)'술목(利人, 傷人)+之'는 '~을 ~하는'의 관형사로 뒤의 言과 語를 수식한다. 言은 자신이 하는 말이고, 語는 남과 더불어 하는 말이다. (2)煖如綿絮와 利如荊棘에서 煖(따뜻할 난)과 利(날카로울 리)는 형용사로 '솜처럼 따뜻하다', '가시처럼 날카롭다'로 해석해도 된다. 利人의 利는 동사로 '이롭게 하다'이고, 利如의 利는 형용사로 '예리한, 날카로운'이다. (3)一言과 一語 앞에 以자를 넣으면 알기 쉽다. 重値千金은 重如千金과 같은 뜻으로 '소중하기가 천금의 가치와 같다'는 뜻이다. 예: 男兒一言重千金(남아의 말 한마디는 천금만큼 귀중하다). (4)痛如刀割에서 痛을 술어로 하면 '칼로 살을 베는 것처럼 아프다'이고, 痛이 주어이고 如가 술어이고 刀割를 보어로 하면 '아픔이 칼로 살을 베는 것과 같다'로 해석 된다.

(5) 口是傷人斧요 言是割舌刀니 閉口深藏舌이면 安身處處牢니라.

입은 사람을 상하게 하는 도끼이고, 말은 혀를 베는 칼이니, 입을 막고 혀를 깊이 감추면 몸을 편안이 함이 곳곳마다 굳건할 것이니라.

【어 휘】

閉닫을 폐 閉門, 閉店, 閉會　　　　藏감출 장 藏書, 所藏, 貯藏

牢우리, 굳을 뢰 牢獄

● 문법해설

(1) 口是傷人斧는 口가 주어, 是가 술어 傷人斧가 보어인 '주술보'구조로 '입은 사람을 해치는 도끼이다'이고, 是는 爲와 같이 연계동사로 '~이다'이다. (2) 傷人(之)斧과 割舌(之)刀에서 之를 넣으면 관형사로 뒤의 명사를 수식한다. 이때 傷人과 割舌은 '술목'구조이다. (3) 口는 閉, 舌은 藏의 목적어이고, 深은 藏을 수식하는 부사로 '깊이'이고 가정의 조건문이다. (4) 安身(몸을 편안히 함)이 주어이고, 處處는 '가는 곳마다'로 부사, 牢는 '우리처럼 견고하다[편안하다]'는 술어이다. (5) 오언절구형식의 문장으로 刀와 牢가 운자이다.

(6) 逢人에 且說三分話하고 未可全抛一片心이니 不怕虎生三個口요 只恐人情兩樣心이니라.

사람을 만가거든 우선 삼분(30%)의 말만 하고, 자기가 지니고 있는 일편단심을 다 털어놓지 말지니, 호랑이가 입이 세 개인 것을 두려워하지 말고, 다만 세인의 정이 두 가지 마음인 것을 두려워할지니라.

【어 휘】

逢만날 봉 逢變, 逢着, 相逢　　　　抛던질 포 抛棄, 抛物線, 抛擲

片조각 **편** 片道, 一片丹心 　　　　怕두려워할 **파** 怕懼
樣모양 **양** 樣式, 樣態, 貌樣

● **문법해설**

(1)逢人은 逢人之時의 뜻. 且는 부사로 '우선, 역시'의 뜻. 人은 逢, 三分話는 說, 一片心은 抛의 목적어인 '술목'구조이다. 여기 三分은 三割, 話는 言의 뜻이다. 예: [湯顯祖] 三分春色描來易 一段傷心畵出難(꽃다운 그대 얼굴은 그려내기 쉽건만, 속 타는 이내 마음은 그려내기 어렵네). (2)一片心은 全抛의 목적어, 虎生三個口는 不怕의 목적어이고, 人情兩樣心은 只恐의 목적어이다. 三個口는 '세 개의 입'이나 여기서는 '세 번 입을 벌리고 으르렁한다'는 뜻이다. 兩樣心은 '두 가지 모양의 마음'이란 사람의 마음이 변한다는 의미에서 나온 말이다. (3)虎生과 人情이 주어이고 三個口와 兩樣心이 명사 술어이다. (4)不怕는 不恐과 같고, 虎生은 범을 擬人化하여 虎에 生을 붙였는데 儒生이나 書生과 같은 용법이다. (5)七言 형식의 절구로 深藏不露하는 중국인의 처세에 관한 시이다.

> **(7)酒逢知己千鍾少**요 **話不投機一句多**니라.
> 술은 나를 알아주는 친구를 만나면 천 잔도 적고, 말은 기회를 맞추지 못하면 한 마디도 많으니라.

【 어 휘 】

鍾술잔 **종** 鍾鉢; 쇠북 **종** 鐘閣, 鐘鼓, 午鐘
投던질 **투** 投稿, 投機, 投資, 投身, 投獄, 投票, 投降
機베틀 **기** 機械, 機微, 機密, 機心, 機會, 天機, 萬機親覽

● **문법해설**

(1)酒逢知己는 酒가 주어, 逢이 술어, 知己가 목적어인 '주술목'구조로 則

이 생략된 가정문이다. 知己는 자기를 알아주는 사람이란 뜻이다. 예: [사기] 士爲知己者死(선비는 자기를 알아주는 사람을 위하여 죽는다). (2)千鍾少는 千鍾이 주어, 少가 술어, 鍾은 杯와 같다. (3)話不投機도 '주술목'구조로 話가 주어, 不投가 술어, 機가 목적어로 뒤에 則이 생략되었다. (4)一句多는 '주술'구조로 '한마디도 많다'는 뜻이다. (4)주어 酒와 話, 술어 逢과 不投, 목적어 知己와 機는 '주술목'구조이고, 주어 千鍾과 一句, 술어 少와 多는 '주술'구조로 4,3 구조의 7언 대구인데 앞의 4언은 가정의 조건이고 뒤의 3언은 결과이다.

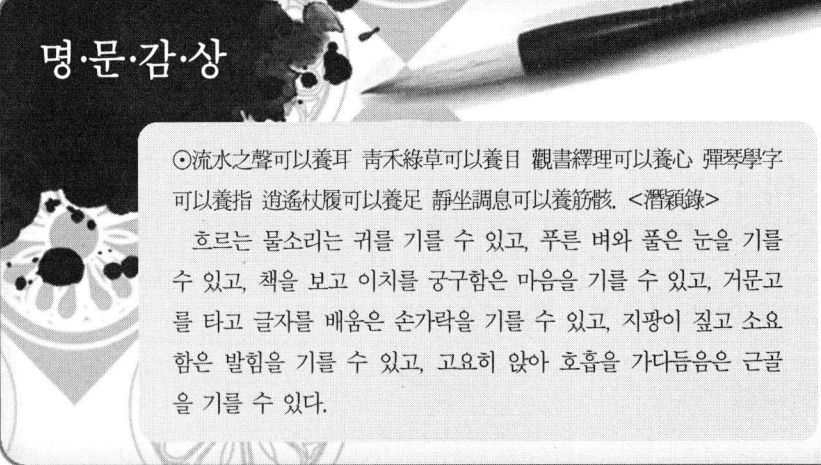

명·문·감·상

⊙流水之聲可以養耳 靑禾綠草可以養目 觀書繹理可以養心 彈琴學字可以養指 逍遙杖履可以養足 靜坐調息可以養筋骸. <潛穎錄>

　흐르는 물소리는 귀를 기를 수 있고, 푸른 벼와 풀은 눈을 기를 수 있고, 책을 보고 이치를 궁구함은 마음을 기를 수 있고, 거문고를 타고 글자를 배움은 손가락을 기를 수 있고, 지팡이 짚고 소요함은 발힘을 기를 수 있고, 고요히 앉아 호흡을 가다듬음은 근골을 기를 수 있다.

★★★ 문법으로 배우는 명심보감

19 交友篇(벗을 사귐에 대한 글)

友는 뜻이 같고 道가 같은 사람[志同道合]이고, 朋은 같은 스승에 같은 교문[同師同門]을 말한다. 공자가 벗에 대해 말하기를 '유익한 세 벗과 해로운 세 벗이 있다. 정직한 벗, 성실한 벗, 견문이 많은 벗이 유익한 벗이고; 외모만 꾸미는 벗, 아첨을 하는 벗, 말만 잘 하는 벗이 해로운 벗이다 [益者三友 損子三友, 友直 友諒 友多聞 益矣. 友便辟 友善柔 友便佞 損矣]'. 벗이란 대체로 益友 만을 이른다.

(1) 子曰 與善人居면 如入芝蘭之室하여 久而不聞其香이나 卽與之化矣요 與不善人居면 如入鮑魚之肆하여 久而不聞其臭나 亦與之化矣니 丹之所藏者는 赤하고 漆之所藏者는 黑이라 是以로 君子는 必愼其所與處者焉이니라.

공자가 말하였다. 착한 사람과 더불어 있으면 지초와 난초 방에 들어가는 것과 같아서 오래되면 그 향기를 맡지 못하나 곧 더불어 변화한다. 악한 사람과 더불어 있으면 비린내 나는 생선가게에 들어가는 것과 같아서 오래되면 그 냄새를 맡지 못하나 또한 더불어 동화한다. 붉은 주사를 지니고 있는 자는 붉어지고 검은 옻을 지니고 있는 자는 검어진다. 이런 까닭에 군자는 반드시 그가 더불어 거처할 자를 신중히 선택해야 할 것이니라.

【어 휘】

聞냄새 맡을, 들을 문 聞香, 見聞, 新聞, 風聞, 聽聞會
化될 화 化石, 化育, 化學, 化合, 敎化, 文化, 變化, 退化
鮑절인 어물(전복) 포 鮑魚, 鮑石亭　肆가게(방자할) 사 冊肆, 肆放
臭냄새 취 臭氣, 惡臭, 乳臭　　　　　　丹붉을 단 丹心, 丹粧, 丹靑
漆옻칠할 칠 漆器, 漆夜, 漆板　　　　　黑검을 흑 黑幕, 黑心, 黑子

● 문법해설

　(1)善人은 전치사(與)의 목적어로 동사 居와 '선인과 더불어 있으면'의 뜻으로 조건문이다. 芝蘭之室은 '지초와 난초의 향기가 가득한 방'의 뜻으로 如入(들어가는 것과 같다)에 연결된다. (2)久而의 而는 則과 같고, 聞은 '냄새를 맡다', 卽은 '곧, 바로', 與之의 之는 其香, 化는 同化한다는 뜻이다. (3)다음 문장 與不善人居도 앞의 문장과 같은 구조의 형태를 취한다. 鮑魚之肆는 '생선가게'이고, 香은 '좋은 냄새'이고 臭는 '나쁜 냄새'이다. (4)丹之所藏者는 所藏丹者의 변형이다. 丹之의 之는 목적어(丹)을 강조하기위해 동사 앞에 위치시켰음을 표시하는 목적격조사이다. 예: 博愛之謂仁(널리 사랑하는 것을 인이라 한다). 漆之所藏者도 같은 구조이다. 참고: 近墨者黑 近朱者赤(먹물을 가까이 하는 자는 검어지고, 朱沙를 가까이 하는 자는 붉어진다). (5)是以는 '이런 까닭에, 이 때문에'로 以는 故의 뜻. (6)愼其所與處者에서 愼이 술어, 其는 이글의 주어인 君子로서 所與處의 주어이고, 者를 꾸며 '그가 거처를 더불어 할 바의 자'로 愼의 목적어가 된다. 所與處者는 앞의 所藏丹者와 같은 '所+술목+者(~을 ~할 바의 자)'구조이다.

> (2)家語云 與好學人同行이면 如霧露中行하여 雖不濕衣라도 時時有潤하고 與無識人同行이면 如厠中坐하여 雖不汚衣라도 時時聞臭니라.
> 　가어에 말했다. 학문을 좋아하는 사람과 동행하면 마치 안개 속을 가는 것과 같아서 비록 옷은 젖지 않더라도 때때로 윤택함이 있고, 무식한 사람과 동행하면 마치 뒷간에 앉은 것과 같아서 비록 옷은 더럽히지 않더라도 때때로 그 냄새가 풍겨지느니라.

【어 휘】

霧안개 무 霧散, 煙霧, 五里霧中　　露이슬 로 露骨, 露店, 露出
雖비록 수 雖然　　　　　　　　　　濕젖을 습 濕氣, 濕地, 濕疹

潤윤택할 윤 潤色, 潤澤, 利潤　　　　厠뒷간 측 厠間

汚더러울 오 汚名, 汚染, 汚點

*家語: 공자가어. 공자의 언행과 제자들과 문답한 내용을 기록한 책이다.

● 문법해설

(1)'與~ 同行 如~(~와 동행하면 ~와 같다)'의 문형과 '雖不~ 時時~(비록 ~않더라도 때때로 ~하다)'의 문형이 반복되고 있다. (2)好學은 '술목'구조로 人을 수식하니 好學者와 같다. 如霧露中行은 如行霧露之中과 같다. (3)濕衣와 汚衣는 衣가 목적어로 '옷을 적시다'와 '옷을 더럽히다'인 '술목'구조이나 衣를 주어처럼 해석해도 된다. (4)如厠中坐는 如坐厠中와 같다. 聞臭는 '나쁜 냄새를 맡다'로 臭는 악취의 뜻이다. 이글은 앞句節과 뒷句節이 같은 문장구조를 하고 있다.

> (3)子曰 晏平仲은 善與人交로다 久而敬之온여.
> 공자가 말했다. 안평중은 사람들과 잘 사귀기고, 사귄지 오래되어도 상대를 공경하였다.

【 어 휘 】

晏늦을(편할) 안 晏眠, 晏息　　　仲버금 중 仲介, 仲媒, 仲秋, 仲兄

*晏平仲: 춘추시대 齊나라의 이름난 재상으로 이름은 嬰이고, 平仲은 그의 자이다. 후인들이 그의 언행을 모아 晏子春秋를 엮었다.

● 문법해설

(1)善與人交는 善交與人으로 善은 '잘'이라는 부사로 술어 交를 수식한다. (2)久而는 久交而이다. 而는 역접으로 '~이나, ~되어도'의 뜻. 敬之의

之는 앞에 나온 人을 받은 대사이다.

> **(4)相識이 滿天下하되 知心能幾人고.**
> 얼굴을 아는 사람은 세상에 가득하되 내 마음 아는 사람은 능이 몇 사람이나 될까.

【 어 휘 】
滿찰 만 滿喫, 滿員, 滿足   幾몇 기 幾日, 幾何, 庶幾

● 문법해설

(1)相識은 相識之人으로 이 글의 주어. 'A滿B'는 'A가 B에 가득하다'는 뜻이다. 예: [도연명의 四時] 春水滿四澤(봄물이 네 못에 가득하다). (3)知心은 知心之人으로 心은 吾心이나 他心을 뜻하는 주어이고 能幾人이 술어로 의문문이다. (4)이 글은 幾人能知人之心(남의(내) 마음을 알 수 있는 사람이 몇이나 될까)의 변형으로 보면 된다.

> **(5)酒食兄弟는 千個有로되 急難之朋은 一個無니라.**
> 술과 밥을 먹을 때는 형님, 동생 하는 친구가 천명이나 있지만 위급하고 어려울 때의 도와주는 친구는 하나도 없느니라.

【 어 휘 】
個낱 개 個別, 個性, 個體   難어려울 난 難關, 難局, 難色, 非難

● 문법해설

(1)酒食은 酒食之時로 '술과 밥을 먹을 때'이고, 兄弟는 주어이고, 千個有는 有千人으로 有는 至의 뜻이다. 個는 數詞로서 箇와 介와 통용된다. (2)急難은 急難之時로 朋을 수식한다. 一個無는 無一人이다. 有와 無는 의미상

주어가 뒤에 온다. 예: 有錢無罪(돈이 있으면 죄가 없다). (3)世情의 무상함을 나타내는 7언 대구의 시로 無가 운자이다. 유사 예: [增廣賢文] 有茶有肉多兄多 急難何曾見一人(차있고 고기 있을 때는 형제가 많으나, 급하고 어려울 때는 언제 한 사람이라도 보았느냐?).

> **(6)不結子花는 休要種이요 無義之朋은 不可交니라.**
> 열매를 맺지 않는 꽃은 심을 필요가 없고, 의리가 없는 친구는 사귀지 말지니라.

【어 휘】
結맺을 결 結果, 結論, 結婚
義옳을 의 義理, 義足, 義齒
種씨 종 種類, 種族, 播種
交사귈 교 交流, 交際, 修交

• 문법해설

(1)不結子는 '술목'구조로 뒤의 花를 수식한다. 子는 '씨'로 種子이다. 休는 勿과 莫처럼 금지를 나타낸다. 休要種(꼭 심지는 말라)에서 要는 동사 種을 수식하는 부사로 '꼭, 반드시'의 뜻으로 부분부정을 나타내어도 되고, 또는 要를 欲으로 보고 '심으려고 하지말라'로 해석해도 된다. (2)無義之는 관형사로 朋을 수식하는데 之가 없어도 된다. (3)不可交의 不可는 '~을 해서는 안 된다'는 뜻으로 술어 交의 조술사이고, 不은 금지사로 休, 莫, 勿과 뜻이 같다. 희망이 없는 일은 처음부터 하지마라는 뜻이다. 7언 대구의 시다.

> **(7)君子之交는 淡如水하고 小人之交는 甘若醴니라.**
> 군자의 사귐은 담박하기 물과 같고, 소인의 사귐은 달기가 단술과 같으니라.

【어 휘】

淡묽을 담 淡淡, 淡水, 淡泊, 濃淡　　　　醴단술 례 醴酒, 醴泉

• 문법해설

(1)君子와 小人의 之는 뒤의 交(교제)를 꾸미는 관형격조사이다. 'A如(若)B'는 'A는 B와 같다'는 비유의 글이다. (2)君子之交는 물처럼 담박해 언제나 변함없음에 비유했고, 小人之交는 단술처럼 달아 언제 변할 줄 모름에 비유했다. 참고: [장자] 君子淡以親 小人甘以絶(군자는 담박함으로써 친하고, 소인은 닮으로써 끊어진다). (3)君子와 小人을 비교한 7언 대구의 시로 운자는 醴이다.

> (8)路遙知馬力이요 日久見人心이니라.
> 길이 멀어야 말의 힘을 알고, 날이 오래 지나야 사람의 마음을 아느니라.

【어 휘】

路길 로 路費, 路線, 末路, 行路　　　　遙멀 요 遙望, 遙遠, 逍遙
久오랠 구 久遠, 悠久, 恒久

• 문법해설

(1)路遙(=路遠)은 '말을 타고 온 길이 멀다'는 뜻이고, 日久는 '사람을 사귄지가 오래다'는 말로 '그럼으로써 ~하게 된다'는 어떤 일에 대한 전제의 글이다. (2)馬力은 馬之走力으로 知, 人心은 人之本心으로 見의 목적어, 見은 '알다, 드러나(내)다'는 뜻이다. (3)路遙과 日久, 知와 見, 馬力과 人心이 好對인 오언 대구의 시로 韻字는 心이다. (4)醒世恒言에 있는 1,2구를 싣는다. 雲端看厮殺 畢竟孰輸贏(구름 끝에서 서로 죽이는 것을 보니 마침내 누가 지고 누가 이기나?).

★★★ 문법으로 배우는 명심보감

 婦行篇(부인의 행실에 대한 글)

婦行은 부인의 행위, 행실, 품행 등을 말한다. 이는 가정의 根幹이 되므로 그 귀중함을 논하고 있다. 과거의 부덕은 지금의 것과 많이 다르지만 한 번 회고해보는 것도 좋을 것이다.

> (1)益智書云 女有四德之譽하니 一曰婦德이요 二曰婦容이요 三曰婦言이요 四曰婦工也니라.
> 익지서에 말했다. 여자에게는 네 가지 덕목의 기릴 것이 있으니, 첫째는 부덕이요, 둘째는 부용이요, 셋째는 부언이요, 넷째는 부공이니라.

【어 휘】

益더할 익 益友, 損益, 利益
譽기릴 예 譽聲, 名譽, 榮譽
容얼굴 용 容貌, 容恕, 美容
智슬기 지 智能, 智慧, 智謀
婦아내 부 婦德, 婦人, 夫婦, 子婦
工장인 공 工具, 工事, 工業, 人工

• 문법해설

(1)'A有B'는 'A에 B가 있다'로 해석되지만 문법적으로는 有를 '소유하다'는 타동사로 하여 '주술목'구조로 본다. (2)曰은 동일한 항목을 나열할 때 사용하는데 해석은 안 해도 된다. 女는 婦人을 말하고, 四德之의 之는 관형격조사으로 譽를 수식한다. (3)四德은 婦德 마음씨, 婦容 맵시, 婦言 말씨, 婦工 솜씨 등이다.

> (2)婦德者는 不必才名絶異요 婦容者는 不必顔色美麗요 婦言者는

> 不必辯口利詞요 婦工者는 不必技巧過人也니라.
>
> 부덕이라는 것은 반드시 재주와 이름이 뛰어남이 필요한 것은 아니요, 부용이라는 것은 반드시 얼굴이 아름답고 고움이 필요한 것은 아니요, 부언이라는 것은 반드시 구변이 좋아 말을 잘함이 필요한 것은 아니요, 부공이라는 것은 반드시 손재주가 남보다 뛰어남이 필요한 것은 아니니라.

【 어 휘 】

才재주 재 才能, 秀才, 天才
異다를 이 異變, 異性, 異域
辯말잘할 변 辯護, 達辯, 雄辯
技재주 기 技能, 技術, 演技

絶끊을 절 絶交, 絶望, 絶讚
麗고울 려 麗朝, 高麗, 美麗
詞말 사 詞林, 詞賦, 品詞
巧공교할 교 巧妙, 巧拙, 巧態

● 문법해설

(1) 婦德者의 者는 '사람, 물건, 장소'등을 나타내는 것으로 여기서는 '~이라는 것'의 뜻으로 '부덕이라는 것'이다. 예: 仁者(어진 사람, 어진 것). (2) '不必+술어'는 '반드시 ~할 필요는 없다'는 뜻으로 부분부정을 나타낸다. 예: 勇者 不必有仁(용자는 반드시 인이 있는 것은 아니다). 하지만 不必은 대체로 절대부정으로 쓰인다. (3) 才名絶異, 顔色美麗, 辯口利詞, 技巧過人은 '2자+2자'로 된 4자 成語인데 앞 2자와 뒤2자는 '주술'관계로 술어 不必에 연결되고 있다. (4) 絶異는 '뛰어나게 다르다'이고, 辯口는 '말 잘 하는 입', 利詞는 '이로운 말, 예리한 말'이고, 技巧는 '손재주'이고, 過人은 '다른 사람을 앞서다'는 뜻이다.

> (3) 其婦德者는 清貞廉節하여 守分整齊하고 行止有恥하여 動靜有法이니 此爲婦德也요 婦容者는 洗浣塵垢하여 衣服鮮潔하며 沐浴及時하여 一身無穢니 此爲婦容也요 婦言者는 擇師而說하여 不談非禮하고 時然

後言하여 人不厭其言이니 此爲婦言也요 婦工者는 專勤紡績하고 勿好葷酒하며 供具甘旨하여 以奉賓客이니 此爲婦工也니라.

　부덕이라 함은 맑고 곧고 청렴하고 절개가 있어 분수를 지키고 몸가짐을 바르게 하며 행동거지에 염치가 있고 동정에 법도가 있는 것이니, 이것이 부덕이다. 부용이라 함은 먼지와 때를 깨끗이 씻어 의복을 정결하게 하며 목욕을 제때에 하여 한 몸에 더러움이 없게 하는 것이니, 이것이 부용이다. 부언이라 함은 본받을 만한 말을 가려 말하여 예에 어긋나는 말을 하지 않으며 때에 알맞은 뒤에야 말해서 사람들이 그 말을 싫어하지 않는 것이니, 이것이 부언이다. 부공이라 함은 오로지 길쌈을 부지런히 하고 마늘과 술을 좋아하지 않으며 맛있는 음식을 갖추어 이바지하여 손님을 받드는 것이니, 이것이 부공이다.

【어 휘】

貞곧을 정 貞潔, 貞淑, 貞操
整가지런할 정 整頓, 整理, 整地
恥부끄러울 치 恥辱, 羞恥, 廉恥
浣빨 완 浣衣, 上浣(上旬)
垢때 구 垢汚, 垢衣, 無垢
潔깨끗할 결 潔白, 潔癖, 純潔
浴목욕할 욕 浴室, 浴槽, 沐浴
厭싫을 염 厭世, 厭症, 厭飽
績길쌈 적 績女, 功績, 成績
供이바지할 공 供給, 供養, 提供
奉받을 봉 奉仕, 奉祀, 奉養

廉청렴할 렴 廉價, 廉恥, 淸廉
齊가지런할 제 齊家, 齊唱
洗씻을 세 洗禮, 洗面, 洗濯
塵티끌 진 塵世, 塵埃, 風塵
鮮고울 선 鮮明, 鮮血, 生鮮
沐머리감을 목 沐浴, 沐雨櫛風
穢더러울 예 穢政, 穢土, 汚穢
紡길쌈 방 紡績, 紡織, 紡錘
葷마늘 훈 葷肉, 葷菜
旨맛 지 甘旨, 聖旨, 趣旨

● 문법해설

　(1) 淸과 貞, 廉과 節은 대등관계어의 결합으로 된 어휘이고, 行과 止(=行動擧止), 動과 靜은 대립관계어가 결합해 만든 어휘이고, 塵과 垢, 衣와 服은 유사관계어 끼리 한 어휘를 만들었다. (2) 分은 守, 塵垢는 洗浣, 非禮는 不談, 其言은 不厭, 紡績은 勤, 葷酒는 好, 甘旨는 供具, 賓客은 奉의 목

적어이다. (3)擇師而說에서 師는 詞로 된 책이 있는데 師보다 詞가 좋은듯하다. (4)以奉賓客의 '以+동+목'구조에서 전치사 以는 앞글 供具甘旨를 목적어로 가진다. 원래 목적어는 동사나 전치사 뒤에 오는 것이 정상인데 앞에 오기도 한다. 以자 다음에 동사가 있으면 동사는 以의 목적어가 될 수 없기에 그곳에 此자를 넣어 목적어를 대신하게 하는데 바로 이 此는 앞글을 대신하는 대명사인 것이다.

> **(4)此四德者**는 **是婦人之所不可缺者**라 **爲之甚易**하고 **務之在正**하니 **依此而行**이면 **是爲婦節**이니라.
> 이 네 가지 덕은 부인의 빼놓을 수 없는 것들이다. 행하기가 매우 쉽고 힘씀이 바른데 있으니, 이에 의거하여 행한다면 이것이 부인의 예절이 되느니라.

【어 휘】

缺이지러질 결 缺勤, 缺席, 缺點   甚심할 심 甚難, 甚深, 幸甚
務힘쓸 무 公務, 事務, 義務   依의지할 의 依據, 依支, 依託

• 문법해설

(1)此四德者가 주어, 是는 연계동사 '~이다'로 술어, 婦人~者는 보어이다. (2)婦人之의 之는 관형격으로 뒤의 명사구(所~者)를 수식. '所+술어+者(也)'는 '~하는 바의 것'으로 해석. 예: 富與貴 是人之所欲也(부와 귀는 사람들이 바라는 바(것)이다). (3)爲之와 務之(之는 四德者를 받은 대사)는 주어가 되고 甚易(매우 쉽다)와 在正(바름에 있다)이 술어이다. (4)是爲婦節은 '주술보'구조로 是는 주어, 爲는 술어, 婦節은 보어이다.

(5) 太公曰 婦人之禮는 語必細니라.
  태공이 말했다. 부인의 예절은 말소리가 반드시 조용하고 가늘어야 하느니라.

【어 휘】
禮예절 예 禮物, 禮儀, 禮節
細가늘 세 細目, 細密, 細心

• 문법해설

(1) 婦人之禮의 之는 관형격으로 뒤의 禮를 수식한다. (2) 語는 상대방과 더불어 대화를 나누며 말하는 것이고, 言은 자신이 하는 말이다. (3) 語가 주어 必細가 술어이다.

(6) 賢婦는 令夫貴하고 佞婦는 令夫賤이니라.
  어진 부인은 남편을 귀하게 하고, 간악한 부인은 남편을 천하게 하느니라.

【어 휘】
佞아첨할 녕 佞臣, 佞人, 不佞
賤천할 천 賤待, 賤視, 賤人

• 문법해설

(1) 賢과 佞, 貴와 賤을 대조시켜 남편의 貴賤이 부인의 내조여하에 따라 결정된다는 글이다. (2) 賢婦와 佞婦는 수식관계로 된 어휘로 주어이고 다음 글이 술어이다. (3) 令은 使와 같은 사역동사로 '令(使)+目+補'의 문형으로 '(목)으로 하여금 (보)하게하다'로 해석된다. 예:[蘇東坡의 '綠筠軒'] 無肉 令人瘦(고기가 없으면 사람으로 하여금 여위게 한다). 유사예문: [증광현문] 賢婦令夫貴 惡婦令夫敗(현부는 남편을 귀하게 하고 악부는 남편을 실패하게 한다).

> (7) 家有賢妻면 夫不遭橫禍니라.
> 집에 어진 아내가 있으면 남편이 뜻밖의 화를 만나지 않느니라.

【어 휘】

遭만날 조 遭難, 遭遇   橫가로 횡 橫領, 橫死, 橫財, 橫暴

• 문법해설

(1) 家有賢妻 다음에 則이 생략된 가정문이다. 夫가 주어, 不遭가 술어, 橫禍가 목적어인 '주술목'구조이다. (2) 橫禍의 橫은 뜻밖의 일로 불행함을 나타낼 때 자주 사용된다. 예: 橫財, 橫死, 橫數, 橫厄.

> (8) 賢婦는 和六親하고 佞婦는 破六親이니라.
> 어진 부인은 육친을 화목하게 하고, 간악한 부인은 육친의 화목을 깨뜨리느니라.

【어 휘】

和화할 화 和氣, 和睦, 和答, 和音, 和暢, 和親, 和解, 總和
破깰 파 破鏡, 破壞, 破廉恥, 破産, 破損, 讀破, 走破, 破竹之勢

• 문법해설

(1) 賢婦와 佞婦가 주어, 和와 破가 술어, 六親이 목적어인 '주술목'구조이다. (2) 六親은 父·母·兄·弟·妻·子 또는 父·子·兄·弟·夫·婦. (3) 賢과 佞, 和와 破를 극명하게 對照시켜 한가정의 和睦은 부인에게 달려있음을 강조한 글이다.

★★★ 문법으로 배우는 명심보감

 增補篇(더하여 보충하는 글)

增補는 原本에 부족한 내용을 우리의 선현들이 보충해 보강했다는 말이다.

> (1)周易曰 善不積이면 不足以成名이요 惡不積이면 不足以滅身 이어늘 小人은 以小善으로 爲无益而弗爲也하고 以小惡으로 爲无傷而弗去也니라 故로 惡積而不可掩이요 罪大而不可解니라.
>
> 주역에 말했다. 선을 쌓지 않으면 이름을 이룰 수 없고, 악을 쌓지 않으면 몸을 망치지 않거늘, 소인은 작은 선을 무익하다 하여 행하지 않고, 작은 악을 무해하다 하여 버리지 않는다. 그러므로 악이 쌓여서 가리지 못하고, 죄가 커서 풀지 못하느니라.

【어 휘】

滅멸망할 멸 滅亡, 滅門, 滅種 　　弗아닐 불 弗治, 弗貨
掩가릴 엄 掩襲, 掩蔽, 掩護　　　罪허물 죄 罪悚, 罪囚, 犯罪

• 문법해설

(1)善과 惡은 不積의 목적어로 뒤에 있어야하나 강조하기위해 도치시켰다. 뒤에 則이 생략된 가정의 조건문이다. 예:[논어] 學不厭 敎不倦(배움을 싫어하지 않고 가르침을 게을리 하지 않다). (2)足以는 可以와 같은 '~할 수 있다'는 뜻으로 뒤의 '술목'구조인 成名과 滅身의 成과 滅을 돕는 助述辭이다. (3)'以A(小善,小惡)+爲B (无益,无傷)'는 'A를 B라고 여기다'는 뜻. 예: 國以民爲根(나라는 백성을 근본으로 여긴다). (4)不과 弗의 용법: 不은 동사와 형용사 앞에 다 쓰지만 弗은 동사 앞에서만 쓰고, 不자 뒤의 동사는 목적어를 취하지만 弗자는 그렇지 않다. 弗去의 去는 '버리다, 제거하다'는 뜻. (5)惡積과 罪大는 '악이 쌓이다', '죄가 크다'는 '주술'구조이고, 不可掩(解)의 목적어는 앞에 있는 惡積과 罪大이다. 掩은 掩蔽함이요, 解는 理解

하여 容恕함이다.

> (2)履霜이면 堅氷至하나니 臣弑其君하며 子弑其父는 非一朝一夕之事라 其所由來者漸矣니라.
> 서리를 밟으면 단단한 얼음이 얼 때가 이르나니, 신하가 그 임금을 죽이고 자식이 그 부모를 죽이는 것은 하루아침이나 하루 저녁에 이루어지는 것이 아니라, 그 유래된 바는 점점 이루어진 것이니라.

【어 휘】

履신 리 履歷, 履行, 木履 堅굳을 견 堅固, 堅持, 堅忍不拔
弑죽일 시 弑殺, 弑逆, 弑害 漸점점 점 漸減, 漸進, 漸次

● 문법해설

(1)履霜은 '술목'구조로 조건문이고, 堅氷至에서 堅氷은 주어이고 至는 술어인 결과문이다. (2)臣弑其君과 子弑其父는 '주술목'구조로 其君과 其父는 弑의 목적어 이다. (3)其所由來者에서 其는 지시대명사로 臣弑其君과 子弑其父를 가리키고, '所+술어+者'는 대상을 지칭할 때 쓰는 관용구이다. 참조: 이 책 19장 1절의 丹之所藏者赤 漆之所藏者黑 참고. (4)所由來者는 '유래한 바의 것'으로 주어이고 漸矣는 '점차적이다, 나아가다'는 뜻으로 술어이다. 시작은 오래 되었다는 뜻이다.

★★★ 문법으로 배우는 명심보감

 八反歌(팔 편의 노래로 효도를 권하는 글)

父母를 奉養하고 子息을 養育하는 마음이 서로 相反되어 있다. 이를 反省하는 여덟 편의 反語的인 노래로 父母에게 孝道할 것을 勸誘하는 내용이다.

> (1)幼兒는 或罵我하면 我心에 覺懽喜하고 父母는 嗔怒我하면 我心에 反不甘이라 一喜懽一不甘하니 待兒待父心何懸고 勸君今日逢親怒어든 也應將親作兒看하라.
> 어린 아이가 혹 나를 꾸짖으면 내 마음이 기쁨을 깨닫고, 부모가 나에게 성을 내면 내 마음이 도리어 달갑지 않느니라. 하나는 기쁘고 하나는 달갑지 않으니, 아이를 대하고 어버이를 대하는 마음이 어찌 그다지도 현격한가. 그대에게 권하노니, 오늘 어버이의 노여워함을 만나거든 또한 마땅히 어버이를 어린아이로 바꾸어 보라.

【어휘】

꾸짖을 **리** 罵罵(이매), 罵辱
성낼 **진** 嗔言, 嗔責, 嗔言
매달 **현** 懸賞, 懸案, 懸板
장차(써, 장수) **장** 將軍, 將來, 將次, 勇將, 日就月將

기쁠 **환** 懽談, 懽迎, 懽呼
기다릴 **대** 待機, 待遇, 待接
응할 **응** 應答, 應用, 應援

• 문법해설

(1)幼兒가 주어, 罵가 술어, 我가 목적어인 '주술목'구조로 가정의 조건문이고, 我心이 주어, 覺이 술어, 懽喜가 목적어인 '주술목'구조로 가정의 결과문이다. (2)父母嗔怒我도 父母가 주어, 嗔怒가 술어, 我가목적어인 가정의 조건문이고, 我心反不甘은 我心이 주어, 不甘이 술어인 결과문이다. 一喜

懽(하나는 기쁘다)는 자식이 부모를 꾸짖는 경우이고, 一不甘(하나는 달갑지 않다)는 부모가 자식을 꾸짖는 반대의 경우이다. (3)待兒待父(之)心에서 待兒待父는 '술목+술목'구조로 心을 수식하는데 之가 들어가면 알기 쉽다. 이 구절이 주어이고 何懸이 술어이다. (4)勸君은 '술+목'구조로 '그대에게 ~하기를 권한다'는 뜻으로 이 22장의 모든 절에 계속 이어지고 있다. 逢은 親怒(어버이의 노여움)을 목적어로 한다. (5)也應의 也는 又의 뜻이니 '또한 마땅히'로 해석된다. 將親의 將은 뒤에 명사(親)가 오면 以의 뜻이고, 作은 爲의 뜻이니 '以A[親]爲B[兒]'가 되어 'A를 B로 생각하다', 즉 '어버이를 어린이로 여기다'는 뜻이 된다. (而)看은 '(~하고, 하여) 보라'고 勸君하는 글이다.

(2)兒曹는 出千言하되 君聽常不厭하고 父母는 一開口하면 便道多閑管이라 非閑管親掛牽이니 皓首白頭에 多諳練이라 勸君敬奉老人言하고 莫敎乳口爭長短하라.

어린 아이들은 천 마디 말을 내되 그대가 듣기에 항상 싫지 않고, 부모는 한번 입을 열면 바로 한관(쓸데없는 참견)이 많다고 말하느니라. 한관이 아니라 어버이는 마음에 걸리고 끌려서이니, 흰 머리가 되도록 긴 세월에 깨닫고 아는 것이 많아서라네. 그대에게 권하노니, 늙은 사람의 말을 공경히 받들고 젖 냄새 나는 입으로 하여금 부모님의 좋은 점과 나쁜 점을 다투지 말도록 하라.

【어휘】

曹무리 조 法曹, 兵曹, 六曹
掛걸 괘 掛冠, 掛念, 掛圖
皓흴 호 皓髮, 皓月, 皓齒
練익힐 련 練磨, 練兵, 練習
敎가르칠 교 敎理, 敎師, 敎授, 敎育, 敎會, 宗敎

管관리할 관 管理, 管掌, 管絃樂
牽끌 견 牽牛, 牽引, 牽强附會
諳알 암 諳記, 諳鍊, 諳誦
乳젖 유 乳母, 乳房, 乳兒, 牛乳

● **문법해설**

 (1)兒曹出千言은 '주술목'구조로 我曹가 주어, 出이 술어, 千言이 목적어이다. 曹는 等, 輩, 儕 등과 함께 복수를 나타내는 접미어이고, 이글은 양보문으로 앞에 雖를 붙이면 알기 쉽다. (2)君聽常不厭에서 君聽은 '그대의 듣기'의 뜻으로 君耳와 같아 의미상 주어이고, 常不厭이 술어이다. 不厭의 목적어는 千言이다. 常不厭은 '항상 싫지 않다'는 완전부정의 뜻이다. (3)父母一開口에서 父母가 주어, 一은 '한번', 開가 술어, 口가 목적어인 '주술목'구조로 가정의 조건문이다. (4)便道多閑管에서 便은 '곧, 바로', 道는 '말하다', 閑管은 '쓸데없는 참견'이다. (5)非閑管의 非는 명사부정으로 '~이 아니다'이다. 親掛牽의 親은 '어버이'로 주어 혹은 부사 '친히'로 볼 수도 있다. 掛牽은 '마음에 걸리고 끌리다'는 술어이다. (6) 皓首와 白頭는 '흰머리'라는 같은 말로, 검은 머리 파뿌리 되도록 오랜 세월이란 뜻을 강조하려 반복하였다. 諳練은 '깨닫고 겪은 일'이다. (7)勸君敬奉老人言에서 勸君의 君은 敬奉의 주어이고, 敬奉은 '공경하여 받들다' 는 술어로 老人言을 목적어로 가진다. (8)莫教乳口爭長短에서 莫教는 '~로 하여금 ~못하게 하라'는 금지사역동사이다. 乳口는 教의 목적어이면서 爭의 주어가되고, 爭은 술어로 長短을 목적어로 가진다. 그래서 乳口爭長短은 '주술목'구조로 莫教의 목적이 된다.

> **(3)幼兒尿糞穢**는 君心에 無厭忌로되 老親涕唾零엔 反有憎嫌意니라 六尺軀來何處오 父精母血成汝體니라 勸君敬待老來人하라 壯時爲爾筋骨敝니라.
> 어린 아이의 오줌과 똥의 더러움은 그대 마음에 싫어하거나 꺼려함이 없으되, 늙은 어버이의 눈물과 침이 떨어짐엔 도리어 미워하고 싫어하는 뜻이 있느니라. 여섯 자의 이 몸이 어느 곳에서 왔는가. 아버지의 정과 어머니의 피로 그대의 몸이 이루

어졌느니라. 그대에게 권하노니, 늙어가는 사람을 공경히 대접하라. 젊었을 때에 그 대를 위하여 살과 뼈가 닳으셨느니라.

【어 휘】

尿오줌 뇨 尿道, 排尿, 泌尿器
忌꺼릴 기 忌憚, 忌避, 禁忌
唾침 타 唾棄, 唾罵, 唾液
嫌싫어할 혐 嫌惡, 嫌疑, 嫌怨
精정할 정 精氣, 精誠, 精神
骨뼈 골 骨格, 骨肉, 骨折

糞똥 분 糞尿, 糞土, 人糞
涕눈물 체 涕淚, 涕泣
零떨어질 령 零落, 零細, 零點
軀몸 구 軀幹, 軀體, 病軀
筋힘줄 근 筋力, 筋肉, 鐵筋
敝해질 폐 敝履, 弊社, 敝衣

● 문법해설

(1)幼兒尿糞는 幼兒之尿糞으로 주어이고 穢가 술어이다. 老親涕唾도 老親之涕唾로 주어이고 零이 술어이다. 厭忌와 憎嫌은 유사어. (2)父精母血이 주어, 成이 술어, 汝體가 목적어인 '주술목'구조이다. 老來人은 '늙어가는 사람'으로 '늙은 부모'를 지칭하고 敬待(공경히 접대)의 목적어이다. (3)壯時는 '한창 젊을 때'로 부모님의 젊은 시절을 뜻하는 시간부사. 爲爾는 '너를 위해, 너 때문에'로 원인이유의 부사구. 筋骨은 주어이고 敝은 술어이다.

(4)看君晨入市하여 買餠又買餻하니 少聞供父母하고 多說供兒曹라 親未啖兒先飽하니 子心이 不比親心好라 勸君多出買餠錢하여 供養白頭光陰少하라.

그대가 새벽에 시장에 들어가 밀가루 떡을 사고 또 흰떡을 사는 것을 보니, 부모에게 드린다는 말은 적게 들리고, 아이들에게 준다는 말은 많으니라. 어버이는 아직 먹지 않았는데 아이들은 먼저 배부르니, 자식의 마음(자식을 사랑하는 마음)은 부모의 마음이 좋아하는 것(부모를 좋아하는 마음)에 비할 수 없느니라. 그대에게

> 권하노니, 떡 살 돈을 많이 내어 흰머리에 살날이 얼마 남지 않은 어버이를 잘 받들고 공양을 하라.

【어휘】

晨새벽 신 晨省昏定
買살 매 買收, 買票, 賣買
啖먹을 담 啖啖, 啖食
飽배부를 포 飽滿, 飽食, 飽和
賣팔 매 賣渡, 賣名, 賣盡
餠떡 병 煎餠, 畵中之餠
餻떡 고

● 문법해설

(1)看은 君~餻까지를 목적어로 한다. 君이 주어, 晨은 '새벽에'의 부사, 入市는 '술보'구조이고, 다시 '술목'구조인 買餠 買餻와 명사절을 이루어 看의 목적절이 된다. (2)少聞과 多說을 대비시켰고, 供父母와 供兒曹를 대비시켰다. 供은 '드리다, 제공하다'의 동사이고, 父母와 兒曹가 간접목적어인 '술목' 구조로 少聞과 多說의 목적이 된다. 曹는 等, 輩, 儕 등과 같이 명사의 복수형어미로 쓰인다. (3)親未啖과 兒先飽는 '주술'관계의 같은 문형으로 서로 대비시킨 글이다. 子心은 愛子之心이고, 親心好 은 好親之心으로 이 둘을 비교할 수 없다는 말이다. (4)勸君(그대에게 권하노니)의 君은 아래 문장 多出과 供養의 주어이다. 買餠錢은 買餠之錢으로 多出(出捐하다)의 목적이 된다. (5)供養은 白頭이하를 목적어로 한다. 白頭는 연로한 부모를 말하고, 光陰은 세월 즉 앞으로 살날이 고, 少는 얼마 안 남았다는 말이다.

> (5)市間賣藥肆에 惟有肥兒丸하고 未有壯親者하니 何故兩般看고 兒亦病親亦病에 醫兒不比醫親症이라 割股還是親的肉이니 勸君亟保雙親命하라.

> 시장 사이 약 파는 가게에 오직 아이를 살찌게 하는 환약만 있고 어버이를 튼튼하게 하는 약은 없으니, 무슨 까닭으로 두 가지로 보는가. 아이도 병들고 어버이도 병들었을 때에 아이의 병을 고치는 것이 어버이의 병을 고치는 것에 비할 수 없느니라. 다리를 베더라도 도로 이 어버이의 살이니, 그대에게 권하노니 빨리 두 분 어버이의 목숨을 보호하라.

【어 휘】

肆방자할(가게) 사 肆氣, 冊肆
惟생각할(오직) 유 惟獨, 惟[唯]一
肥살찔 비 肥滿, 肥大, 肥料, 肥沃
般옮길 반 般若, 全般, 一般
還돌아올 환 還甲, 還俗, 還元

丸알 환 丸藥, 彈丸
症증세 증 症勢, 痛症
割나눌 할 割據, 割當, 割腹
股다리 고 股間, 股肱
亟빠를, 자주 극

● 문법해설

　(1)市間은 市井으로 市場. 賣藥肆는 '술목+(之)+名詞(~을 ~하는 名詞)' 구조로 '약을 파는 가게' 즉 약국이다. 肥兒丸도 '술목+(之)+명사'로 '아이를 살찌게 하는 환약'이다. (2)壯親者도 '술목+(之)+者'로 '어버이를 튼튼하게 하는 것'으로 者는 藥이다. 兩般의 般은 數詞로 한 가지, 두 가지하는 '가지'의 뜻으로 쓰인다. (3)兒亦病(아이도 병나고)과 親亦病(어버이도 병나다)은 '주술'구조로 같은 문형. 醫兒는 醫兒之症(아이 병을 고치는 것)으로 '술목'구조인 주어, 醫親症은 醫親之症(어버이 병을 고치는 것)으로 '술목'구조이고 不比의 목적어이다. (4)割은 股를 목적어로 하는 양보(~하여도)의 뜻. 還는 '도로 ~이다'는 뜻. 親的肉의 的은 之의 의미로 관형격조사이니 '어버이의 살'을 뜻한다. 亟保의 亟은 '빨리, 속히'의 부사로 保를 수식해 '속히 보전하다'는 뜻이다. 保는 雙親命을 목적어로 하고 雙親命은 雙親之命으로 '명사+之+명사'구조 이다.

(6) 富貴엔 養親易로되 親常有未安하고 貧賤엔 養兒難하되 兒不受饑寒이라 一條心兩條路에 爲兒終不如爲父라 勸君養親如養兒하고 凡事를 莫推家不富하라.

부하고 귀하면 어버이를 봉양하기가 쉽되 어버이는 항상 편치 못한 마음이 있고, 가난하고 천하면 아이를 기르기가 어렵되 아이는 배고픔과 추위를 받지 않느니라. 한 가지 마음 두 가지 길에 아이를 위함이 마침내 어버이를 위함만 같지 못하니라. 그대에게 권하노니, 두 분 어버이 섬기기를 아이를 기르는 것과 같이 하고, 모든 일을 집이 부유하지 못하다고 미루지 말라.

【어 휘】

貧가난할 빈 貧困, 貧富, 貧弱, 極貧, 淸貧
饑(=飢)주릴 기 飢渴, 饑饉, 饑餓, 飢寒
條가지 조 條件, 條目, 條理, 條約, 枝條
推천거할 추; 밀 퇴 推理, 推進, 推薦, 推敲(퇴고)

● 문법해설

(1) 富貴와 貧賤은 대구로 가정의 조건이고, 養親易와 養兒難도 대구로 '술목+술 (~을 ~하기가 ~하다)'구조이다. (2) 親常有未安에서 親이 주어이고 常有未安이 술어인데 未安은 未安之心이다. 飢寒은 不受의 목적어이다. (3) '(爲兒)+不如+(爲父)'는 '아이를 위함이 어버이를 위함만 같지 못하다'이고, 終은 부사로 '마침내, 끝내'이다. (4) '(養親)+如+(養兒)'는 '어버이 봉양하기를 아이 기르기와 같게 하라'는 뜻의 권유문이다. (5) 凡事는 莫推의 목적어이고, 推는 '미룰 추', '평계할 퇴'의 뜻이다. 家不富는 '주술'구조로 이유의 부사절이다.

(6) 여기 4구절은 5언 절구로 운자는 安, 寒이다.

> (7) 養親엔 只二人이로되 常與兄弟爭하고 養兒엔 雖十人이나 君皆獨自任이라 兒飽煖親常問하되 父母饑寒不在心이라 勸君養親을 須竭力하라 當初衣食이 被君侵이니라.
>
> 어버이를 봉양함엔 다만 두 분인데도 항상 형제들과 다투고, 아이를 기름엔 비록 아이가 열 명이 되더라도 그대가 모두 스스로 맡느니라. 아이가 배부르고 따뜻한지를 친히 항상 묻되, 부모가 배고프고 추운지는 마음에 있지 않느니라. 그대에게 권하노니, 어버이를 봉양함에 모름지기 힘을 다하라. 당초에 옷과 밥이 그대에게 다 빼앗겼느니라.

【어휘】

任맡길 임 任期, 擔任, 責任
飽물릴 포 飽滿, 飽食, 飽和
被이불, 입을 피 被擊, 被告, 被動, 被服, 被襲, 被害
侵침노할 침 侵攻, 侵略, 侵犯, 侵蝕, 侵害

煖따듯할 난 煖坑, 煖氣, 煖爐
竭다할 갈 竭力, 竭忠報國

• 문법해설

(1) 只二人은 父母 두 사람뿐이라는 뜻. 與兄弟의 與는 '~와 함께, 더불어'의 뜻으로 兄弟를 목적어로 가진다. (2) 兒飽煖은 '아이가 배부른가, 옷은 따뜻한가'라는 뜻으로 親常問의 목적어이나 도치되었다. 父母饑寒은 '부모가 배가 고픈가, 옷이 추운가'는 不在心 즉 자신의 마음에 없다. (3) 須는 부사로 '술목'인 竭力을 수식한다. 當初衣食은 애당초 부모가 입고 먹을 것들로 이것이 被君侵 되었다는 것이다. 피동문인 被君侵은 '피동보조사(被)+목적어인 동작주체(君)+본동사(侵)'의 구조로 '너에게 (의해) 침입 당하다'는 뜻이다. 피동보조사로는 被, 見, 爲 등이 있다. 예: [사기] 信而見疑 忠而被謗 (믿는데도 의심받고 충성하는데도 비방 당한다).

(8)親有十分慈하되 君不念其恩하고 兒有一分孝하면 君就揚其名이라 待親暗待兒明하니 誰識高堂養子心고 勸君漫信兒曹孝하라 兒曹樣子在君身이니라.

어버이는 십 분의 사랑함이 있으되 그대는 그 은혜를 생각하지 않고, 자식이 일분의 효도함이 있으면 그대는 나아가 그 이름을 드날리느니라. 어버이를 대함은 어둡고 자식을 대함은 밝으니, 누가 어버이의 자식 기르는 마음을 알까? 그대에게 권하노니, 아이들의 효도를 크게 믿지 말라. 아이들의 본보기가 그대 자신에게 있느니라.

【어 휘】

慈사랑할 자 慈堂, 慈善, 仁慈
揚오를 양 揚名, 止揚, 讚揚
待기다릴 대 待遇, 待接, 期待
漫부질없을 만 漫談, 漫畵, 散漫

就이룰 취 就任, 就職, 成就
識알 식 識見, 識別, 無識
堂집 당 堂堂, 堂叔, 堂號
樣모양 양 樣式, 樣態, 貌樣

● 문법해설

(1)親有十分慈와 兒有一分孝를 대비시켰고, 君不念其恩과 君就揚其名을 대비시켰다. (2)十分慈는 100%의 사랑으로 지극한 사랑이고, 一分孝는 10%의 효도로 미미한 효도이다. 不念은 其恩을 목적어로 하고, 就揚은 其名을 목적어로 가진다. 就는 '곧, 바로'의 뜻. 十分慈 뒤에는 역접의 而가 생략되었고, 一分孝 뒤에는 則이 생략되었다. (3)待親暗과 待兒明은 '주어(술목)+술어'의 같은 구조이다. 高堂은 養子心의 주어, 養子心은 養子之心으로 誰識의 목적이 된다. (4)兒曹孝는 漫信의 목적어. 漫信은 空不信으로 '부질없이 믿지 말라'는 뜻. 曹는 복수형어미로 等, 輩, 儕 등과 같다. (5)兒曹樣子는 '아이들의 본보기'이고, 在君身은 '그대의 몸에 있다'는 뜻으로 자식은 부모의 거울이라는 말이다.

명심보감 보충자료

*父子는 天性之親이라 生而育之하고 愛而敎之하며 奉而承之하고 孝而養之하나니 是故로 敎之以義方하여 弗納於邪하며 柔聲以諫하여 不使得罪於鄕黨州閭하나니. [性성품 성. 奉받들 봉. 承받들 승. 養기를 양. 邪간사할 사. 柔부드러울 유. 諫간할 간. 罪허물 죄. 黨무리 당. 閭마을문 려.] ("부모와 자식은 하늘이 정해준 친한 관계이기 때문에 부모는 자식을 낳아서 기르고 사랑하고 가르쳐야 하며, 자식은 부모를 받들어 부모님의 뜻을 이어가고 효도하면서 봉양해야 한다. 이 때문에 부모는 자식을 올바른 도리로 가르쳐서 부정한 곳에 발을 들여놓지 못하게 해야 하며, 자식은 부모에게 부드러운 목소리로 간해서 향당주려(鄕黨州閭)인 고을에서 죄를 얻지 않게 해야 한다.")

*夫婦는 二姓之合이라 生民之始며 萬福之原이니 行媒議婚하며 納幣親迎者는 厚其別也라 是故로 娶妻하되 不娶同姓하며 爲宮室하되 辨內外하여 男子는 居外而不言內하고 婦人은 居內而不言外하나라. [媒중매 매. 議의논할 의. 幣비단 폐. 娶장가들 취. 辨분별할 변] ("남편과 아내는 두 성이 합한 관계이다. 백성들이 태어난 시초이며 모든 복의 근원이니 중매를 시행하여 혼인을 의논하며 폐백을 들이고 친히 맞이하는 것은 그 구별을 두텁게 하기 위한 것이다. 그러므로 아내를 맞아들이기는 하지만 같은 성씨는 취하지 않으며, 집을 짓되 안과 밖을 구별하여 남자는 밖에 거처하여 안의 일에 대해 말하지 않고, 부인은 안에 거처하여 밖의 일에 대해서는 말하지 않아야 된다.")

孝行篇(효행에 대한 글) 속편

우리나라 효행에 대한 글로 조선시대의 인물이 포함되어 있다.

(1) 孫順이 家貧하여 與其妻로 傭作人家以養母할새 有兒每奪母食이라 順이 謂妻曰 兒奪母食하니 兒는 可得이어니와 母難再求라하고 乃負兒往歸醉山北郊하여 欲埋掘地러니 忽有甚奇石鐘이어늘 驚怪試撞之하니 舂容可愛라 妻曰 得此奇物은 殆兒之福이라 埋之不可라한대 順이 以爲然하여 將兒與鍾還家하여 懸於樑撞之러니 王이 聞鐘聲聽遠異常而覈聞其實하고 曰 昔에 郭巨埋子엔 天賜金釜러니 今孫順埋兒엔 地出石鐘하니 前後符同이라하고 賜家一區하고 歲給米五十石하니라.

손순이 집이 가난하여 그의 아내와 함께 남의 집에 품팔이하여서 어머니를 봉양하였는데, 아이가 있어 언제나 어머니의 밥을 빼앗아 먹었다. 손순이 아내에게 이르기를 "아이가 어머니의 밥을 빼앗아 먹으니, 아이는 또 얻을 수 있거니와 어머니는 다시 구하기 어렵다." 하고, 마침내 아이를 업고 귀취산 북쪽 교외로 가서 묻으려고 땅을 팠는데, 문득 심히 기이한 석종이 있거늘 놀랍고 괴이하게 여겨 시험 삼아 쳐보니, 소리가 멀리 퍼져 듣기 좋았다. 아내가 말하기를 "이 기이한 물건을 얻은 것은 아마도 아이의 복인 듯하니 땅에 묻는 것은 옳지 못하다."고하자, 손순은 그렇게 생각하여 아이와 종을 가지고 집으로 돌아와 종을 대들보에 매달고 쳤다. 이때 왕이 그 종소리가 맑고 멀리 퍼져 이상함을 듣고는 그 사실을 자세히 조사하여 알고 말씀하기를 "옛적에 곽거가 아들을 묻었을 때엔 하늘이 금으로 만든 가마솥을 주시더니, 이제 손순이 아들을 묻음엔 땅에서 석종이 나왔으니 앞과 뒤가 서로 꼭 맞는다."라하고, 집 한 채를 주고 해마다 쌀 50석을 주니라.

【 어 휘 】

傭 품팔이 용 傭兵, 雇傭   奪 빼앗을 탈 奪取, 奪還

負질 부 負擔, 負債, 勝負	埋묻을 매 埋沒, 埋伏, 埋葬
掘팔 굴 掘鑿, 發掘	怪기이할 괴 怪物, 怪變, 怪漢
試시험할 시 試鍊, 試食, 試驗	撞칠 당 撞球, 撞着
舂찧을 용 舂碓, 舂杵	殆위태할, 거의 태 殆半, 危殆
樑들보 량 棟樑	覈조사할 핵 覈論, 覈實
郭성 곽 城郭, 外郭	賜줄 사 賜藥, 膳賜, 下賜
釜가마솥 부 釜煮, 釜中魚	符부신 부 符籍, 符合, 符號
給줄 급 給料, 給食, 月給	石돌(섬) 석 石器, 石炭, 萬石

*孫順: 慶州孫氏의 시조. 신라 42대 興德王 때 사람으로 신라 三器의 하나인 石　鐘을 얻은 효자이다. *郭巨: 중국 한나라 때 사람으로 효성이 지극하였다.

● 문법해설

　(1)傭作(於)人家는 '남의 집에 품팔이하다'이고, 以養母에서 以는 본래 傭作人家 앞에 위치하는 전치사이지만 傭作人家를 강조하기위해 도치함으로써 후치사가 되어 養母의 수단인 '품팔이하여서'로 해석한다. 또는 以를 而로 볼 수도 있다. (2)兒奪母食은 '주술목'관계이고, (3)兒可得에서 兒는 可得의 목적어이나 앞에 있다. 이처럼 可나 不可는 보통 목적어를 앞쪽으로 도치시킨다. (4)負兒와 掘地는 '술목'관계이고, 欲埋(而)掘地는 '묻으려고 땅을 파다'이다. 試撞之의 試는 '시험 삼아'. 撞之의 之는 石鐘으로 '술목'관계. 舂容는 '종소리가 울려 퍼지는 모습'이다. (5)殆는 '거의, 아마도 ~인듯 하다'. 埋之不可는 '아이를 묻는 것은 옳지 않다'. 以爲는 '~로 생각하다', 然은 '如此'로 以爲然은 '그러하다고 여기다'. 將자는 以의 용법과 같이 '~써, 함께, 가지고'라는 뜻. 懸於樑撞之는 懸(之)於樑(而)撞之로 之는 鐘의 대사로 懸과 撞의 목적어이고 於樑(대들보에)은 종을 매달은 장소이다. (6) 鐘聲은 聞의 목적어이고 淸遠異常은 종소리를 형용한 말이다. 其實(그 사실)은 覈聞(조사해 듣다)의 목적어이다. 郭巨埋子와 孫順埋兒, 天賜金釜와 地出石鐘은 모두 '주술목'관계로 대구이다. (7)符同은 '兵符를 맞춘 듯이 똑

같다, 符合하다'는 뜻. 家一區(집 한 채)는 賜의 목적어, 米~는 給의 목적어. 시간명사 歲, 月, 日 등은 행동성을 가진 동사 앞에서 빈도부사로 '해마다, 달마다, 날마다'의 뜻이다. 예: [장자] 良庖歲更刀(훌륭한 요리사는 해마다 칼을 바꾼다).

> (2)尙德이 値年荒癘疫하여 父母飢病濱死라 尙德이 日夜不解衣하고 盡誠安慰하되 無以爲養이면 則刲髀肉食之하고 母發癰에 吮之則瘉라 王이 嘉之하여 賜賚甚厚하고 命旌其門하고 立石紀事하니라.
>
> 상덕은 흉년과 열병이 유행하는 해를 만나 부모가 굶주리고 병들어 죽을 지경에 이르렀다. 상덕이 낮이나 밤이나 옷을 벗지 않고 정성을 다하여 편안히 위로하였는데, 봉양할 방법이 없으면 넓적다리 살을 베어 잡수시게 하고, 어머니가 종기가 나자 입으로 빨아서 곧 낫게 하였다. 왕이 이 말을 듣고 가상히 여겨 물건을 하사하기를 심히 후하게 하고, 명하여 그 마을에 정려문을 세우게 하고 비석을 세워 이 일을 기록하게 하였다.

【어 휘】

値값, 만날 치 價値, 數値
癘질병 려 疫癘
濱물가, 다가올 빈 濱死, 海濱
刲찌를, 벨 규 刲劊, 刲刺
癰종기 옹 癰疽(옹저)
嘉아름다울 가 嘉納, 嘉尙
賚줄 뢰 賚賜, 賚賞
紀벼리, 적을 기 紀綱, 紀念, 紀元, 紀律, 紀行, 世紀

荒흉년들 황 荒年, 荒蕪地, 荒廢
疫질병 역 疫疾, 免疫, 防疫
慰위로할 위 慰勞, 慰安, 慰藉料
髀다리 비 髀肉之嘆
吮빨 연 吮犢之情
瘉병나을 유 瘉着, 快瘉
旌기, 표할 정 旌旗, 旌閭, 旌門

*尙德: 신라 景德王 때 사람으로 割髀供親의 효도로 이름이 높았다.

• 문법해설

　(1)値는 年荒癘疫을 목적어로 한다. 値는 '만나다, 당하다'는 뜻. 年荒은 荒年, 凶年. 癘疫는 돌림병이다. (2)父母가 주어이고 飢病(而)瀕死가 술어. 瀕死는 죽음에 임박함. (3)日夜는 밤낮으로. 不解衣는 '술목'으로 '옷을 벗지 않다', 盡誠도 '술목'으로 '정성을 다하다'이다. (4)無以爲養에서 爲養은 '봉양하다.' 無以는 無所以의 생략형으로 所以는 '~하는 바의 까닭, 수단, 방법'이다. 따라서 '봉양할 방법이 없다'는 뜻이 된다. 예: [소학]不學詩 無以言(시를 배우지 않으면 말할 방법이 없다). 刲髀肉은 '넓적다리 살을 베다'로 '술목'이고, 食之도 '잡수시게 하다'로 '술목'관계이고, 之는 髀肉을 받은 대사이다. 食은 타동사로 '먹일 사'이다. 吮之의 之는 癰이다. (5)嘉之의 之는 尙德으로 '술목'관계. 賜賚는 '물건을 하사하다'이고, 命은 旌其門을, 立은 石을, 紀는 事를 목적어로 가진다. 旌其門은 충신이나 효자, 열녀를 기리기 위하여 그가 사는 마을입구에 旌閭門을 세우고 그 사실을 기록한 비석이나 현판을 게시하여 후세에 알리는 기념물이다.

　(3)都氏家貧至孝라 賣炭買肉하여 無闕母饌이러라 一日은 於市에 晩而忙歸러니 鳶忽攫肉이어늘 都悲號至家하니 鳶旣投肉於庭이러라 一日은 母病索非時之紅柿어늘 都彷徨柿林하여 不覺日昏이러니 有虎屢遮前路하고 以示乘意라 都乘至百餘里山村하여 訪人家投宿이러니 俄而主人이 饋祭飯而有紅柿라 都喜하여 問柿之來歷하고 且述己意한대 答曰 亡父嗜柿라 故로 每秋에 擇柿二百個하여 藏諸窟中하여 而至此五月이면 則完者不過七八이라가 今得五十個完者라 故로 心異之러니 是天感君孝라하고 遺以二十顆어늘 都謝出門外하니 虎尙俟伏이라 乘至家하니 曉鷄喔喔이러라 後에 母以天命으로 終에 都有血淚러라.

도씨는 집이 가난했는데 효성이 지극하였다. 숯을 팔아 고기를 사서 어머니의 반찬을 빠짐없이 공양하였다. 하루는 장에서 늦어 바삐 돌아오는데 솔개가 갑자기 고기를 채 가거늘 도씨가 슬피 울며 집에 와보니, 솔개가 벌써 고기를 집안 뜰에 던져 놓았더라. 하루는 어머니가 병이 나서 제철이 아닌 홍시를 찾거늘 도씨가 감나무 숲을 방황하여 날이 저문 것도 모르고 있었는데 호랑이가 있어 여러 번 앞길을 가로막고 타라는 뜻을 보였다. 도씨는 호랑이를 타고 백여리나 되는 산마을에 이르러 인가를 찾아 투숙하였는데, 얼마 후 집주인이 제사 밥을 차려 주는데 홍시가 있었다. 도씨는 기뻐하여 감의 내력을 묻고 또 자신의 뜻을 말하자, 대답하기를 "돌아가신 아버지께서 감을 즐기셨으므로 매년 가을에 감 2백 개를 가려서 굴속에 보관해 두되 이 5월에 이르면 완전한 것이 7, 8개에 지나지 아니했는데, 지금 50개의 완전한 것을 얻었으므로 마음속에 이상하게 여겼더니, 이것은 하늘이 그대의 효성에 감동한 것이다." 하고는 20개를 내어 주었다. 도씨가 사례하고 문밖에 나오니 호랑이가 아직도 엎드려서 기다리고 있었다. 호랑이를 타고 집에 돌아오니 새벽 닭이 울었다. 뒤에 어머니가 천명으로 돌아가시자, 도씨는 슬퍼하여 피눈물을 흘렸다.

【어 휘】

炭숯 **탄** 炭鑛, 炭素, 木炭
饌반찬 **찬** 盛饌, 素饌, 飯饌
忙바쁠 **망** 多忙, 奔忙, 忙中閑
攫움킬 **확** 攫金, 攫鳥, 一攫千金
柿감 **시** 軟柿, 紅柿
徨노닐 **황** 彷徨
遮막을 **차** 遮斷, 遮陽, 遮日
饋먹일 **궤** 饋饌, 饋衁, 餉饋
窟굴 **굴** 窟穴, 洞窟, 土窟, 巢窟
俟기다릴 **사** 俟命
伏엎드릴 **복** 伏望, 伏兵, 三伏

闕대궐 **궐** 闕內, 闕席, 宮闕
晚늦을 **만** 晚年, 晚成, 晚學
鳶솔개 **연** 紙鳶, 鳶飛魚躍
索찾을 **색** 索引, 思索, 探索
彷거닐 **방** 彷彿, 彷徨
屢자주 **루** 屢次, 屢屢
俄잠시 **아** 俄然, 俄國, 俄館
嗜즐길 **기** 嗜酒, 嗜好
顆낱알 **과** 顆粒
曉새벽 **효** 曉得, 曉星, 曉鐘
喔울 **악** 喔喔, 咿喔

*都氏: 조선 哲宗 때 醴泉 사람인데 그 내력은 알려져 있지 않다.

• 문법해설

　(1)家貧(而)至孝에서 而는 역접으로 '집이 가난 하지만 효심이 지극하다'로 해석된다. 賣炭과 買肉은 '술목'관계. 無闕 '빠진 것이 없게 하다'로 肉이 闕의 목적어이다. (2)鳶攫肉은 '주술목'관계. 至家는 '집에 이르다'. 投肉은 '술목'관계. (3)索이 非時之紅柿를 목적어로 가지는데, 非時(때가 아닌)는 之와 함께 紅柿를 수식한다. 日昏은 不覺의 목적어. 주어 虎앞의 有는 해석 생략. 遮는 前路를 목적어로 함. 以示乘意에서 以자는 뒤에 동사가 오면 以此의 생략형으로 보는데, 이 此는 앞글을 나타낸다. 乘意는 '타라는 뜻.' 示는 '보이다'는 뜻이다. (4)訪人家는 '술목'관계. 俄而는 잠시 후. 饋와 祭飯, 問과 柿之~, 述과 己意는 '술목'관계이다. (5)亡父嗜柿는 '주술목'이다. 擇柿~는 '술목'관계. 藏諸窟中에서 諸는 之於의 兼詞로 之는 柿二十個를 받은 대사로 藏의 목적어이고, 於는 窟中과 함께 장소를 나타낸다. 예: [논어]君子求諸己 小人求諸人(군자는 자기에게서 찾고 소인은 남에게서 찾는다). 心異之는 '마음이 그것을 이상히 여기다'는 '주술목'구조이다. 之는 앞글을 받은 대사. 天이 주어이고, 感은 자동사로 '감동하다'이고, 君孝를 보어로 하였다. (6)遺以二十顆에서 以는 전치사로 명사어(二十顆)와 함께 遺의 목적어가 된다. 이때 以는 '~을(를)'로 해석한다. 예: [춘야도리원서] 大塊假我以文章(천지가 나에게 문장을 빌려주다). 謝出은 謝而出로 '사례하고 밖으로 나오다'는 뜻. 이처럼 동사가 나란히 있으면 시간적 선후관계로 해석한다. (7)尙'아직.' 俟伏은 '엎드려 기다리다.' 乘(而)至家는 '호랑이를 타고 집에 이르다', 喔喔은 닭이 '꼬끼오'하고 울다. 母以天命終은 母終(以)天命으로 '어머니가 천명을 다하다'는 뜻이 된다. 有血淚의 有는 流의 뜻으로 '눈물을 줄줄 흘리다'는 뜻이다.

★★★ 문법으로 배우는 명심보감

廉義篇(청렴에 대한 글)

廉義는 대체로 가난하고 불우한 환경이지만 염치를 알고 사리에 맞는 생활을 하는 것을 뜻한다. 청렴한 사람과 꼿꼿한 도를 지키는 사람과 부귀영화를 마다않고 평소의 말을 실천하는 사람 등을 실화로 예시하여 일깨우는 내용이다.

(1) 印觀이 賣綿於市할새 有署調者以穀買之而還이러니 有鳶이 攫其綿하여 墮印觀家어늘 印觀이 歸于署調曰 鳶墮汝綿於吾家라 故로 還汝하노라 署調曰 鳶이 攫綿與汝는 天也라 吾何受爲리오 印觀曰 然則 還汝穀하리라 署調曰 吾與汝者市二日이니 穀已屬汝矣라하고 二人이 相讓이라가 並棄於市하니 掌市官이 以聞王하여 並賜爵하니라.

인관이 시장에서 솜을 파는데 서조라는 자가 곡식으로 솜을 사가지고 돌아갔는데, 솔개가 그 솜을 채 가지고 가서 인관의 집에 떨어뜨렸다. 인관이 서조에게 솜을 돌려보내며 말하기를 "솔개가 너의 솜을 내 집에 떨어뜨렸으므로 너에게 돌려보낸다." 하니, 서조는 말하기를 "솔개가 솜을 채다가 너에게 준 것은 하늘이 한 것이다. 내가 어찌 받겠는가?" 하였다. 인관이 말하기를 "그렇다면 솜의 값으로 받은 너의 곡식을 돌려보내겠다." 하자, 서조는 말하기를 "내가 너에게 준 지가 벌써 두 장이 지났으니, 곡식은 이미 너에게 속했다." 하였다. 그리하여 두 사람이 서로 사양하다가 솜과 곡식을 다 함께 장에 버리니, 장을 맡아 다스리는 관원이 이 사실을 임금께 아뢰어 모두 벼슬을 주었다.

【어휘】

印도장 인 印鑑, 印象, 印刷, 捺印
綿솜 면 綿綿, 綿密, 綿絲, 綿織物

觀볼 관 觀光, 觀察, 美觀
署마을 서 署理, 署名, 部署

調고를 조 調查, 調節, 調和, 曲調	穀곡식 곡 穀物, 糧穀, 五穀
墮떨어질 타 墮落, 墮淚	與줄 여 授與, 與黨, 與野
屬붙일 속 屬國, 屬性, 尊屬	讓사양 양 讓渡, 讓步, 辭讓
幷어우를 병 幷吞, 幷合	棄버릴 기 棄權, 棄兒, 廢棄
掌맡을 장 掌握, 分掌, 合掌	爵벼슬 작 爵位, 爵號, 獻爵

*印觀과 署調는 모두 신라 때 사람이다.

● 문법해설

 (1)印觀賣綿은 '주술목'관계. 有署調者는 '서조라는 사람'으로 명사주어 앞에 있는 有는 해석생략하고, 者는 '~라는 사람'의 뜻이다. 以穀은 '곡식 으로', 買之는 '술목'관계로 之는 綿의 대사. 其綿은 攫의 목적어. 墮의 목적 어(綿)는 생략되었고, 印觀家는 綿을 떨어뜨린 장소이다. (2)歸(돌려보내 다)의 직접목적어 之(綿)는 생략되었고, 간접목적어는 于署調(서조에게). 于는 於와 같다. 鳶隆汝綿은 '주술목'관계. 鳶攫綿(而)與汝는 '주+술목+술 목'구조. 何受爲는 受爲何이나 何가 의문사이기 때문에 앞으로 나간 것이다. 의문대명사 何는 爲의 목적어로 爲何는 '무엇 때문에, 어떻게' 받겠는가? (3)汝는 還의 간접목적어이고 穀은 직접목적어이다. 與汝(너에게 준)는 者 (것)를 수식하여 명사화 했다. 市二日은 '시장이 선지 이틀이 지났다'. 屬汝 '너에게 소속되었다, 네 것이다.' (4)幷은 '솜과 곡식'으로 의미상 棄의 목적 어. 掌市는 생략된 之와 함께 官을 수식. 以(此)에서 생략된 此는 앞글 내 용. 以는 목적어 앞에서 '~을'이란 뜻으로 聞의 직접목적이고 王은 간접목 적이다. 聞은 '~을 아뢰다, 들리게 하다'. (5)幷賜爵에서 賜는 수여동사로 도치된 幷은 의미상 간접목적어(에게), 爵은 직접목적어(을)로 하여도 되 고, 물론 幷을 부사로 하여 '다 함께(아울러) 벼슬을 내렸다'로 해석해도 된 다. 예: 楚莊王賜群臣酒(초나라 장 왕이 여러 신하에게 술을 하사했다). 여 러 신하는 간접목적이고, 술은 직접목적이다.

(2)洪公耆燮이 少貧甚無聊러니 一日朝에 婢兒踊躍獻七兩錢曰 此在鼎中하니 米可數石이요 柴可數駄이 天賜天賜니이다. 公驚曰 是何金고하고 卽書失金人推去等字하여 付之門楣而待하니 俄而姓劉者來問書意어늘 公悉言之한대 劉曰 理無失金於人之鼎內하니 果天賜也라 盍取之닛고 公曰 非吾物에 何오 劉俯伏曰 小的이 昨夜에 爲窃鼎來라가 還憐家勢蕭條而施之러니 今感公之廉价하고 良心自發하여 誓不更盜하고 願欲常侍하오니 勿慮取之하소서 公卽還金曰 汝之爲良則善矣나 金不可取라하고 終不受하니라 後에 公爲判書하고 其子在龍이 爲憲宗國舅하며 劉亦見信하여 身家大昌하니라.

홍공 기섭이 젊었을 때에 가난하여 심히 무료하였는데, 하루는 아침에 어린 계집종이 기뻐하여 뛰며 돈 일곱 냥을 바치면서 말하기를 "이것이 솥 안에 있으니, 쌀이 몇 섬이요, 나무가 몇 바리 어치입니다. 참으로 하늘이 주신 것입니다." 하였다. 공이 놀라서 말하기를 "이것이 어찌된 돈인고?"하고, 곧 돈을 잃어버린 사람은 찾아가라는 글을 써서 대문 위에 붙여놓고 기다렸다.

얼마 후 유가라는 자가 찾아와 글의 뜻을 묻자, 공은 자세히 내용을 말해주었다. 유가가 말하기를 "남의 솥 안에다 돈을 잃어버릴 리가 없으니, 참으로 하늘이 주신 것입니다. 왜 취하지 않으십니까?"하였다. 공이 말하기를 "내 물건이 아닌데 어찌하겠는가."하였다. 유가가 엎드려 말하기를 "소적(소인)이 어젯밤에 솥을 훔치러 왔다가 도리어 가세가 너무 쓸쓸한 것을 불쌍히 여겨 이것을 놓고 갔습니다. 소인은 이제 공의 청렴함에 감동하고 양심이 저절로 우러나와 다시는 도둑질을 하지 않을 것을 맹세하옵고, 앞으로는 항상 옆에서 모시기를 원하오니, 염려마시고 취하소서." 하였다. 공이 즉시 돈을 돌려주며 말하기를 "네가 좋은 사람이 된 것은 참 좋으나 이 돈은 취할 수 없다"하고 끝내 받지 않았다. 뒤에 공은 판서가 되고 그의 아들 재룡은 헌종의 국구(부원군=임금의 장인)가 되었으며, 유가 또한 신임을 얻어 몸과 집안이 크게 번창하였다.

【어휘】

耆늙은이 기 耆年, 耆老
聊애오라지 료 聊賴, 無聊
燮불꽃 섭 燮和
婢여자종 비 婢僕, 奴婢

踊뛸 용 踊躍, 舞踊
獻바칠 헌 獻金, 獻身, 文獻
柴섶 시 柴糧, 柴扉, 柴炭
楣문설주 미 楣間
盍어찌아니할 합 (=何不)
竊훔칠 절 竊盜, 竊取, 剽竊
价착할, 갑옷 입은 개 价人
憲법 헌 憲法, 憲章, 官憲
更다시 갱 更生, 更新, 更紙; 고칠 경 更張, 更迭

躍뛸 약 躍動, 躍進
鼎솥 정 鼎談, 鼎立, 鼎革
駄실을 태 駄價, 駄馬
悉다 실 悉心, 知悉
俯구부릴 부 俯瞰, 俯仰
蕭쓸쓸할 소 蕭冷, 蕭條
誓맹세 서 誓約, 盟誓, 宣誓
舅시아비 구 舅姑, 舅婦

*洪公耋燮: 조선 영조 때 공조판서를 지낸 청백리로 이름이 높았다. 公자는 성과 이름 사이에 넣어 존칭을 나타낸다.

● 문법해설

(1)少貧은 少時之貧의 뜻. 踊躍(而)獻에서처럼 동사가 겹치면 접속사 而가 들어가 양쪽을 연결하는데 가끔 생략된다. 七兩錢은 獻의 목적어. 獻은 아랫사람이 윗사람에게 물건을 줄 때 쓴다. (2)此在鼎中은 'A在B'는 'A가 B에 있다'는 뜻. 此는 돈을 가리키는 지시대명사이다. 米와 柴는 뒤에 있는 可(買)數石과 可(買)數駄의 목적어로 강조하기위하여 앞에 나왔다. 이 可는 생략된 술어 (買)앞에서 조술사로 '~할 수 있다'는 가능을 나타낸다. 따라서 '벼 여러 섬을 살 수 있다, 땔나무 여러 짐을 살 수 있다'는 뜻이다. 天賜天賜의 반복은 강조하기 위함이요, 賜는 獻과 반대로 윗사람이 아랫사람에게 물건을 줄 때 사용한다. (3)失金(之)人은 '술목+之+人(~을 ~한 사람)'이고, 推去等字(찾아가라는 등의 글자)는 모두 書의 목적어이다. 付之는 '술목'으로 之는 앞에 쓴 글이고 門楣에 붙인다는 뜻. 俄而는 잠시후. 姓劉者는 '성이 유가인 자'. 來(而)問書意는 '와서 글 뜻을 물었다'. 公悉言之는 '주술목'구조이고, 悉은 부사로 '모두, 다', 之는 앞에 나온 사실을 가리키는 지시대명사이다. (4)理는 문두에서 於理의 於가 생략되어 '이치상으로'의

뜻이고, 果는 부사로 '과연'의 뜻. 也는 '~이다'라는 단정종결사이다. 盍取之의 盍은 何不의 겸사로 '어찌 돈을 취하지 않으십니까?'라는 뜻이고 取之의 之는 失金을 말함. (5)小的은 小人. 爲竊鼎來의 竊鼎은 '술목'으로 爲의 목적이고, '솥을 훔치기 위하여 왔다'이다. 還은 부사로 '도리어'. 家勢가 주어 蕭條가 술어인 '주술'구조로 憐의 목적이다. 施之의 之는 그 돈. 感公~ '공의 ~에 감동하다'. 不更盜 '다시는 도둑질 않겠다'가 誓의 목적어. 願欲常侍 '원컨대 항상 모시고 싶다.' 勿慮(而)取之는 '염려 말고 그 돈을 가지시오'. 之는 그 돈이다. (6)公卽還金은 '주술목'구조로 '공이 즉시 돈을 돌려주다'는 뜻. 汝之爲良의 之는 주격조사, 爲良은 '良人이 되다'는 뜻. 金은 不可取의 목적어이나 도치되었다. (7)爲判書와 爲憲宗~의 爲는 '~이 되다'는 뜻으로 뒤에 보어를 가진다. 見信의 見은 피동조술사로 '~을 받(당하)다'는 뜻. 따라서 見信은 '신임을 받다'로 해석한다. 예: 信而見疑(믿는데도 의심받다). 身(與)家는 '몸과 집'으로 주어이고 大昌은 '크게 창성하다'로 술어이다.

---

(3)高句麗平原王之女 幼時에 好啼하니 王戱曰 以汝로 將歸于愚溫達하리라 及長에 欲下嫁于上部高氏한대 女以王不可食言이라하여 固辭하고 終爲溫達之妻하니라 蓋溫達이 家貧하여 行乞養母하니 時人이 目爲愚溫達也러라 一日은 溫達이 自山中으로 負楡皮而來하니 王女訪見曰 吾乃子之匹也라하고 乃賣首飾하여 而買田宅器物頗富하고 多養馬以資溫達하여 終爲顯榮하니라.

고구려 평원왕의 딸이 어렸을 때에 울기를 좋아하니, 왕이 희롱하여 말하기를 "너를 장차 바보 온달에게 시집보내리라." 하였다. 딸이 장성하자, 상부 고씨에게 시집을 보내려 하니, 딸이 임금은 식언을 해서는 안 된다 하여 굳이 사양하고 마침내 온달의 아내가 되었다. 온달은 집이 가난하여 구걸을 다니며 어머니를 봉양하니,

> 당시 사람들이 지목하여 바보 온달이라고 한 것이었다. 하루는 온달이 산속으로부터 느릅나무 껍질을 짊어지고 돌아오니, 임금의 딸이 찾아와 보고 말하기를 "나는 바로 그대의 아내입니다." 하고는 머리의 장식품을 팔아 밭과 집과 기물을 사기를 꽤 많이 하고, 말을 많이 길러 온달을 도와 마침내 현달하여 영화롭게 되었다.

【어 휘】

麗고울 **려** 麗句, 麗人, 美麗
啼울 **제** 啼泣, 啼鳥, 啼血
愚어리석은 **우** 愚弄, 愚昧, 愚劣
嫁시집갈 **가** 嫁娶, 轉嫁, 出嫁
蓋덮을 **개** 蓋石, 蓋世, 蓋草
負질 **부** 負擔, 負債, 勝負
皮가죽 **피** 皮骨, 皮封, 皮膚
匹짝 **필** 匹夫, 匹敵, 配匹
器그릇 **기** 器具, 大器, 才器
資도울 **자** 資格, 資金, 資本

原언덕 **원** 原料, 原理, 原因
戱희롱할 **희** 戱曲, 戱弄, 遊戱
達통달할 **달** 達辯, 達成, 到達
部마을 **부** 部隊, 部落, 軍部
乞빌 **걸** 乞食, 哀乞
楡느릅나무 **유** 楡柳
訪찾을 **방** 訪問, 來訪, 探訪
飾꾸밀 **식** 假飾, 修飾, 裝飾
頗자못 **파** 頗多, 偏頗
顯나타날 **현** 顯考, 顯達, 顯著

*高句麗平原王: 平原王은 고구려 25대 [B.C. 559~B.C. 590] 임금이며 그의 딸은 平康公主이다.

● 문법해설

(1)好啼을 '술목'관계로 보면 '울기를 좋아하다'는 뜻이 되고, 好를 善과 같은 부사로 보고 啼를 동사로 하여 '수식'관계로 하면 '잘 울다'로도 해석할 수 있다. 以汝의 以는 '~을'이니 '너를'의 뜻. 將은 '장차 ~할 것이다'. 歸(于)는 '~에게 시집보내다'는 뜻인데 于(에게)가 생략되었다. 于歸는 신부가 처음으로 시집에 들어가는 일. (2)及長은 '성장에 이르다,' 곧 '장성하여'의 뜻. 下嫁는 '왕녀를 시집보내다'. 女以~의 以를 동사로 보고 '딸이 ~이라고 생각하다'라고 할 수도 있고, 또는 이유의 전치사로 보고 '~라는 이

유로'라고 할 수도 있다. 終爲는 '마침내 ~이 되다'이다. (3)蓋는 '대개, 아마도(추측을 의미)'. 行乞(而)養母은 '돌아다니며 구걸하여 어머니를 봉양하다'. 時人 '당시 사람'. 目(而)爲~에서 目은 동사로 '눈으로 보고 ~이라고 하다.' (4)自는 출발, 기점을 나타내는 전치사로 從, 由와 같이 '~로부터(from)'의 뜻으로 체언 앞에 쓰인다. 楡皮는 負의 목적어. 訪見曰 '찾아와 보고 말하다'. 동사가 동작의 순서대로 놓여있을 때 접속사 而를 생략할 수 있다. 乃는 '바로'. 子之匹也는 '그대의 배필이다'. 也는 종결사로 '이다'. (5) 首飾은 賣의 목적어로 '머리장신구를 팔다'. 田宅器物은 買의 목적어이고, 買~頗富는 '꽤 많이 ~을 사다'로 볼 수도 있고, '~을 사서 상당한 부자가 되었다'로 볼 수도 있다. 多養馬以의 多養馬는 '말을 많이 기르다'로 以의 목적이 되어 '말을 많이 길러서'라고 해석하고, 이는 資溫達의 수단이 된다. 資溫達은 '온달에게 자금을 대어 돕다'이고, 終爲顯榮은 '마침내 현달하고 영화롭게 되었다'는 뜻이다.

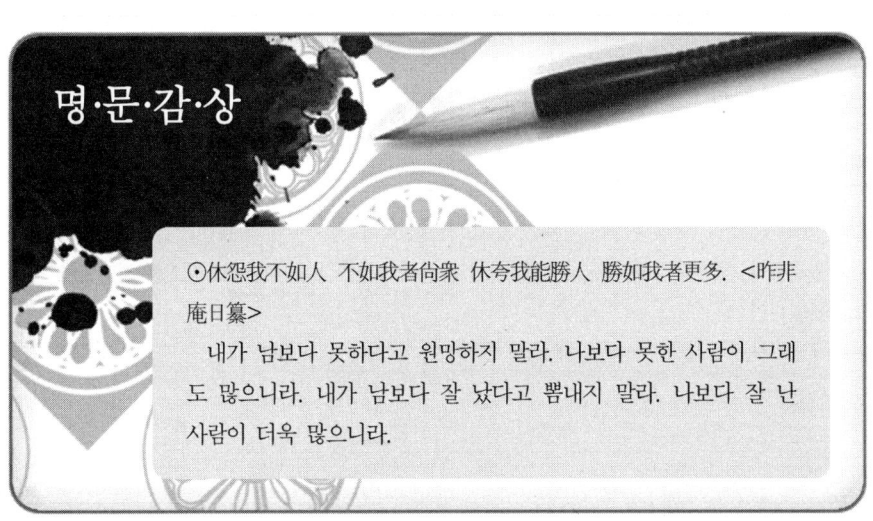

명·문·감·상

⊙休怨我不如人 不如我者尙衆 休夸我能勝人 勝如我者更多. <昨非庵日纂>

　내가 남보다 못하다고 원망하지 말라. 나보다 못한 사람이 그래도 많으니라. 내가 남보다 잘 났다고 뽐내지 말라. 나보다 잘 난 사람이 더욱 많으니라.

명심보감 보충자료

*長幼는 天倫之序라 兄之所以爲兄과 弟之所以爲弟는 長幼之道가 所自出 也라 蓋宗族鄕黨에 皆有長幼하니 不可紊也라. [蓋대개 개. 宗마루 종. 紊어지러울 문. '所以+동사'는 '~하는 까닭, 이유, 방법, 도리' 등 다양한 뜻을 포함한다.' '所+동사'는 '~하는 바, 것'의 불완전명사로 쓰인다.] ("어른과 아이는 하늘이 차례를 지어 준 관계이다. 형이 형 노릇을 하고 아우가 아우노릇을 하는 것이 어른과 어린이의 도리에서 비롯되는 유래다. 대개 종족과 향당(鄕黨)에는 모두 어른과 아이가 있으니, 이를 문란 시켜서는 안 된다.")

*朋友는 同類之人이라 益者三友요 損者三友니 友直하며 友諒하며 友多聞이면 益矣요 友便辟하며 友善柔하며 友便佞이면 損矣리라. [類무리 류. 益더할 익. 損덜 손. 諒믿을 양. 辟편벽할 벽. 便辟남에게 비위를 잘 맞추는 사람. 佞아첨할 녕. 便佞구변만 좋고 마음이 음험한 사람. 友는 명사이면 '벗'이고, 동사이면 '벗으로 하다'는 뜻이다.] ("붕우는 류가 같은 사람이다. 유익한 벗이 세 종류 있고, 해로운 벗이 세 종류 있으니, 정직한 사람을 벗하며, 신실한 사람을 벗하며, 식견이 많은 사람을 벗하면 이로운 것이다. 치우친 사람을 벗하며, 구미만 맞추는 사람을 벗하며, 말재주만 뛰어난 사람을 벗하면 해롭게 되는 것이다.")

*士小節이 曰 柔貞은 婦人之德이요 勤儉은 婦人之福이니라. (사소절에 말하였다. "부드러우면서 정조있는 것이 부인의 덕이요, 부지런하고 검소한 것이 부인의 복이니라.")
◀士小節은 조선 英·正祖 때 실학자 李德懋의 저서. <이상>

★★★ 문법으로 배우는 명심보감

 **勸學篇(배움을 권하는 글)**

이 책을 마무리하면서 학문을 해야 하는 필요성과 당위성을 말하고, 선현들이 후학들에게 언제나 학문을 하도록 권면하는 내용이다.

> (1)朱子曰 勿謂今日不學而有來日하며 勿謂今年不學而有來年하라 日月逝矣라 歲不我延이니 嗚呼老矣라 是誰之愆고.
> 주자가 말씀하였다. 오늘 배우지 않으면서 내일이 있다고 말하지 말며, 금년에 배우지 않으면서 내년이 있다고 말하지 말라. 해와 달이 가니 세월은 나를 위해 기다려주지 않는다. 아! 늙었도다. 이 누구의 허물인가.

【어 휘】

勸권할 권 勸告, 勸誘, 勸善懲惡　　謂이를 위 所謂
逝갈 서 逝去, 逝川, 急逝, 長逝　　延끌 연 延期, 延命, 延長
嗚탄식할 오 嗚咽, 嗚呼　　　　　　愆허물, 어길 건 愆期, 愆尤

● 문법해설

　(1)勿謂는 '~라고 말하지 말라'. 不學而의 而는 '~하고서, ~하면서'이니 '배우지 않고서'의 뜻이다. (2)歲不我延은 歲가 주어, 不延이 술어, 我가 목적어인 '주술목'구조이다. 不延은 세월이 나를 위해 더디 가지 않는다는 말로 기다려주지 않는다는 뜻이다. 부정문의 목적어가 대명사(我)이면 '술목'구조가 '목술'구조로 바뀐다. 예:[논어] 不患人之不己知 患不知人也(남이 나를 알아주지 않는 것을 걱정하지 말고, 내가 남을 모르는 것을 걱정하라). (3)嗚呼는 감탄사로 아아! 老矣의 矣는 감탄, 완료의 어기사로 '늙었구나(도다)!' 是誰之愆에서 是는 '이것, 즉 이렇게 늙은 것'이 주어이고, 誰之愆

이 술어로 '누구의 허물인가'라고 반문하는 것이다. 愆은 過의 뜻이다.

> (2)少年易老學難成하니 一寸光陰不可輕이라 未覺池塘春草夢하여 階前梧葉已秋聲이라.
>
> 소년은 늙기 쉽고 학문은 이루기 어려우니, 한 치의 광음(짧은 시간)도 가벼이 여기지 말라. 못가의 봄풀은 아직 꿈을 깨지 안했는데, 어느덧 섬돌 앞 오동나무는 벌써 가을 소리를 내느니라.

【어휘】

陰그늘 음 陰氣, 陰陽, 光陰
覺깨달을 각 覺書, 覺醒, 覺悟
塘못 당 塘馬, 春塘臺
階섬돌 계 階級, 階段, 階梯
葉잎 엽 葉書, 葉草, 枝葉, 金枝玉葉
輕가벼울 경 輕蔑, 輕視, 輕重
池못 지 池塘, 池沼, 池魚之殃
夢꿈 몽 夢寐, 夢想, 現夢
梧오동나무 오 梧桐, 梧葉, 井梧

• 문법해설

(1)少年과 學이 주어이고, 易와 難은 술어로 뒤에 보어(老,成)를 가지는 특수형용사로 '주술보'의 구조를 가진다. 예:身過易去 心過難去(몸의 허물은 제거하기 쉬우나 마음의 허물은 제거하기 어렵다). (2)一寸光陰(짧은 시간이라도)은 양보의 뜻으로 不可輕의 목적이 된다. 池塘에 있는 春草가 주어이고 술어 未覺夢은 '아직 달콤한 봄꿈에서 깨지 않다'는 '술목'구조이다. 梧葉은 秋聲(가을 소리를 내다)의 주어이다. (3)春草는 인생의 소년시절, 梧葉은 노년시절을 비유한 것이다. 7언 절구로 된 유명한 朱子의 '偶成'이라는 권학시로 운자는 成, 輕, 聲이다.

> (3) 陶淵明詩云 盛年은 不重來하고 一日은 難再晨이니 及時當勉勵하라 歲月은 不待人이니라.
>
> 도연명의 시에 말하였다. 성년(젊은 때)은 거듭 오지 않고, 하루는 두 번 새벽이 있기 어려우니, 때에 이르러 마땅히 학문에 힘써야 되느니라. 세월은 사람을 기다려 주지 않느니라.

【어휘】

陶질그릇 도 陶器, 陶冶, 陶醉 淵못 연 淵源, 淵遠, 深淵
盛성할 성 盛衰, 盛粧, 旺盛 晨새벽 신 晨省, 晨光, 晨昏
勉힘쓸 면 勉勵, 勉學, 勤勉 勵힘쓸 려 勵行, 獎勵
重거듭 중 重複, 重修; 무거울 중 重量, 重傷, 輕重, 體重

*陶淵明: 東晉의 隱士로 이름은 潛, 字는 陶明 또는 元亮, 호는 五柳先生. 隱逸詩人의 宗으로 歸去來辭가 유명하다.

● 문법해설

(1) 詩云은 도연명이 지은 '雜詩의 한 연이 말하다'이다. 盛年과 一日이 주어이고 不重來와 難再晨이 술어이고, 重은 '거듭', 再는 '두 번'의 뜻으로 뒤의 來와 晨을 수식한다. (2) 及時는 '때가 되다, 때에 이르다'는 뜻. 當은 술어 앞에서 '마땅히 ~해야 한다'. 歲月不待人은 본장 1절에서 주자가 말한 歲不我延과 뜻이 비슷하다.

> (4) 荀子曰 不積跬步면 無以至千里요 不積小流면 無以成江河이니라.
>
> 순자가 말하였다. 반걸음을 쌓지 않으면 천 리에 이르지 못하고, 작은 물을 모으지 않으면 강하를 이루지 못하느니라.

【어휘】

積쌓을 적 積立, 積善, 積載
步걸음 보 步道, 步調, 步行
跬(=頃)반걸음 규 跬步, 跬行
至이를지 至極, 至誠, 冬至

● 문법해설

(1)不積은 跬步와 小流를 목적어로 하는 가정의 조건문. 一步는 오른발과 왼발을 한 번씩 떼어 놓는 것이고, 跬步(=頃步,半步)는 한쪽 발만 떼어 놓는 것을 말한다. (2)'無以+ 동사'는 '~할 방법(길, 도리, 까닭)이 없다'로 해석된다. 無以는 無所以의 생략형 이므로 단순히 '~못 하다'로 하면 옳지 않다. 예: [소학] 不學詩 無以言 不學禮 無以立(시를 배우지 않으면 말할 방법이 없고, 예를 배우지 않으면 입신할 방법이 없다). (3)至는 '~에'라는 보어를 필요로 하는데 千里가 보어이다. 小流는 支流이고, 成의 목적어인 江河는 양자강과 황하를 뜻하니 곧 큰 강물을 말한다. (4)不~ 不(無)~ 은 조건부정으로 '~안 하면 ~못하다'로 해석된다. 부정과 부정은 긍정을 강조하기위한 표현법이다. 예: [예기] 玉不琢 不成器(옥은 다듬지 않으면 그릇을 만들지 못한다). [좌전] 不及黃泉 無相見也(황천에 미치지 아니하면 서로 보지 못할 것이다). <終>

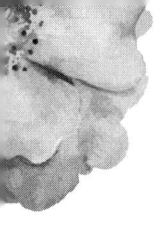

부 록

[1] 주요 허사 해설

한자는 한 글자만을 가지고 허사다 실사다 칭하는 것은 매우 부적절하다. 한자는 간혹 처음부터 품사가 일정하게 정해져 있는 것도 있지만 대체로 그 글자가 문장 안에서 어떤 위치에서 무슨 역할을 하느냐에 따라 허사도 되고 실사도 된다. 예를 들면 "曾子之妻 之市, 其子隨之 而泣.(증자의 처가 저자에 가는데 그 아들이 그를(어머니) 따르며 울었다.)"에서 '之妻'의 之는 관형격 (~의), '之市'의 之는 동사(~에 가다), '隨之'의 之는 妻를 받은 대명사(그를) 이다.

따라서 여기서는 앞에서 설명한 것은 원칙적으로 제외하나 주요한 허사는 다시 상세히 설명하는 것도 있다. 어학은 반복이 중요하기 때문이다. 그리고 실사로서의 의미도 부수적으로 설명 하였다.

(1) 可

可는 가능을 뜻하는 조술사로서 영어의 can과 용법이 같다.
(ㄱ)[可+타동사]의 목적어는 문의 앞에 위치한다.
*是可忍也 孰不可忍也. <논어>
(이것을 참을 수 있으면 어느 것을 참을 수 없겠는가?)
*不違農時 穀不可勝食也. <맹자>
(농사지을 때를 어기지 않으면 곡식을 다 먹을 수 없다.)
　[勝은 부사로 '모두, 다'의 뜻]
*身病可醫, 心病難醫. <상촌집>
(몸에 든 병은 고칠 수 있으나, 마음병은 고치기 어렵다.)

(ㄴ)可가 본동사이면 '가능하다, 옳다'; 숫자 앞에서는 '대략'.
*所謂大臣者 以道事君 不可則止.<논어>
(소위 대신이란 도로써 군주를 섬기다가 옳지 않으면 거친다.)
*飮可五六斗 俓醉矣. <논어>
 (대략 오륙 두를 마시자 마침내 취했다.)
*大夏民多 可百餘萬. <사기>
 (대하국의 백성은 많아서 대략 백만여 명이나 된다.)
(ㄷ)可가 可以, 可得의 형태를 취하기도 하나 뜻은 可와 비슷하다.
  [可以+타동사]의 목적어는 타동사 뒤에 온다.
*松柏可以耐雪霜 明智可以涉危難. <명심보감>
(송백은 눈서리를 견딜 수 있고 명지는 위난을 건널 수 있다.)
*胸中有五千字 始可以下筆.<완당집>
(가슴속에 오천의 문자는 있어야 비로소 붓을 들고 쓸 수 있다.)
*王之所大欲 可得聞與? <맹자>
 (왕께서 크게 하고자 하시는 일을 들을 수 있는지요?)

(2) 其
  其는 주로 관형격으로 쓰이거나 종속절의 주어로도 쓰인다.
 (ㄱ)其+명사류(그~, 그의~)
*種樹必培其根 種德必培其志.<왕수인>
(나무를 심고는 반드시 그 뿌리를 북돋우고, 덕을 심고는 그 뜻을 북돋운다.) [種: 종자 종(名), 심을 종(動)]
  *驥不稱其力 稱其德也.<논어>
(천리마는 그 힘을 칭찬하지 않고 그 덕을 칭찬하는 것이다.)
  [驥: 천리마 기]
  *不知其人 視其友,<이담속찬>
(그 사람을 알지 못 하면 그 벗을 보아라.)

(ㄴ) 其+ 동사류(그가 ~하다)

*吾見其進也, 未見其止也.<논어>

(나는 **그가** 나아가는 것을 보았으나, 아직 **그가** 그치는 것은 보지 못했다.)

*百姓多聞其賢, 未知其死也.<사기>

(백성들은 **그가** 어질다는 말은 많이 들었지만, **그가** 죽은 것은 아직 모른다.)

*鳥, 吾知其能飛; 魚, 吾知其能游; 獸, 吾知其能走.<사기>

(새, 난 **그것이** 날 수 있음을 알고, 물고기, 난 **그것이** 헤엄칠 수 있음을 알고, 들짐승, 난 **그것이** 달릴 수 있음을 안다.)

['其'는 문장 전체의 주어로는 쓸 수 없고 문장 속에서 종속주어로 쓰인다]

(ㄷ) '其+~(乎,與,哉)'와 호응하여 강한 추측, 기원, 감탄의 어기를 표한다.(아마도)

*始作俑者 其無後乎!<맹자>

(처음 인형을 만든 사람은 **아마도** 후손이 없었을 **것이다**.)

*孝悌也者 其爲仁之本與.<논어>

(효도와 공경이라는 것은 **아마도** 인을 행하는 근본일 **것이다**.)

*帝其念哉.<서경>

(제왕께서 **아마** 유념하시는가 **보다**.)

(3) 能

(ㄱ) 能은 주관적 가능을 나타내는 조술사로 뜻이 可와 비슷하다.

*夏禮吾能言之 杞不足徵也. <논어>

(하 나라의 예는 내가 그것을 능히 말할 수 있으나, 기 나라의 예는 내가 말하기에 증거가 부족하다.)

*能忍恥者 安, 能忍辱者 存. <설원>

부록 · 257

(부끄러움을 참을 수 있는 자는 편안하고, 욕됨을 참을 수 있는 자는 생존한다.)

(ㄴ)能은 명사 (재능인), 동사 (능력 있다)

*任賢使能.<맹자>

(어진 자에게 일을 맡기고, 재능 있는 자에게 일을 시킨다.)

[賢과 能 뒤에 者가 생략된 것으로 보아도 된다.]

*不爲也 非不能也.<맹자>

(하지 않는 것이지 할 수 없는 것은 아니다.)

*能書 不擇筆.<당서>

(글씨를 잘 쓰는 사람은 붓을 가리지 않는다.)[能書에 者가 생략].

(4) 得

得은 뒤에 술어가 오면 조술사로 可나 能과 용법이 비슷하고, 목적어가 오면 본동사로 '얻다'이다.

(ㄱ)得은 객관적 가능을 표시한다.

*民實瘠矣 君安得肥?<국어>

(백성이 실지로 말랐는데 임금이 어찌 살찔 수 있겠는가?)

*得忍 且忍, 得戒 且戒.<명심보감>

(참을 수 있으면 또 참고, 경계할 수 있으면 또한 경계하라.)

(ㄴ)得은 동사 '얻다', 명사 '얻음'.

*得魚而忘筌.<장자>

(물고기를 잡고 나면 통발을 잊는다.)

*得衆動天 美意延年.<순자>

(대중을 얻으면 하늘을 움직이고, 마음을 예쁘게 하면 나이를 늘린다.)

*眼前得喪等雲煙.<명시선>

(눈앞의 얻음과 잃음은 구름과 연기와 동등하다.)

(5) 莫

(ㄱ) [부정대명사(주어)+술어]

(어느 누구(것)도 ~하지 않다(없다)). [nobody, nothing과 같다.]

*朝廷之臣 莫不畏王.<전국책>

(조정의 신하 중에 (어느 신하도) 왕을 두려워하지 않는다.)

*群臣莫對.<전국책>

(여러 신하들은 아무도 대답하지 않았다.)

*天下之水 莫大於海.<장자>

(천하의 강물 중에 (어느 강물도) 바다보다 더 큰 것은 없다.)

(ㄴ) 금지사 [부정조술사+동사] (~하지 말라.)

勿, 不, 無, 毋, 休 등과 함께 금지를 나타낸다.

*疑人莫用 用人勿疑.<명심보감>

(의심스러운 사람은 쓰지를 말고, 사람을 썼으면 의심하지 말라.)

*有福莫享盡 福盡身貧窮.<명심보감>

(복이 있을 때 다 누리지 말라. 복이 다하면 몸이 빈궁해진다.)

*莫喫空心茶 少食中夜飯.<명심보감>

(빈속에 차를 마시지 말고, 밤중에 밥을 적게 먹어라.)

(ㄷ) [A莫如(若)B]: A가 B만 못하다=B가 A보다 낫다. (최상급비교)

*至樂 莫如讀書 至要 莫如敎子.<한서>

(지극히 즐거움은 독서만 함이 없고(독서가 최고로 즐겁다), 지극히 긴요함은 자식교육만 함이 없다(자식교육이 제일 긴요하다).

*衣莫若新 人莫若故.<안자>

(옷은 새것만 한 것이 없고(새것이 제일 좋고), 사람은 옛사람만이가 없다 (옛사람이 최고다).)

*治官莫若平 臨財莫若廉.<명심보감>

(관을 다스림에는 공평이 제일이고, 재물에 임해서는 청렴이 최고이다.)

(6) 無

(ㄱ)존재동사(~이 없다)

　無는 有의 반대로 다음에 의미상으로 주어(혹은 보어)가 온다.

*水至淸則無魚 人至察則無徒.<명심보감>
　(물이 지극히 맑으면 묵고기가 없고, 사람이 지극히 살피면 따르는 무리가 없다.)

*有不知則有知 無不知則無知.<왕부지>
　(모르는 것이 있으면 아는 것이 있고, 모르는 것이 없으면 아는 것이 없다.)

*人無百歲人 枉作千年計. <명심보감>
　(사람이 백세를 사는 사람이 없는데 부질없이 천년을 계획한다.)

(ㄴ)부정문(~을 아니하다)

*君子 食無求飽 居無求安.<논어>
　(군자는 먹는 것에 배부른 것을 구하지 않고, 기거함에 편안함을 구하지 않는다.)

*我無爾詐 爾無我虞.<좌전>
　(내가 너를 속이지 않고, 너는 나를 근심시키지 않는다.)

*詩書無敎子孫愚.<명심보감>
　(시경과 서경을 가르치지 않으면 조손이 어리석어진다.)

(ㄷ)금지(~하지 말라)

*無道人之短 無說己之長.<문선>
　(남의 단점을 말하지 말고, 자기의 장점을 말하지 말라.)

*主忠信 無友不如己者.<논어>
　(충과 신을 주로하고 자기만 같지 못한 자와 벗하지 말라.)

*女爲君子儒 無爲小人儒.<논어>
　(너는 군자선비가 되어야지 소인선비는 되지 말라.)

(ㄹ)無는 無論의 뜻이다.(~을 막론하고)

*君子無衆寡 無小大 無敢慢.<논어>
 (군자는 많거나 적거나, 일이 작거나 크거나를 막론하고 감히 태만함이 없다.)
*無巧工不巧工 皆以此五者爲法.<묵자>
 (기술 있는 공인이나 기술 없는 공인을 막론하고 모두 이 다섯 가지를 법으로 삼는다.)
*人無幼長貴賤 皆天之臣也.<묵자>
 (사람이 유장이거나 귀천을 막론하고 모두 하늘의 신하이다.)

(7) 所
 所는 수식어가 뒤에 있음으로 불완전명사 혹은 의존명사라 한다.
(ㄱ) [所+술어] (~하는 것(바), ~곳)
*獲罪於天 無所禱也.<논어>
 (하늘에 죄를 얻으면 빌 **곳**이 없다.)
*不敢請耳 固所願也.<맹자>
 (감히 청하지 못할 뿐일지언정 진실로 바라는 **바**이다.)
 [固: 진실로고(부사)]
*仲子之所居之室 伯夷之所築與.<맹자>
 (중자가 사는 **바**의 집은 백이가 지은 **바**의 것입니까?)
 [所 뒤의 居와 築은 동사로 앞의 所를 수식. 이름자 뒤의 之는 주격조사. 與는 종결의문사]
(ㄴ) [所以+술어] (~하는 것, 까닭, 능력)
*吾所以有大患者 爲吾有身.<노자>
 (나에게 큰 근심이 있는 것의 **까닭은** 내게 몸이 있기 때문이다.)
*不患無位 患所以立.<논어>

(벼슬자리 없음을 걱정하지 말고 입신할 **자격(능력)**을 걱정하라.)
(ㄷ)[所+ ~者](~는(할) 바의 것, 사람, 곳)
*其妻問**所**與飮食**者**.<맹자>
(그 아내가 더불어 마시고 먹을 **바의 사람**을 물었다.)
*從其**所**契**者** 入水求之.<여씨춘추>
(그 표시**한 곳**으로부터 물에 뛰어 들어 칼을 찾았다.)
(ㄹ)[(爲)+ ~所](~에게 ~당하는 바가 되다.(수동의 뜻))
*淡泊之士 必**爲**濃艶者**所**疑.<채근담>
(담박한 선비는 반드시 요염한 자에게 의심 받게 **된다**.)
[濃: 짙을 농. 艶: 고울 (요염할)염]
*(**爲**)十目**所**視 (**爲**)十手**所**指 其嚴乎.<대학>
(열 눈에게 보이는 바가 **되고**, 열 손가락에게 가리키는 바가 **되니** 엄하구나.)
*(**爲**)千夫**所**指 無病而死.<한서>
(천 사람에게 손가락질 **당하면** 병이 없어도 죽는다.)

(8) 是
(ㄱ)지시사로 주어, 목적어, 관형어로 쓰인다.(이, 이것(곳))
*惡死亡 而樂不仁, **是**猶惡醉 而强酒.<맹자>
(죽거나 망하는 것을 싫어하면서 불인을 즐기니, **이것은** 취하는 것을 싫어하면서 억지로 술을 마시는 것과 같다.)
[惡: 악할 악(形), 싫어할 오(動). 强: 억지로 강(副), 강할 강(形). 酒: 술 주(名), 술 마실 주(動)]
***是**可忍也, 孰不可忍也?<논어>
(**이런 짓**을 차마 할 수 있다면 그 무슨 짓인들 하지 못 하랴?)
[목적어 是는 간혹 앞으로 도치된다. 孰은 영어 who나 which의

뜻]

*是心足以王矣.<맹자>

 (**이런** 마음이면 족히 왕 노릇을 할 수 있다.)

 [足以는 可以와 같은 뜻(할 수 있다), 王: 임금 왕(名), 왕 노릇할왕(動)]

(ㄴ)연계동사로 영어의 be동사와 같다.(이다).

*色卽**是**空 空卽**是**色.<반야심경>

 (색(물질)이 곧 공(빈 것)**이고** 공이 곧 색**이다**.)

*聞則**是**病, 不聞則**是**藥.<이담속찬>

 (들으면 병**이고**, 안 들으면 약**이다**.)

*我**是**天帝子, 河伯孫.<삼국유사>

 (나는 천제의 아들**이고**, 하백의 손자이다.)

 [河伯: 물의 신. 전설의 인물로 고구려 시조 주몽의 외조부]

*是 吾劍之所從墜.<여씨춘추>

 (**이곳이** 내 칼이 떨어진 곳이다.)

(ㄷ)형용사로 영어의 right 와 같다.(옳다).

*覺 今**是**而昨非.<귀거래사>

 (지금이 **옳고** 어제가 잘 못임을 깨달았다.)

*是**是**非非.<김병연>

 (옳은 것은 **옳고** 그른 것은 그르다.)

 [앞의 是는 명사로 주어이고 뒤의 是는 형용사 술어. 마찬가지로 앞의 非는 주어 뒤의 非는 술어]

*自以爲**是**.<순자>

 (스스로를 **옳다**고 생각하다.) [以爲는 '~을 ~라고 생각하다.']

(9)若

 (ㄱ)[若(如)+ 명사]로 단순비교 (~와 같다).

*上善若水.<노자>

　(최상의 선은 물과 같다.)

*肌膚若氷雪 綽約若處子.<장자>

　(살갗과 피부는 얼음과 눈 같고, 얌전함은 처녀와 같다.)

*民之望之 若大旱之望雨也.<맹자>

　(백성이 바라는 것은 큰 가뭄에 비를 바라는 것과 같다.)

(ㄴ)만약 ~이면(하더라도).

*若紙不毛生 則必責其不讀.<사소절>

　(만약 종이에 털이 나지 않으면 반드시 책 읽지 않음을 꾸짖었다.)

*寅若不起 日無所辦.<명심보감>

　(새벽 인시에 일어나지 않으면 낮에 힘쓸 바가 없다. 辦: 힘쓸 판)

*家若富 不可恃富而怠學.<명심보감>

　(집이 부자라도 그 부를 믿고서 배움을 게을리 해서는 안 된다.)

(ㄷ)[A 不若 B] (A는 B와 같지 못하다.)

*言工無施 不若無言.<백사집>

　(말이 좋아도 시행을 안 하면 말을 안 한 것만 못하다.)

*與其病後能服藥 不若病前能自防.<명심보감>

　(병후에 약 먹는 것보다 병나기 전에 스스로 예방하는 것이 낫다.)

*與其富而畏人 不若貧而無屈.<공자가어>

　(부유하고 남을 두려워하기보다는 가난해도 굽히지 않음이 낫다.)

(ㄹ)2인칭으로 '너'

*若勝我 我不若勝 若果是也 我果非也耶?<장자>

　(네가 나를 이기고 내가 너를 이기지 못하면 너는 과연 옳고 나는 과연 그르다고 할 수 있겠는가?)

*吾翁 卽若翁.<사기>

　(나의 아버지가 곧 너의 아버지이다.)

(10)如

(ㄱ)단순비교 (~와 같다)

*人生如朝露.<한서>

(인생은 아침 이슬과 같다.)

*春雨如膏 行人惡其泥濘.<명심보감>

(봄비는 기름과 같으나 행인이 그 진흙 창을 싫어한다.)

*歲月如流.<문선>

(세월은 흐르는 물과 같다.)

(ㄴ)동사 (~와 같게 하다).

*見善如渴 聞惡如聾.<명심보감>

(착한 것을 보거든 목마른 것같이 하고, 악한 것을 듣거든
귀머거리 같이 하라.)

*事君如事親 事長官如事兄 與同僚如家人.<명심보감>

(임금 섬기는 것을 어버이 섬기는 것같이 하고, 장관 섬기는 것을 형 섬기는 것같이 하고, 동료와 함께하기를 제집사람 같이 하라.)

*學如不及 猶恐失之.<논어>

(배움은 미치지 못하는 것같이 하고, 오히려 그것을 잃을까 두려워 해야 한다.)

(ㄷ)접속사 (만약~이면).

*如詩不成 罰依金谷酒數.<춘야도리원서>

(만일 시를 짓지 못하면 금곡원의 벌주 잔 수로 벌을 주겠다.)

*知音如不賞 歸臥故山秋.<가도>

(나의 친구가 만일 상찬을 하지 않으면 고향 산으로 돌아가 누울때다.)

*如水益深 如火益熱 亦運而已矣.<맹자>

(만일 물이 더욱 깊어지고, 불이 더욱 뜨거워진다면 역시 운이 다할 뿐이다.)

(ㄹ)어찌하랴 (의문사 何와 함께).

*以五十步笑百步 則何如?<맹자>

(오십 보 걸은 사람이 백보 걸은 사람을 비웃으면 어찌합니까?)

*足足長鳴鳥 如何長足足 世人不知足 是以長不足.<송익필 '鳥鳴有感'>

(짹짹거리며 늘 우는 새들 어찌하여 늘 짹짹거리는가? 세상사람들 만족을 모르니 이래서 늘 부족한가보다.)

*取妻 如何? 匪媒不得.<시경>

(아내를 얻으려면 어찌해야 하는가? 중매가 아니면 얻지 못한다.)

(ㅁ)[A 不如 B] (A는 B만 같지 못하다.) (우열(우등)비교).

*遠親 不如近隣.<명심보감>

(멀리 사는 친척은 가까이 사는 이웃만 못하다.)

*百聞 不如一見, 百見 不如一行.<한서>

(백번 듣는 것이 한번 보는 것만 못하고, 백번 보는 것이 한번 행하는 것만 못하다.)

*耳聞之 不如目見之.<설원>

(귀로 듣는 것은 눈으로 보는 것만 못하다.)

(ㅂ)[如+지명]이면 동사로 '가다', 若이 인칭대명사이면 '너, 당신'.

*二人如唐 爲武寧軍小將.<삼국사기>

(두 사람(장보고와 정년)이 당나라에 가서 무녕군 소장이 되었다.)

*齊使者如梁.<사기>

(제나라 사자가 양나라로 갔다.)

(11) 於

於는 영어의 전치사 at, in, to, for, by, than, from 등과 같은 뜻으로 쓰인다.

(ㄱ)처소, 기점, 출발(~에서(에), ~으로부터)

*子路宿於石門.<논어>

(자로가 석문에서 잤다.)
*欲明明德於天下者 先治其國.<대학>
(밝은 덕을 천하에 밝히고자 하는 자는 먼저 그 나라를 다스린다.)
*禍生於口 憂生於眼 病生於心 垢生於面.<성대중>
(재화는 입에서 생기고, 근심은 눈에서 생기고, 병은 마음에서 생기고, 때는 얼굴에서 생긴다.)

(ㄴ)대상, 시간 (~에(게), ~에서(대하여)).
*當仁 不讓於師.<논어>
(인에 당해서는 스승에게도 양보하지 않는다.)
*仰不愧於天 俯不怍於人.<맹자>
(우러러 하늘에 부끄럽지 않고, 굽어 남에게 부끄럽지 않다.)
[愧(괴)와 怍(작)은 둘 다 부끄러워한다는 형용사]
*興於詩 立於禮 成於樂.<논어>
(시에서 일어나고 예에서 서고 음악에서 완성된다.)
*一日之計 在於晨.<명심보감>
(하루의 계획은 새벽에 있다.)
(ㄷ)피동(~로부터 ~을 당한다).
*勞心者治人 勞力者治於人, 治於人者 食人 治人者 食於人.<맹자>
(마음을 쓰는 자는 남을 다스리고, 힘을 쓰는 자는 남에게 다스림 **받는다**. 남에게 다스림 **받는** 자는 남을 먹이고 남을 다스리는 자는 남에게 **얻어먹는다**.)
*通者 常制人 窮者 常制於人.<순자>
(달통 자는 늘 남을 제압하고, 궁한 자는 늘 남에게 제어 당한다.)

*君子役物 小人役於物.<순자>
 (군자는 사물을 부리고, 소인은 사물에게 부림을 당한다.)
 [於가 피동일 때는 앞에 반드시 동사(治, 食, 制, 役)를 가진다.]
(ㄹ)비교(~보다 더).
*父母之恩 高於山, 深於海.
 (부모의 은혜는 산보다 높고, 바다보다 깊다.)
*罪莫大於不孝.
 (죄는 불효보다 큰 것은 없다.)
*季氏富於周公.<논어>
 (계씨는 주공보다 부유하다.)
 [於가 비교를 나타낼 때는 그 앞에 반드시 형용사(高, 深, 大, 富)가 온다.]
(ㅁ)목적관계(~을).
*三年無改於父之道 可謂孝矣.<논어>
 (삼년 아버지의 도를 고치지 않는 것이 가히 효라 할 수 있다.)
*君子不鏡於水 而鏡於人.<묵자>
 (군자는 물을 거울로 하지 않고, 사람을 거울로 한다.)
 [鏡:거울삼을 경]
*行百里者 半於九十.<전국책>
 (백리를 가는 자는 구십 리를 반으로 한다.)

(12) 與
(ㄱ)개사(전치사)용법 (~와 더불어, ~와 함께).
*蓬生麻中 不扶而直 白沙在涅 與之俱黑.<순자>
 (쑥이 삼 가운데 자라면 붙들지 않아도 곧고, 흰 모래가 진흙에 있으면 그와 **함께** 검어진다.)

＊與人同處 不可自擇便利.＜명심보감＞
 (다른 사람과 **함께** 있으면서 자신의 편리함을 택하면 안 된다.)
＊管仲嘗與鮑叔賈.＜사기＞
 (관중은 일찍이 포숙과 **함께** 장사를 했다.)
(ㄴ)연사(접속사)용법(~와, ~과).
＊客亦知夫水與月乎.＜전적벽부＞
 (나그네 역시 저 물**과** 달을 아는가?)
＊富與貴 人之所欲也.＜논어＞
 (부**와** 귀는 사람들이 바라는 바이다.)
＊女子與小人 爲難養也. 近之則不孫 遠之則怨.＜논어＞
 (여자**와** 소인은 기르기가 어렵다. 가까이 하면 불손하고 멀리하면 원망한다.)
(ㄷ)선택형비교(~보다 차라리, ~가 더 낫다).
＊與其有樂於身 孰若無憂於心?＜한유＞
 (몸에 낙이 있기**보다** 마음에 근심이 없는 것이 낫지 않겠는가?)
＊與其富而畏人 不若貧而無屈.＜공자가어＞
 (부자로 남을 두려워하기 **보다**는 빈자로 비굴하지 않음이 낫다.)
＊與人刃我 寧自刃 乃自殺.＜사기＞
 (남이 나를 죽이는 것**보다** 차라리 스스로 죽는 것이 낫다하고 곧 자살했다.)
(ㄹ)동사(주다, 참여하다).
＊受人施者 常畏人, 與人者 常驕人.＜공자가어＞
 (남의 베풂을 받는 자는 항상 남을 두려워하고, 남에게 **주는** 자는 항상 남에게 교만하다.)
＊弟得黃金二錠 以其一與兄.＜신증동국여지승람＞

(동생이 황금 두 덩어리를 주웠는데 그 중 하나를 형에게 **주었다**.)

*吾不**與**祭 如不祭.<논어>

(내가 제사에 **참여하지** 않으면 제사하지 않는 것과 같다.)

(ㅁ)종결사(추측, 의문, 반어, 감탄).

*牛之性 猶人之性**與**?<맹자>

(소의 성질이 사람의 성질과 같**은가**?)

*國之爲難 是誰之過**與**?<논어>

(나라의 어려움이 누구의 잘못**인가**?)

*不知周之夢爲蝶**與**? 蝶之夢爲周**與**?<장자>

(장주가 꿈에서 나비가 되었**는지**, 나비가 꿈에서 장주가 되었**는지** 모르겠다.)

*舜 其大孝也**與**!<중용>

(순임금은 참으로 큰 효를 행하셨**구나**!)

(13) 由

(ㄱ)원인을 나타낸다.(~ 때문에(말미암아), ~로부터, ~에 비롯하여).

*稷思天下有飢者 **由**己飢之也.<맹자>

(직(곡식의 신)은 천하에 굶주리는 자가 있으면 자기 때문에 굶주린다고 생각했다.)

***由**所殺蛇白帝子 殺者赤帝子 故上赤.<사기>

(죽음을 당한 뱀은 백제의 아들이고, 죽인 자는 적제의 아들이기 때문에 그래서 붉은 색을 숭상하였다.)[所殺은 피동의 뜻이다.]

*大富**由**天 小富**由**勤.<명심보감>

(큰 부자는 하늘에 말미암고, 소부는 부지런함에 연유하느니라.)

(ㄴ)由는 시발을 나타내는 自와 從과 뜻이 비슷하다. (~로부터).

***由**堯舜至於湯 五百有餘歲.<맹자>

(요순으로부터 탕왕에 이르기까지 오백여 년이다.)

*出自幽谷 遷于喬木.<시경>

((새가)나와 깊은 골짜기로부터 높은 나무로 옮긴다.)

*自天而降乎 從地而出乎?<춘향전>

(하늘에서 내려왔는가? 땅에서 솟았는가?)

(ㄷ)由는 동사 '~로부터 나오다, 경유하다, 따르다.'

*誰能出不由戶 何莫由斯道也.<논어>

(누가 문을 경유하지 않고 밖으로 나갈 수 있는가? 어찌하여 이도를 따르지 않는가?)

*人之所喩 由其所習 所習 由其所志.<논어>

(사람의 깨달음은 그 익힌 바에서 나오고, 익힌 바는 그 뜻하는 바에서 나온다.)

(14) 爲

(ㄱ)하다.

*見義不爲 無勇也.<논어>

(옳은 일을 보고 **하지 않는 것**은 용기가 없기 때문이다.)

(ㄴ)~이다(연계동사).

*勤爲無價之寶.<명심보감>

(부지런함은 값이 없는 보배**이다**.)

*敎我者 爲師.<학어집>

(나를 가르치는 사람은 스승**이다**.)

(ㄷ)~이 되다(자동사).

*金木水火土在天 爲五星 在地 爲五行.<계몽편>

(금목수화토가 하늘에 있으면 오성이 **되고**, 땅에 있으면 오행이 **된다**.)

*高岸爲谷 深谷爲陵.<시경>

(높은 언덕은 골짝이 **되고**, 깊은 골짝은 언덕이 **되었다**.)

(ㄹ)~만들다(타동사).

*老妻畫紙爲碁局.<두보 '江村'>

(늙은 아내는 종이에 그려 바둑판을 **만든다**.)

*磨斧爲針.<당서>(~을 만들다)

(도끼를 갈아 침을 **만들다**.)

(ㅁ)원인, 대상(~ 때문에, ~에게, ~위하여).

*義斷親疎只爲錢<명심보감>

(의리가 단절되고 친척이 소원해짐은 단지 돈 **때문이다**.)

*百姓之不見保 爲不用恩焉.<맹자>

(백성이 보호를 받지 못하는 것은 은혜를 쓰지 않기 **때문이다**.)

*不足爲外人道也.<도화원기>

(외부 사람**에게** 말하는 것은 족하지 않다.)

*爲人謀而不忠乎?<논어>

(남을 **위해** 일을 도모하면서 성실하지 못하였나?)

*士爲知己者死, 女爲悅己者容.<전국책>

(선비는 자기를 알아주는 자를 **위하여** 목숨을 바치고, 여자는 자기를 기쁘게 해주는 사람을 **위해** 얼굴을 꾸민다.)

(ㅂ)관용구.

●@ [爲a所b: a에게 b당하다(하는바가 되다)].

*澹泊之士 必爲濃艷者所疑.<채근담>

(담박한 선비는 반드시 호화로운 자에게 의심을 **받는다**.)

*(爲)千人所指 無病而死.<한서>

(여러 사람에게 손가락질을 **당하면** 병이 없어도 죽는다.)

●@[以a爲b: a를 b라고 여기다(생각하다)].

*鮑叔不以我爲貪.<사기>

(포숙은 나를 탐욕스럽다고 **생각하지** 않았다.)

*所謂美人者 以花爲貌 以鳥爲聲.<유몽영>

(소위 미인이란 꽃을 얼굴로 **삼고**, 새소리를 목소리로 **삼는다**.)
(ㅅ)의문종결사.
*何故深思高擧 自令放**爲**.<초사>
(무슨 까닭으로 깊이 생각하고 고상한 행동을 했음에도 스스로 쫓겨나게 **되었는가**?)
*生不布施 死何含珠**爲**.<장자>
(살아서 베풀지 아니하고 죽어서 어찌 진주를 먹으려 **하는가**?)

(15) 以
 개사 以와 명사가 결합하여 介賓(前名)구조를 이루어 수단, 방법, 도구, 이유, 원인 등을 나타내어 술어를 수식하는 부사구가 된다. 영어의 with, as, for 등과 비슷한 뜻을 가진다.
(ㄱ)도구, 수단, 방법(~을 가지고, ~으로써).
*以勢交者 勢傾則絶, 以利交者 利窮則散.<왕통>
(세력**으로써** 사귀는 자는 그 세가 기울면 끊어지고, 이해**로써** 사귀는 자는 그 이해가 다하면 흩어진다.)
*君子與君子 以同道爲朋.<구양수의 붕당론>
(군자와 군자는 도를 같이 함**으로써** 붕당이 된다.)
*君子以文會友, 以友輔仁.<논어>
(군자는 글**로써** 벗을 모으고, 벗**으로** 인을 돕는다.)
(ㄴ)이유, 원인(~ 때문에, ~로 인하여(for)).
*不以失敗自餒 不以成功自滿.<한문문형>
(실패 **때문에** 스스로 좌절하지 말고, 성공한 **때문에** 스스로 만족하지 말라.)
*此木以不材 得終其天年.<순자>
(이 나무는 재목이 되지 못함**으로써** 그 천수를 마칠 수 있었

다.)

*以不能取容當世 故終身不仕.<한문문형>
(당시 세상을 수용할 수 없었기 **때문에** 평생 벼슬하지 않았다.)

(ㄷ)자격(~로서(as)).

*以臣弑君 可謂仁乎?<사기>
(신하**로서** 임금을 죽이는 것을 인이라 할 수 있습니까?)

*以人惡爲美德乎?<순자>
(사람**으로서** 악을 미덕으로 합니까?)

*以告者過也.<논어>
(말을 고하는 자**로서** 잘못입니다.)

(ㄹ)목적관계(~을).

*君子贈以言 庶人贈以財.<순자>
(군자는 말**을** 남기고, 서인은 재물**을** 남긴다.)

*有小智者 不可任以大功.<회남자>
(잔재주 가진 자에게 큰 공**을** 맡겨서는 안 된다.)

*具以沛公言報項王.<사기>
(패공의 말**을** 모두 항왕에게 알렸다.)

*孔子以兄之子 妻之.<논어>
(공자께서 형의 딸(子)**을** 그(之:甫容)에게 시집보냈다.)
[「이+목적어」구조는 보통 동사 뒤에 오지만 목적어를 강조하기 위해서는 앞에 놓을 수 있다.]

(ㅁ)[以+명사(목적어)]의 도치.

*回也 聞一以知十.<논어>
(안회는 하나를 들음**으로서** 열을 안다.)
['以聞一'에서 목적어(聞一)을 강조하기위해 앞으로 도치했다.]

*仁者 不違義以要名.<후한서>
(언진 자는 의리를 저버리**고서** 명성을 요구하지 않는다.)

['以違義'에서 목적어(違義)를 강조하려고 앞으로 내었다.]
*江漢以濯之 秋陽以暴之 皓皓乎不可尙已.<맹자>
 (양자강과 한수의 물로서 그것을 씻고, 가을빛으로 그것을 쬐었으니 희고 흰 것에 보탤 수는 없다.)
['以江漢'과 '以秋陽'에서 목적어를 강조하기 위하여 도치시킨 것이다.]
(ㅂ)[以A (A以)+爲B] (A를 B로 생각하다. A로써 B를 삼다(만들다)).
*所謂美人者 以花爲貌 以鳥爲聲.<유몽영>
 (소위 미인이란 꽃을 얼굴로 **삼고** 새소리를 목소리로 **삼는다**.)
*先君以寡人爲賢.<좌전>
 (선군께서는 과인을 어질다고 **여기셨다**.)
*鮑叔不以我爲貪.<사기>
 (포숙은 나를 탐욕스럽다고 **생각하지** 않았다.)
*君子義以爲質.<논어>
 (군자는 의를(로써) 본질로(을) **삼는다**.)
*虎以爲然.<전국책>
 (호랑이는 그렇다고 **생각했다**.)
(ㅅ)연결기능도 있어 而와 같은 뜻으로 쓰인다.
*夷以近則遊者衆 險以遠則至者少.<왕안석>
 (평탄**하고** 가까운 곳에는 유람하는 사람이 많고, 위험**하고** 먼 곳에는 오는 사람이 적다.)
[형용사 夷와 近, 險과 遠 사이에서 연결하고 있다.]
*爪其膚以驗其生枯.<유종원>
 (그 껍질을 벗기**고서** 그 삶과 마름을 안다.)
 [동사 爪(조: 손톱, 벗기다)와 驗(험: 증험하다) 사이에서 연사역할을 한다.]

(ㅇ)기타용법.

*夫餘以殷正月祭天.<삼국지>[시간개사(~에)].

　(부여에서는 은나라 정월**에** 하늘에 제사지냈다.)

*古人秉燭夜遊 良有以也.<춘야연도리원서>[명사(까닭)].

　(옛 사람이 촛불을 들고 밤에 놀던 것은 참으로 **까닭**이 있다.)

*問所欲而敬進之　柔色以溫之.<소학>[순접연사　而의　뜻(~하고서)]

　(잡숫고자 하는 것을 물어서 경건하게 그것을 올리고, 낯빛을 부드럽게 **해서** (부모마음을)온화하게 해드린다.)

(16) 而

而가 연사(접속사)로 쓰이면 형용사나 동사를 서로 연결하여 순접과 역접의 역할을 한다.

(ㄱ)순접(그리고, ~하고 (and)).

*不知彼而知己 一勝一敗.<손자>

　(그들을 모르**고** 자기를 알면 한번 이기고 한번 진다.)

*壽而康 美而艶.<좌전>

　(오래 살**고** 건강하며 아름답고 곱다.)

*學而時習之 不亦說乎?<논어>

　(배우**고** 때때로 그것을 익히면 또한 기쁘지 않은가?)

*溫故而知新 可以爲師矣.<논어>

　(옛 것을 익히**고** 새것을 알면 스승이 될 수 있다.)

*不吹毛而求小疵 不洗垢而察難知.<한비자>

　(터럭을 불고 작은 흠을 찾지 말고, 때를 씻고 어려운 지식을 살피지 마라.)

(ㄴ)역접(그러나, 이지만, 해도 (but, though)).

*子溫而廣 威而不猛 恭而安.<논어>

(선생님은 온화하지만 엄숙하고, 위엄이 있지만 사납지 않고, 공손하지만 편안하다.)
*樹欲靜而風不止.<공자가어>
(나무가 조용하고 싶지만 바람이 그치질 않는다.)
*人不知而不慍 不亦君子乎?<논어>
(남들이 나를 알아주지 않지만 성을 내지 않으면 역시 군자가 아니겠는가?)
*辭多類非而是, 多類是而非.<여씨춘추>
(말은 상당수가 그른 것 같지만 옳고, 상당수는 옳은 것 같지만 그르다.)
*世味濃 不求忙而忙自至.<육소형>
(세상 살맛 진하면 바쁜 일 안 찾아도 바쁜 일 적로 온다.)
(ㄷ)가정 (~이면).
*日出而作 日入而息.<擊壤歌>
(해가 뜨면 농사일하고, 해가 지면 쉰다.)
*倉廩實 而知禮節, 衣食足 而知榮辱.<史記>
(창고가 가득하면 예절을 알고, 의식이 풍족하면 영욕을 안다.)
*樹成蔭而衆鳥息焉.<荀子>
(나무가 그늘을 이루면 뭇 새들이 그곳에 쉰다.)
(ㄹ) 2인칭대명사 (너).
*余知而無罪也.<좌전>
(나는 네가 죄 없음을 안다.)
*余而祖也.<좌전>
(나는 너의 할아버지다.)
*而 果其賢乎!<장자>
(너는 과연 현명하구나!)
(ㅁ)접미사(시간어 뒤) 와 종결사.

*七十而從心所欲 不踰矩.<논어>

(일흔에 마음이 좇는 바를 따라도 법도에 어긋나지 않는다.)

*小而聰了 大未必奇.<후한서>

(어려서 총명한 것이 커서 반드시 기특한 것은 아니다.)

*豈不爾思 室是遠而.<논어>

(어찌 너를 생각하지 않으랴? 집이 멀다 **뿐이다**.)

(17) 因

(ㄱ) 원인이나 의거 (~ 때문에, ~으로 인하여(말미암아)).

*貧者因書富 富者因書貴. <왕형공 권학문>

(빈자는 책으로 인해 부자가 되고, 부자는 책으로 인해 귀해진다.)

*因雪想高士 因花想美人.<유몽영>

(눈을 보면(통하여, 의거하여) 고사가 생각나고, 꽃을 대하면 미인이 생각난다.)

*楓岳皆骨無土 因名爲皆骨.<보한집>

(풍악은 모두 뼈대이고 흙이 없어, 인하여 개골이라 이름 하였다.)

(ㄴ) 술어 (때문이다)

*言多語失皆因酒 義斷親疎只爲錢.<명심보감>

(말 많고 말실수는 모두 술 때문이요, 의가 끊어지고 친족이 소원해짐은 단지 돈 때문이다.)

*是非只爲多開口 煩惱皆因强出頭.<명심보감>

(시비는 단지 입을 많이 열기 때문이고, 번뇌는 모두 억지로 머리를 내밀기 때문이다.)

[因은 爲와 대가되어 술어처럼 쓰였다.]

(18) 者

者는 앞에 형용사나 동사 또는 술목구조를 가지고 명사구를 만들어 사람, 사물, 장소 등을 나타낸다.

(ㄱ)사람을 나타낸다.(~하는 사람).

*仁者不憂, 知者不惑, 勇者不懼.<논어>

(어진 **사람**은 근심하지 않고, 지혜로운 **자**는 미혹하지 않고, 용감한 **자**는 두려워하지 않는다.)

*爲善者 天報之以福.<명심보감>

(착한 일을 하는 자는 하늘이 복으로 그에게 보답한다.)

*飢者 易爲食 渴者 易爲飮.<맹자>

(주린 **자**는 쉽게 식사를 하고(무슨 음식이나 먹고), 목마른 **자**는 아무 물이나 마신다(쉽게 마신다).)

(ㄴ)사물이나 사실을 가리킨다.(~하는 것).

*苦者 樂之根也, 樂者 苦之種也.<다산>

(고라는 **것**은 낙의 뿌리요, 낙이라는 **것**은 고의 씨다.)

*往者不可諫 來者猶可追.<논어>

(지나 간 **것**은 간할 수가 없고, 오는 **것**은 오히려 좇을 수 있다.)

*婦德者 不必才名絶異.<명심보감>

(부인의 덕이란 **것**은 반드시 재주와 이름이 뛰어날 필요는 없다.)

[絶: 뛰어날(끊을)절, 異: 특이할(다를)이]

*仁者人也, 義者宜也.<중용>

(인이라는 **것**은 사람이요, 의라는 **것**은 마땅함이다.)

(ㄷ)장소를 지칭한다.(~하는 곳).

*水淺者 大魚不游, 地薄者 大物不産.<담헌서>

(물이 얕은 **곳은** 큰 물고기가 놀지 않고, 땅이 척박한 **곳은** 큰

물건이 나지 않는다.)
(ㄹ)집미사로 쓰인다.(어조사).
*今者 項莊拔劍舞.<사기>
(지금 항장이 칼을 뽑아 춤을 춘다.)
*昔者 東海龍女病心.<별주부전>
(예날 동해 용왕의 딸이 심장에 병이 났다.)
*古者 言之不出 恥躬之不逮也.<논어>
(옛날에 말을 함부로 하지 않는 것은 몸이 미치지 못하는 것을 부끄러워해서다.)[逮: 잡을(미칠)체]

(19)自
　　自의 특징은 동사의 목적어로 쓰이던, 부사로 쓰이던 항상 동사 앞에 위치한다.
(ㄱ)대명사 (자기, 자신).
*知人者智 自知者明 勝人者有力 自勝者强.<노자>
(남을 아는 자는 지혜롭고, 자기를 아는 자는 현명하고, 남을 이기는 자는 힘이 있고, 자기를 이기는 자는 강하다.)
*所謂 誠其意者 毋自欺也.<대학>
(소위 그 뜻을 성실하게 하는 자는 자신을 속이지 않는다.)
*自暴者 不可與有言也.<맹자>
(자신을 해치는 자는 더불어 말을 할 수 없다.)
(ㄴ)부사 (스스로, 저절로).
*酒不醉人 人自醉.<명심보감>
(술이 사람을 취하게 하는 것이 아니라, 사람이 스스로 취한다.)
*萬事分已定 浮生空自忙.<명심보감>
(만사가 나뉘어 이미 정해졌는데 부생이 공연히 스스로 바쁘다.)

*桃李不言 下自成蹊.<한서>

(복숭아와 자두는 말이 없는데 그 아래에 저절로 길이 난다.)

(ㄷ)시간·장소의 전치사 (~로부터).

*有朋自遠方來 不亦樂乎?<논어>

(벗이 먼 곳으로부터 찾아오면 또한 즐겁지 않은가?)

*自古皆有死 民無信不立.<논어>

(예로부터 모두가 죽는데 백성은 믿음이 없으면 설수가 없다.)

*世子自楚反 復見孟子.<맹자>

(세자가 초나라로부터 돌아와 다시 맹자를 뵈었다.)

(20)將

(ㄱ)將은 시간부사로 미래를 나타내어 '장차 ~하다'.

*鳥之將死 其鳴也哀, 人之將死 其言也善.<논어>

(새가 장차 죽으려 할 때 그 울음이 슬프고, 사람이 장차 죽으려 할 때 그의 말이 착하다.)

*國將興 聽於民, 將亡 聽於神.<이담속찬>

(나라가 장차 흥하려 할 때는 백성에게서 듣고, 장차 망하려면 귀신한테서 듣는다.)

*天將以夫子爲木鐸.<논어>

(하늘이 장차 공자를 목탁으로 삼을 것이다.)

(ㄴ)將이 개사 '以'와 같다. (~로써, ~가지고서)

*難將一人手 掩得天下目.<이하>

(한 사람의 손으로써는 천하 사람의 눈을 가리기는 어렵다.)

*難將寸草心 報得三春暉.<맹교>

(한 치나 되는 풀의 마음으로써는 봄 석 달의 햇볕 같은 은혜를 갚기는 어렵다.)

[寸草心은 한 치나 되는 풀의 마음이란 부모의 큰 사랑과 은혜에 비하면

너무나 보잘 것 없는 자식의 작은 마음을 비유적으로 한 말이다. 三春暉는 봄에 석 달 동안 만물이 성장하도록 하늘이 보내는 따뜻한 햇볕을 부모의 큰 은혜에 비유한 말이다.]

(ㄷ)將이 명사는 (장수), 동사는 (거느리다).

*敗軍之將 不可以言勇.<사기>

(패배한 군사의 장수는 용기를 말할 수 없다.)

*陛下不能將兵 而善將將.<사기>

(폐하는 병사는 거느릴 수 없으나, 장수는 잘 거느릴 수 있다.)

(21)足

足과 足以 의 용법은 可와 可以의 용법과 같다.

(ㄱ)足(以)은 뒤에 술어가 오면 조술사로 '족히 ~하다'는 뜻이다.

*臣死且不避 卮酒安足辭?<사기>

(신은 죽음도 또한 피하지 않았는데 한 잔의 술을 어찌 사양하겠는가?)

*士志於道而恥惡衣惡食者 未足與議也.<논어>

(선비가 도에 뜻을 두고 나쁜 옷과 음식을 부끄러워하는 자는 더불어 도를 의논할 수 없다.)

*是心足以王矣.<맹자>

(이러한 마음이면 족히 왕 노릇을 할 수 있다.)

*善不積 不足以成名.<주역>

(선을 쌓지 않으면 이름을 이룰 수 없다.)

(ㄴ)足은 동사나 명사로도 쓰인다.

*足食足兵 民信之矣.<논어>

(식량을 풍족하게 하고 군대를 만족하게 하여 백성들이 그것을 믿게 하다.)

*兄弟爲手足 夫婦爲衣服.<장자>

(형제는 손과 발이 되고, 부부는 의복이 된다.)

*知足常足 終身不辱.<명심보감>
(만족을 알고 항상 만족하면 평생 욕되지 않는다.)

(22) 則

(ㄱ)則은 'A則B'라는 복문을 연결하는데 앞 A절은 조건을 나타내고, 뒤의 B절은 결과를 나타낸다. (A이(하)면 B(이)하다).
*見小利 則大事不成.<논어>
(작은 이익을 보면 큰일을 이루지 못한다.)
*知足可樂 務貪則憂.<경행록>
(족을 알면 즐길 수 있고, 탐욕을 힘쓰면 근심한다.)
*天地之道 非陰則陽 聖人之敎 非仁則義 萬物之宜 非柔則剛.<열자>
(천지의 도는 음이 아니면 양이요, 성인의 가르침은 인이 아니면 의요, 만물의 타당함은 부드러움이 아니면 강함이다.)

(ㄴ)접속사로 則은 卽과 용법이 비슷하여 (곧, 바로).
*學 則乃爲君子, 不學 則爲小人. <명심보감>
(배우면 곧 군자가 되고, 배우지 않으면 소인이 된다.)
*先則制人 後則爲人所制.<사기>
(먼저 손을 쓰면 남을 제압할 것이고, 뒤에 손을 쓰면 남에게 제압을 당할 것이다.)['先'과 '後'는 동사로 '먼저(뒤에) ~하다'는 뜻. 卽과 則이 통용.]

(ㄷ)주격조사처럼 (~은, ~가, 또는 ~에는).
*公則自傷 鬼惡能傷公?<장자>
(공이 스스로 상한 것이지 귀신이 어찌 공을 상하게 할 수 있습니까?)
*鳥則擇木 木豈能擇鳥?<춘추>
(새가 자무를 고르지 나무가 어찌 새를 고를수 있습니까?)
*人雖至愚 責人則明 雖有聰明 恕己則昏.<명심보감>
(사람이 비록 어리석지만 남을 꾸짖는 것에는 밝고, 비록 총명하여도

자기를 용서하는 데는 곧 어둡다.)

(ㄹ)則(칙)은 명사는 '법칙', 동사는 '본받다'.

*天生蒸民 有物有則.<시경>

(하늘이 뭇 백성을 낳으시니 사물이 있고(있으면) 법칙이 있다.)

*知我者希 則我者貴.<노자>

(나를 아는 자는 드물고, 나를 본받는 자는 귀하다.)

[希는 稀의 뜻]

*先生施敎 弟子是則.<소학>

(선생께서 가르침을 베푸시면 제자들은 이것을 본받는다.)

(23) 卽

①접속사 則과 뜻이 비슷하다.

*十年不第 卽非吾子也.<삼국사기>

(십년이 되어도 급제를 못하면 내 아들이 아니다.)

*天若改常 不風卽雨 人若改常 不病卽死.<명심보감>

(하늘이 만약 평상심을 바꾸면 바람 불지 않으면 비를 내릴 것이고, 사람이 만약 평상심을 바꾼다면 병들지 않으면 곧 죽을 것이다.)

*欲勿予 卽患秦兵之來.<사기>

(주지 않으려고 하면 진나라 군대가 공격해 올 것이 걱정이다.)

②시제부사 (곧, 바로)

*賤卽買 貴卽賣.<통감절요>

(싸면 곧 사고 비싸면 곧 판다.)

*太守卽遣人隨其往.<도화원기>

(태수가 곧 바로 사람을 보내 그가 간곳을 따라가게 했다.)

*梁父卽楚將項燕.<사기>

(항량의 아버지가 곧 초나라 장군 항연이다.)

(24) 之

之는 목적격대명사와 조사 또는 동사로 쓰인다.

①대명사로는 주어로는 못 쓰고 목적어로만 쓰인다. (그것을, 이것을)
*結者解之.<순오지>
(맺은 사람이 **그것(맺은 것)을** 풀어야 한다.)
*愛人者 人恒愛之.<맹자>
(남을 사랑하는 자는 남도 항상 **그를** 사랑한다.)
*學而時習之 不亦說乎.<논어>
(배우고서 **그것을** 때때로 익히면 또한 기쁘지 않은가.) [時는 동사(習) 앞에서는 '때때로'라는 부사의 뜻이다.]

②주격 조사로 (~가, ~이)
*人性之善也 猶水之就下也.<맹자>
(사람의 성품**이** 착한 것은 마치 물**이** 아래로 흐르는 것과 같다.)
*鳥之將死 其鳴也哀 人之將死 其言也善.<논어>
(새**가** 장차 죽으려 함에 그 울음이 애처롭고, 사람**이** 장차 죽으려 함에 그 말이 착해진다.)
*孤之有孔明 猶魚之有水也.<삼국지>
(내(유비)**가** 공명이 있음은 마치 물고기**가** 물이 있음과 같다.)

③관형격 조사로(~의, ~하는)
['명사+之'는 '~의'로 해석]
*一年之計 莫如樹穀.<관자>
(일 년의 계획은 곡식을 심는 것 만한 것이 없다.)
[樹나무, 심을 수. 穀곡식 곡]

*是誰之過歟.<논어>
(이것은 누구**의** 허물인가?) [過허물 과(명), 지나가다(동)]

['동사(구)+之'는 '~하는, ~은'으로 해석]
*無羞惡之心 非人也.<맹자>
(부끄러워하고 미워**하는** 마음이 없으면 사람이 아니다.)
[羞: 부끄러워할 수. 惡: 싫어할 오]
*積善之家 必有餘慶, 積惡之家 必有餘殃.<주역>
(선을 쌓**은** 집은 반드시 남은 경사가 있고, 악을 쌓**은** 집은 반드시 남은 재앙이 있다.) [殃재앙 앙]

④목적격 조사로(~을)
*白羽之白 猶白雪之白.<맹자>
(흰 깃을 희다고 하는 것은 마치 흰 눈을 희다고 하는 것과 같다.)
[白羽와 白雪이 맨 뒤의 白(희다. 동사)의 목적어이다.]
*無恥之恥 無恥矣.<맹자>
(부끄러움이 없는 것을 부끄러워한다면 부끄러움이 없을 것이다.)
[無恥가 뒤의 恥(부끄러워하다)의 목적어이다.]
*道聽而塗說 德之棄也.<논어>
(길 위에서 듣고 길에서 말하면 덕을 버리는 것이다.) [德이 棄의 목적어]
*悟已往之不諫 知來者之可追.<귀거래사>
(이미 지난 일은(을) 간할 수 없음을 깨닫고, 앞으로 오는 것은(을) 좇을 수 있음을 알았다.)[已往이 不諫의 목적어이고, 來者가 可追의 목적어이다.]

⑤동사용법 '之+장소' (~에 가다)

＊孟子之平陸.<맹자>
(맹자가 평륙 땅에 **가다**.)
＊先生將何之.<맹자>
(선생은 장차 어디로 **가시렵니까**?)
[何가 의문사이므로 之何가 何之로 도치됨.]
＊海上之人 每旦之海上.<열자>
(바닷가에 사는 사람은 매일 아침 바닷가에 **간다**.)

(25) 且
　①且는 병렬관계 접속사로 형용사와 형용사, 동사와 동사 사이에서 (~하고, 또 ~하다)
　＊不義而富且貴 於我如浮雲.<논어>
　(의롭지 않으면서 부유하고 또 귀한 것은 내게는 뜬구름 같은 것이다.)
　＊仁且智 夫子旣聖矣.<맹자>
　(어질고 또 슬기로우시니 공자는 이미 성인이다.)
　　[且는 동질적인 관계의 순접에만 쓰이므로, 富且貴와 重且大는 되지만 貧且貴와 重且輕은 안 된다.]
　＊北山愚公者 年且九十.<열자>
　(북산의 우공이라는 사람은 나이가 장차(머지않아) 구십 살이다.)

　②且~且~ (한편으로 ~하고, 또 한편으로 ~하다)
　＊見信死 且喜且憐之.<사기>
　(한신이 죽은 것을 보고 한편으로는 기뻐하고 또 한편으로는 그를 불쌍히 여겼다.)
　＊述等 且戰且行.<삼국사기>
　(우문술등은 한편으로는 싸우면서 또 한편으로는 행군했다.)

③부사 (또한)

*得忍且忍 得戒且戒.<명심보감>

(참을 수 있으면 또한 참고, 경계할 수 있으면 또한 경계한다.)

*雍齒且侯 我屬何患.<사기>

(옹치 또한 제후가 되었으니 우리들은 무슨 걱정하랴.)

[2] 두 번 새기는 글자(재역어再譯語)

한자의 글자 중에는 번역할 때 두 번 새기는 글자가 있는데 이를 재역어 사라 한다. 주요한 것을 예로 들어 설명하기로 한다.
(當, 應, 宜, 須, 要, 將[且], 盍, 未, 猶, 恐, 蓋, 庶幾, 幾, 或, 使[令, 敎])

(1)當(마땅히 ~해야 한다. ~하는 것이 당연하다.) [당연, 의무의 뜻]
*孝當竭力. <천자문>
(효도는 **마땅히** 힘을 **다해야한다**.)
*耕當問奴, 織當問婢. <위서>
(밭갈이는 **마땅히** 남종에게 묻고, 길쌈은 **마땅히** 여종에게 물**어야 한다**.)

(2)應(응당 ~할 것이다.) ['當'과 같으나 대개 추량의 뜻]
*君自故鄕來 應知故鄕事.<왕유시>
(그대는 고향에서 왔으니 **응당** 고향 일을 **알 것이다**.)
*歸去來山中 山中酒應熟.<도잠시>
(산중으로 돌아가면 산중에는 술이 **응당** 익었을 **것이다**.)

(3)宜(마땅히 ~해야 한다.)[결정이나 명령 표현]
*兒孩之言 宜納耳門.<이담속찬>
(아이의 말이라도 **마땅히** 귀문에 받아들**여야 한다**.)
*是以惟仁者 宜在高位.<맹자>
(그러므로 오직 어진자만이 **마땅히** 높은 지위에 있**어야한다**.)

(4)須(모름지기[꼭] ~해야 한다.) [영어의 must와 같다]
*男兒須讀五車書.<두보시>[必須와 必要에 쓰임]
(남아는 **모름지기** 다섯 수레의 책을 읽**어야한다**.)

*旣取非常樂 須防不測憂.<명심보감>
(이미 평상이 아닌 즐거움을 얻었거든, **모름지기** 헤아릴 수 없는 걱정을 막**아야한다**.)

(5)要(요컨대 ~해야 한다.)[須와 같다]
*書不必多看 要知其約. <근사록>
(책은 반드시 많이 읽을 필요는 없다. **요컨대** 그 요점을 알**아야한다**.)
*念念要如臨戰日 心心常似過橋時.<명심보감>
(생각하고 생각하는 것은 **요컨대** 싸움에 임하는 날과 같이 **해야 하고**, 마음 쓰고 마음 쓰는 것은 항상 외나무다리 건너는 때처럼 해야 한다.)

(6)將과 且(장차 ~하려고 한다.) [미래의 추측을 나타낸다]
*天將以夫子爲木鐸.<논어>
(하늘은 **장차** 선생을 목탁으로 삼을 **것이다**.)
*國將興 必貴師而重傅.<순자>
(나라가 **장차** 흥**하려면** 반드시 스승을 귀하고 중히 여겨야 한다.)
*今吾尙病 病愈我且往見.<맹자>
(지금은 내가 아직 병중이라 병이 나으면 내 **장차** 가서 만나볼 **것이다**.)
*楚國君臣且苦兵矣.<사기>
(초나라의 임금과 신하가 **장차** 병사들을 고생시키**려고 한다**.)

(7)盍(어찌 ~하지 않는가?) ['何不'의 겸사로 의문 또는 반어의 뜻을 표현.]
*吾子必有異聞 盍爲我陳之?<삼국사기>
(그대는 반드시 다른 들음이 있을 것인데 **어찌** 나에게 그것을 말하지 **않는가**?)[吾子 동년배의 친숙한 사람]
*子曰 盍各言爾志.<논어>

(공자께서 말씀하시기를 **어째서** 너희들은 각자의 뜻을 말하지 **않는가**?)
(8)未(아직 ~아니다[하다].)[미완의 뜻인 부정사]
*未知生 焉知死?<논어>
(**아직** 삶도 다 알지 **못하는데** 어찌 죽음을 알겠는가?)
*喜怒哀樂之未發 謂之中, 發而皆中節 謂之和.<중용>
(희로애락이 **아직** 드러나지 **않는 것** 이를 중이라 하고, 드러나 다 절도에 맞는 것 이를 화라 한다.)

(9)猶(오히려[마치] ~와 같다.)
*終身行善 善猶不足.<명심보감>
(종신토록 선을 행하여도 선은 **오히려** 부족한 것 **같다**.)
*學如不及 猶恐失之.<논어>
(배움이 미치지 못하는 듯하고, **오히려** 잃을까 염려가 **된다**.)
*聖人用人 猶匠之用木.<십팔사략>
(성인이 사람 쓰는 것은 **마치** 목수가 나무를 쓰는 것과 **같다**.)

(10)恐(아마도 ~일 것이다.) [장래의 일을 걱정하는 말]
*志大心勞 力小任重 恐終敗事. <근사록>
(뜻이 너무 커서 마음만 수고롭고, 힘은 적은데 책임이 중하면 **아마도** 실패로 끝날 **것이다**.)
*秦城 恐不可得.<사기>
(진나라 성은 **아마** 얻을 수 없을 **것이다**.)

(11)蓋(아마도[대개] ~것이다. [앞글에 대한 추량하는 말])
*屈平之作離騷 蓋自怨生也.<사기>
(굴원이 이소를 지은 것은 **아마도** 스스로 생을 원망해서 일 **것이다**.)
*功之成 非成於成之日. 蓋必有所由起.

(공의 이룸은 이룬 그날에 이룬 것이 아니고, **아마도** 필시 성공한 까닭이 있을 **것이다.**)['所由'는 所以 까닭]

(12)庶幾(아마도[거의] ~것이다. [바라건대의 뜻으로도 쓰임.])
*羅浮梅花村 對峻峰而花尤饒. 庶幾可比我梅溪歟.
(나부의 매화촌은 준봉을 마주보고 매화꽃이 더욱 많이 피어있다. **아마도** 우리나라 매계와 비교할 만할 **것이다.**)
*王庶幾改之 王如改諸 則必反予.<맹자>
(왕이 **아마도** 그것을 고치기를 **바라니** 왕이 만일 그것을 고친다면 반드시 나의 발길을 돌리게 하였을 것이다.)

(13)幾(거의 ~이다[가깝다].)
*禍莫大於輕敵 輕敵幾喪吾寶.<노자>
(화는 적을 가볍게 여기는 것보다 더 큰 것은 없는데, 적을 가볍게 여기면 **거의** 나의보물을 잃는 **것이다.**)
*水善利萬物而不爭 處衆人之所惡 故幾於道.<노자>
(물은 만물을 잘 이롭게 하지만 다투지 않고, 사람들이 싫어하는 곳에 처하는 까닭에 **거의** 도에 **가깝다.**)

(14)或([혹시]~지 모른다.)
*馬之千里者 一食或盡粟一石.<한유 잡설>
(천리를 달리는 명마는 한 번 먹는데 **혹시** 한 섬의 좁쌀을 다 먹어치울지도 **모른다.**)

(15)使, 令, 敎 등(~로 하여금 ~하게하다.)[사역의 뜻을 나타내는 동사]
*欲使人人易習便於日用耳.<훈민정음>
(사람들로 **하여금** 쉽게 익혀서 날마다 쓰기에 편하게 **하고자** 할 따름이

라.)

　*無肉令人瘦 無竹令人俗.<소동파>

(고기가 없으면 사람으로 **하여금** 여위게 **하지만** 대나무가 없으면 사람으로 **하여금** 속되게 **한다**.)

　*常恐是非聲到耳 故敎流水盡籠山. <최치원시>

(늘 시비하는 소리 귀에 들릴까 두려워 짐짓 흐르는 물로 **하여금** 온통 산을 에워싸게 **했다**.)

이 도서의 국립중앙도서관 출판예정도서목록(CIP)은 서지정보유통지원시스템 홈페이지(http://seoji.nl.go.kr)와 국가자료공동목록시스템(http://www.nl.go.kr/kolisnet)에서 이용하실 수 있습니다.

(CIP제어번호 : CIP2017034643)

문법으로 배우는
명/심/보/감

초판 1쇄 _ 2017년 12월 20일
초판 발행 _ 2017년 12월 25일

지은이 _ 박원익
펴낸이 _ 양상구
펴낸곳 _ 도서출판 채운재
주　소 _ 04553 서울특별시 중구 삼일대로 6길 13
　　　　　(서울빌딩 202호)
전　화 _ 02-704-3301
팩　스 _ 02-2268-3910
손전화 _ 010-5466-3911
이메일 _ ysg8527@naver.com

* 파손 및 잘못된 책은 교환해 드립니다.
* 저자와의 협약에 의해 인지는 생략합니다.